韓非子的哲學

王邦雄 著

東大圖書公司

論文提要

本論文以「韓非政治哲學之研究」為題，全文共分七章完成。

第一章導論。此章敘述研究之動機，範圍與方法，並涉及有關版本之依據，篇章之考證等基本立場之問題。

第二章時代背景及其哲學問題。此章點出韓非之哲學問題，乃因時代背景而有，亦為時代背景所決定，他志在透過政治權力的構作，以解決戰國混亂之政局，並尋求國之治強與成就霸業之道，故其哲學實屬於政治哲學的範疇，著重在現實政治病痛之解析，與實際政治架構之建立。

第三章思想淵源及其哲學特質。此章分三節寫成：一為國情與其身世之激發，二為先秦諸子之遞衍，三為三晉法家傳統之集成。此章旨在說明韓非哲學之特質，實由此一思想淵源呈顯而出：一為現實主義之哲學，二為綜合性之哲學，三為獨創性之哲學。合此三者，而形成一家之言之哲學特質。

第四章韓非政治哲學的理論根基。此章分三節寫成：一為挾利自為之人性論，二為以君國為主體之價值觀，三為物質條件決定治國之道之歷史觀。三者之中又以人性論為其基底，人性為惡，心又為之計量，由是而開出由不可變之法，不可抗之勢與不可欺之術三者疊架而成，求必然實效之體系架構。此章旨在說明韓非政治哲學之體系架構，實由此三大理論根基推演而出。

第五章韓非政治哲學體系之建立與其實際之發用。此章為全文之重點，分為四節逐次寫成：一為法勢術三者之界域與其性能，此節指出三者各有其專司之界域，與獨具之性能；並皆由其理論根基推演而得；二為法勢術三者相互補足與彼此助長之三角關聯性，此節言其三角分立之均衡，由是而形成其多邊之政治效能；三為法之中心思想及其體系之建立，此節又分為二：其一法為勢與術目的之所在與理想之歸趨，其二法為制衡勢與術執運之標準：由是而建立法在韓非政治哲學之中心地位；四為勢之抬頭與其實際之發用，此節點出其法中心思想在實際之發用中，由於法立於君之死結，始終解不開，遂造成其勢之抬頭，與法之下落的上下顛倒與沉落變質，其體系架構亦因而崩頹。

第六章韓非政治哲學之檢討與評價。此章分兩節寫成：一為法中心思想之體系架構的建立與其外發之精義，二為挾利自為之理論根基的偏狹與其潛存之困結。此章旨在進一步伸論韓非政治哲學之精義，實由其法中心思想之體系架構的建立，透脫凸顯而出，此一實際政治之客觀架構表現，相當可以補救儒墨道三家理想政治之主觀作用表現的不足；而其潛存之困結，則已深藏於其理論根基的偏狹自限之中。人性論失之於偏，價值觀囿之於狹，歷史觀落之於物，故一者反道德，反學術，二者其標準之法，亦無意養善，而僅在止姦：由是而封閉人性，窒息人心，其法治之理想，遂完全沉落不見。

第七章結論。此章試論韓非政治哲學之現代意義，旨在論述韓非政治哲學無以自解之困結，若由現代之民主體制轉出，法立乎全民之回應而制定，執政者亦由全民投票推選，則其法中心之思想，即可成立而實現，而有助於現代法治社會的形成。此為吾輩後學者處於傳統與現代之間，所應有之架橋溝通的工作。學術史上之千古慧命，如是始能薪火永傳，歷萬古而長新。

韓非子的哲學 目錄

第一章 導論

筆者多少年來一直有志於中國哲學的研究，也關切傳統與現代化在現階段應如何接續與溝通之問題。傳統之哲學，決不是古董文物，僅束之於高閣，供後代子孫憑弔懷古而已；其價值端在此一哲學智慧在現代的復活，並求其進一步的充實與推擴。今天吾人正處於推動文化復興的歷史性時刻，若僅志在推尊孔孟思想，而拋離其他各家之不朽智慧，實不免失之過狹，畫地自限。試看在近百年之現代化過程中，科學與民主，皆自西方移殖，而未能從傳統思想中開其源，立其根，故其源固不暢，其根亦不固。此當是中山先生體大思精之三民主義，與取精用宏之五權憲法，自民國成立以來，尚未能充分實現的根本原因。由是而引發筆者研究韓非政治哲學之動機。

韓非乃吾國哲學史上，立於先秦之殿的一位代表性哲人，而千古以來，不僅研究者不多，且又蒙受太多的曲解；而出乎哲學觀點，做一深入而有系統之研究者，又極為少見。故筆者不揣淺陋，抱著開礦拓荒者的心懷，嘗試的去做探勘開發的工作。期求在滿布荊棘的原始處女地中，去開墾出一塊可耕之地，以適合於現代化的播種；在一片荒漠中，去汲取可以滋養現代化的甘泉。個人深信，韓非思想儘管受其時代背景所限制，與現代之法治思想，尚有一大段距離；然若透過吾人之研討釐清的工夫，與存汰過濾的作用，自可顯其菁華，去其渣滓，再進一步加以轉化接通，必有助於現代化社會的形成。

抑有進者，韓非之哲學，一直受到秦皇李斯的牽累，以致兩千年來，一直被擠在正統道學的門外。我們要問：秦皇李斯之功過，是否韓非所該負責？韓非之哲學，對歷代政局的影響，是否僅有負面值的沉落，而一無正面值的凸顯？其政治哲學的本身，是否僅有黑暗的窒息，而未有光明的展露？這都是吾人所當去探索釐清的問題。

且韓非之哲學，少有玄談妙理，以是之故，吸引不住後代學人嚮往之心；然其出乎時代問題的深切反省，以求有所超離與澈底解決之哲學精神，實與各家未有以異。其哲學思想雖僅在實際政治上著力，然亦自有其特殊之哲學問題的挖掘，與哲學特質的呈顯，其理論根基之人性論，價值觀與歷史觀，均有其個人的獨到之見，而在法勢術三者之界域與性能，亦透過其苦心孤詣的會通組合，而有其法中心思想之體系架構的建立：凡此皆足以顯現出一代哲人的不朽智慧，值得吾人去細心探究與善為珍惜的。吾人甚至可以說，在政治哲學上，韓非立論之精闢透澈，不僅自成一家之言，且足以獨步千古，即此一端，韓非之哲學，已有其永不褪色的歷史地位。

有關版本考據之問題，由於牽涉太廣，一者非個人治學能力之所及，二者亦非個人研究志趣之所在。故本論文之研究範圍，集中在其哲學思想的解析與重建，而非落於文字脫誤與篇章信偽的考據上。吾國先秦各家之典籍，其成書大多出乎門弟子及後學者的記載，不免雜有後人附麗增益之處，若僅據某些章節，即加以懷疑或否定其書之可信，則不免疑古過當，失之過苛，而先秦諸子之思想，亦幾皆不可說。且此一章節之考據與文字之補訂，前輩學者已論證精詳，其中較具代表性者，有容肇祖先生之《韓非子考證》，陳啓天先生之《增訂韓非子校釋》等。故筆者不擬介入這一考據上的爭論。一者視韓非子為學派的思想，而不以之為個人的學說，蓋個人之思想實難有如斯之成熟周遍，惟仍以韓非為此一學派之代表人物；二者在篇章之取舍上，乃接受楊日然先生根據以上二家，與日本學者木村英一之說，所考訂之表列以為據❶。根據此一考訂，在《韓非子》五十五篇中，〈主道〉、〈揚搉〉、〈解老〉、

❶ 楊日然〈韓非法思想的特色及其歷史意義〉一文中，依據容肇祖《韓非子考證》，及陳啓天《韓非子校釋》以及木村英一《法家思想の研究》一書所附錄之《韓非子考證》，將《韓非子》書五十五篇列出一表如下，可資參證：

1. 可確證為韓非自著者：〈顯學〉、〈五蠹〉等二篇。
2. 可視為韓非子自著者：〈姦劫弒臣〉、〈說難〉、〈孤憤〉、〈和氏〉等四篇。
3. 收集韓非學派的論難問答者：難四篇（筆者按：包括〈難一〉、〈難二〉、〈難三〉、〈難四〉等四篇）及〈難勢〉、〈問辯〉、〈定法〉、〈問田〉等凡八篇。
4. 可視為韓非後學早期之作品者：〈愛臣〉、〈二柄〉、〈八姦〉、〈亡徵〉、〈三守〉、〈備內〉、〈南面〉、〈說疑〉、〈詭使〉、〈六反〉、〈八說〉、〈八經〉、〈十過〉、〈忠孝〉、〈人主〉、〈有度〉、〈飾邪〉等十七篇。
5. 輯述韓非學派所傳之說話類者：〈說林上下〉、〈內儲說上下〉、〈外儲說左上〉、〈左下〉、〈右上〉、〈右下〉以及〈十過〉等九篇。
6. 韓非後學晚期之作品中雜揉黃老思想者：〈主道〉、〈揚搉〉、〈解老〉、〈喻老〉等四篇。
7. 其他可視為韓非後學晚期之作品者：〈觀行〉、〈安危〉、〈守道〉、〈用人〉、〈功名〉、

〈喻老〉諸篇，乃韓非後學晚期作品中雜揉黃老思想至為明顯者，故筆者視之為韓非學派研讀《老子》之心得之作，可獨立成篇，而不予引用。如是或較能顯現韓非學派本有之思想。而本論文引據之版本，則以陳啓天先生《增訂韓非子校釋》為主，以其廣參古今各家之注疏，而詳加考訂，最稱完足，且其注釋，對於韓非之思想亦多有闡發，筆者在基本材料的取擇，與哲學思想的解悟上，得其啟發之處頗多，不敢掠美，特此誌明。

至於方法問題，筆者以為先秦各家之哲學，除名家與別墨而外，實以天（或道）、性（或德）、心諸觀念為主，或下及情與欲，這一系列觀念之繫屬地位，必決定各家哲學之體系與精神，而法家之法、勢、術三者之排比貫串之關聯，亦決定其政治哲學之結構與效能。故本論文有關理論根基之探索，實以天、性、心、情、欲等觀念為中心；有關體系架構之建立，則以法、勢、術等基料為重點：此為筆者個人之基本設準，用以衡定各家之思想者，由其上下之是否通貫，內外之是否流通，

〈大體〉、〈心度〉、〈制分〉等八篇。

8. 韓非學派以外之他家言者：〈初見秦〉、〈存韓〉、〈難言〉、〈飭令〉等四篇。

見《國立臺灣大學法學論叢》第一卷第二期頁二六一至二六七。六十一年四月出版。

即可知其政治思想大略之路向與終極之歸趨。此一方法的運用，頗近乎勞思光先生所謂之「基源問題研究法」❷，惟筆者以為中國哲學之基源問題，皆在人性論。如孔孟之重德教仁政，老莊之重道化無為，墨子之主尚同兼愛，荀子之主禮義師法，以至商韓治之以法，慎到任之以勢，申不害制之以術：凡此政治思想之形成，皆由其人性論之基源而來。筆者除以基源問題探究各家中心思想之所以形成而外，亦兼採發生法與比較法❸。前者依時間之先後，發展之歷程之分析，用以顯明各家相互遞衍之跡；後者則透過各家中心思想異同之比較論列，用以顯豁其獨特性之哲學。

❷ 勞思光《中國哲學史》第一卷序言頁一六，云：「每一家理論學說，皆在其基源問題。……基源問題雖是每一學說的根源，但有很多學人每每並不明顯地說出來。因此我們自己常需要做一番工作，以發現此一學說的基源問題是什麼。這裡就需要邏輯意義的理論還原的工作了。」香港中文大學崇基學院，一九六八年正月初版。

❸ 唐君毅《哲學概論》卷上，頁一八七，云：「用比較法與發生法研究哲學，都是把哲學思想當作一存在的對象來看。其不同，是發生法所著眼點，在一哲學思想之所由生之後面的歷史背景；而比較法之所著眼點，則在一哲學思想之本身之內容或系統，與其他哲學思想之本身之內容或系統之異同。」孟子教育基金會，五十四年三月再版。

尤其在政治思想上，儒法兩家，淵源甚深，卻又彼此對峙，故凡論述法家之思想，皆與儒家作一對照比較而顯明之。

本論文志在建構韓非政治哲學之體系，以顯發其精義與創見，並探討其體系架構所自來之理論根基，以明示其潛存之困結與難題，是還它一個是，非還它一個非。惟在此一過程中，雖力求嚴謹客觀，然在字裡行間，亦不免注入了個人之主觀意態，這是一個後學者，對前賢之哲學，所做的一番重建的工夫。但願此一心血的投注，不致雕琢過甚，欲巧反拙，而有理想化韓非思想，或扭曲其哲學精神的偏差。此當有待個人思想之趨於成熟，始能免乎此，惟請前輩高明有以教我。

由上言之，筆者草成此一論文，實有其個人學術使命的自覺，亦有心於傳統與現代化的接續溝通。個人深信，惟有透過文化傳統之開源立根，中山先生建設新中國的藍圖，與吾人推動現代化的奮力，才能行之有功，持之能久，此當是這一代中國學人應共同肩負的時代使命。

第二章 時代背景及其哲學問題

在中西哲學史上，每一位哲人，從某一個角度來說，都是時代的代言人。彼等之哲學，固然是個人心靈的顯發，同時也是整個民族心靈與時代心靈的反映❶。也就是說，無論那一位哲人，或多或少，都難以逃離傳統與其時代所加注之影響力，只是能不為傳統與其時代所拘限而已❷！由上觀之，一位哲人之哲學思想，自有其

❶ 羅素《西方哲學史》頁三導論，云：「要了解一個時代或民族，我們必須要了解它的哲學。」見鍾建閎譯，中華文化出版事業社，五十六年一月再版。

❷ 蕭公權《中國政治思想史》頁二緒論，云：「然社會環境僅為思想萌育之條件，苟無天資卓絕之思想家如孔孟莊韓諸人適生此特殊之環境中，何能造成吾國學術史上此重要之『黃金時代』？」華岡出版部，六十年三月再版。

特殊之時代性與空間性，也必有其超乎時空之普遍性論題的探討，故不僅在他的時代之中，能觸動每一個人的心弦，而匯為時代的風潮，也才能在不同的世代之中，引發後人無比的低徊與反響。

韓非是春秋戰國時代最後一位哲學家，也是綜合各家思想而集其大成的哲學家。他志在解決戰國亂局的現實政治問題❸，故他的哲學思想，傳統與時代的色彩，尤為明顯❹。他所以能躋身在代表性哲人的行列，就在於他綜合各家思想，加以吸收，重新組合，而自成一家之言，建立了屬於他個人的哲學體系❺；同時也觸及了政治

❸ 呂思勉《中國通史》上冊頁三〇五，云：「法家是最主張審察現實，以定應付的方法的。所以最主張變法而反對守舊，這確是法家的特色。」樂天出版社，六十年元月初版。

❹ 蕭公權《中國政治思想史》頁三〇，云：「儒家思想以魯國之歷史背景為依據，於四派之中最富地域之色彩。法家對七雄當前之需要而立說，最富於時間之意義。」依筆者之見，法家立論似乎反歷史傳統，事實上其哲學智慧大多來自儒墨道三家。華岡出版部，六十年三月再版。

❺ 唐君毅《中國哲學原論》原道篇卷一，頁五〇四，云：「申不害言術，商鞅言法，慎到言勢，乃始各以政治上之一基本觀念為中心以言政，乃可稱法家之學之始。韓非合法術勢為言，更標賞罰為人君之二柄，乃有系統化之法家之理論。……韓非之言雖要在論政，

哲學的普遍性問題，如人性論的探索，價值觀的衡定，歷史觀的確立，政治心理的分析，政治權力的運作等等，皆為每一位政治思想家所必須面對與嘗試解析的基本論題。

大凡一家政治思想，皆針對現實問題而發❻，故探究政治思想，先把握其時代背景，才是釐清此一家思想的首要工作。孟子曰：「誦其詩，讀其書，不知其人可乎？是以論其世也。」❼韓非的時代，在戰國末年，他的哲學問題，顯然為其面對的時代所決定，故探討韓非之哲學，必得先透過其時代背景之解析，才能加以妥切的把握，求得同情的了解。

然其論政，乃本于其對人生文化社會政治，有一基本之看法與態度。其對其前之儒道墨諸家之學術雖有所取，而斥破之言尤多。故足自成一家之言，亦代表一種形態之人生思想與政治思想。」新亞書院研究所，六十二年五月初版。

❻ 杜威《思維術》(*How We Think*)頁一二，云：「一切思想，原於疑難及煩亂，蓋思想不憑空起。」劉伯明譯，華岡出版部出版。薩孟武《中國社會政治史》頁三四之一謂：「任何學說都不能離開現實，換言之，任何學說都是對於現實問題，講求解決之法。」五十八年修訂增補三版。

❼ 《孟子・萬章下》篇。《四書集註》頁二七二，臺灣書局，五十年十月再版。

英國當代哲學家羅素（Bertrand Russell）在《西方哲學史》一書的序文裡，曾說：「哲學家是結果，又是原因；他們是某時社會的情勢和政治的體制之結果，又是鎔鑄後代政治和體制的信仰之原因（如果他們是幸運的話）。……我是要在真理容許之範圍內，將每個哲學家，表現為他是他的環境之結果，就是說，某時社群所通有之思想和感情，於浮泛而散漫的形式內，乃集中於和結晶於其一人之內（他本人是那個社群的一部分）。」在該書的導論中，又說：「人們生活的情勢，於決定他們的哲學之處，實頗不少；反之，他們的哲學，亦大有造於決定他們的情勢。」❽韓非的哲學，乃是戰國末期整個時代孕育出來的產物，他的哲學也結束了這一分崩離析的亂局，決定秦漢大一統的新政局。

先秦諸子勃興的時代背景，以薩孟武先生《中國社會政治史》與徐復觀先生《周秦漢政治社會結構之研究》的分析，最為詳盡❾。前者偏重經濟因素所觸動之社會變革，後者則著眼於宗法社會與封建制度之崩潰所引發之全面性變動。至於各家思

---

❽ 羅素《西方哲學史》，鍾建閎譯，原序頁二至頁三，導論頁三。

❾ 薩孟武《中國社會政治史》，頁一七至三四之四。
徐復觀《周秦漢政治社會結構之研究》頁一四至一二八，新亞研究所，六十一年三月初版。

想的地理分布，與其相互激盪遞衍之跡，則以梁啟超先生《中國學術思想變遷之大勢》與蕭公權先生《中國政治思想史》的剖解，最具卓見⑩；後者以不同之地理環境與其文化背景，說明哲人思想之特質，尤為精審。

惟如此之分析，均泛指春秋至戰國之歷史背景，而由孔子至韓非，其間年代之差距，已達三百十九年之久⑪。此一時期又是中國歷史上變動最劇烈的時期。由春秋步入戰國，其間政治社會之傾頹，更是愈演愈烈。顧炎武先生說：

「自《左傳》之終，以至戰國凡百三十三年。史文闕軼，考古者為之茫昧。如春秋時猶尊禮重信，而七國則絕不言禮與信矣。春秋時猶宗周室，而七國則絕不言王矣。春秋時猶嚴祀祭，重聘享，而七國則無其事矣。春秋時猶論宗姓氏族，七國則無一言及之矣。春秋時猶宴會賦詩，而七國則不聞矣。春秋時猶有赴告策書，而

⑩ 梁啟超《中國學術思想變遷之大勢》頁一五至一六，中華書局，六十年十月臺五版。蕭公權《中國政治思想史》頁一七至三八。

⑪ 錢穆《先秦諸子繫年》諸子生卒年世先後一覽表，孔子生年在西元前五五一年，韓非卒年在西元前二三三年。香港大學出版社，一九五六年六月增訂新版。

七國則無有矣。邦無定交，士無定主，此皆變於一百三十三年之間，史之闕文，而後人可以意推者也。不待始皇之一併天下，而文武之道盡矣。」⑫

這一段話，最能勾繪出周朝禮制一進入戰國階段，已趨全面解體的情狀。陳啓天先生分析此一情勢亦云：

「戰國所以異於春秋的主要標誌，是由多數分治的封建諸侯，變為少數分立的君主國家。在春秋時，見於春秋經傳的諸侯，尚有一百七十個，到戰國時，便只有七雄及數小國。在春秋時，王室尚保持名義上的共主，到戰國時，王室則漸次等於自鄶以下，不足齒數。總說一句，戰國的大勢，只是七雄以新興的君主國家，分立互爭而已。七雄中的韓、趙、魏，是由晉分裂而成的三個新國家。齊是由田氏代姜氏的一個新國家，楚是由南蠻向中原發展而成的一個國家，不在周初封建之列；秦是從前視為戎翟，而在西北發展成功的一個國家，也不在周初封建之列。至於燕，雖為召公之後，然以其僻處東北，與胡人鄰近，到戰國也改建造成一個新國家。他

⑫ 顧炎武《日知錄》卷十七，周末風俗條。明倫出版社，五十九年十月三版。

們七個國家有一共同的新要求，即是一面要求對外能生存與發展，一面要求對內能改革與統一，以確立君主政治。要完成這種要求，便不得不變法維新。」⓭

王室舊封已為陪臣篡奪所取代，新興國家皆變法圖強，也就是說，由許多宗法封建的小國家，變成幾個中央政權統一的新軍國⓮，周禮至此，已整個失去其相應的時代背景，與存在的功能與意義，傳統禮制，不再能維繫周王室與各諸侯國之間之政治與社會的全面秩序，而導致天下分裂，列國兼并的政局。這該是戰國中期以後諸子百家政治思想所面對的共同課題，也是其立論的共同基點。

蓋周初之封建政治，乃建立在宗法社會的基礎上。以宗法血緣的親親之情，去固結政治統屬的尊尊之制，也以嫡長子為大宗的繼承法所形成的尊尊之制，以樹立周元后客觀與絕對的權威地位，來維繫諸別子小宗的親親之情，與封國與宗周之間固守本分的臣屬關係。亦即以血統嫡庶親疏的身分，來固定政治尊卑貴賤的地位。使二者黏結不分，從而穩定政治與社會的秩序與和諧。此一制度乃是有計劃的分封

⓭ 陳啓天《增訂韓非子校釋》頁九一六，商務印書館，六十一年四月二版。

⓮ 錢穆《國史大綱》頁六二，國立編譯館，五十七年十月臺十二版。

同姓宗族子弟，到舊有的政治勢力中，去統領治理與同化所征服的新領地，並以婚姻溝通各異姓功臣之封國，使納入這一以血統為圓心向外輻射的政治勢力圈⓯。這就是「封建親戚，以藩屏周室」⓰的宗法社會之政治型態。這一設計，不僅實行於宗周與封國之間，也擴及於各諸侯國所分封的貴族之間。同時，周天子除王畿之外，各封國之土地所有權與隸屬於此一土地上的人民之統治權，皆屬於諸侯所有⓱，各

⓯ 錢穆《國史大綱》頁二七，云：「周公子伯禽伐淮夷徐戎，遂封於魯，得殷民六族；封微子啓於宋，周人尚不能完全宰制殷遺民；封康叔於衛，得殷民七族；周公又營洛邑為東都，置歸殷民焉。殷遺民大部瓜分，即魯、衛、宋、洛邑是也。周人從東北東南張其兩長臂，抱殷宗於肘腋間。這是西周的一個立國形勢，而封建大業即於此完成。」頁二八云：「西周的封建，乃是一種侵略性的武裝移民與軍事佔領。」頁六三云：「貴族封建，立基於宗法。國家即是家族的擴大。宗廟裡祭祀輩分之親疏，規定貴族間地位之高下。宗廟裡的譜牒，即是政治上的名分。」

徐復觀《周秦漢政治社會結構之研究》頁一六云：「由大宗小宗之收族而言，每一組成份子皆由血統所連貫，以形成感情的團結，此之謂『親親』。由每一組成份子有所尊，有所主，以形成統屬的系統而言，此之謂『尊尊』、『長長』。」

⓰ 《左傳・僖公二十四年》篇。《左傳會箋》第一冊卷六頁四七，廣文書局，五十二年九月再版。

貴族對得自於諸侯分封的采邑與人民，也同樣的擁有其所有權與統治權。各諸侯之封國與卿大夫之采邑，再將土地畫分為公田與私田之井田制度，使附著於土地上的人民，在助耕公田的條件下，享有私田的耕作所得⑱，以形成各封國采邑之經濟基礎。此即所謂「有人此有土，有土此有財」⑲的宗法社會之經濟型態。綜合言之，在周之封國分治的型態之下，可以說是層層相屬的地方分權制⑳，而其政治的封建，與社會的宗法，經濟的井田，是一體而不可分的結構。整個宗法社會封建政治的重心，端在周天子的強盛，始能長久保有各諸侯國對宗周的向心力。

⑰ 薩孟武《中國社會政治史》頁三三，云：「在封建社會，農民雖然由領主那裡受了土地的分配，然乃束縛於土地之上。」

⑱《孟子・滕文公上》篇。《集註》頁二二二，云：「方里而井，井九百畝。其中為公田，八家皆私百畝。同養公田，公事畢，然後取治私事。」又頁二一〇引《詩・小雅・大田》之篇云：「雨我公田，遂及我私。」亦伸說此意。

並參見錢穆《國史大綱》頁五七，薩孟武《中國社會政治史》頁二八。

⑲《禮記・大學》篇。《集註》頁一〇。

⑳ 蕭公權《中國政治思想史》頁一七，云：「按周之封建天下，本為不完全的統一。」

相應於這一宗法社會之政治型態下的價值基準與行為模式，就是周的禮制。禮就是定分，旨在使人人之權利義務，必與其爵位身分相稱，從而建立政治的秩序㉑。《左傳》云：「王命諸侯，名位不同，禮亦異數。」㉒異數之禮，即不同的血統身分，與政治地位的統合表徵。禮的精神就在親親，以沖淡王室與封國上下之間權勢消長的尖銳對立，以維繫感情為基底的精神團結與政治團結。故禮用以別上下之分，也用以通上下之情㉓。

然這一宗法封建的周朝天下，本來傳國年代愈久，舊有之親情必愈趨淡遠，彼此間的精神團結與政治團結亦隨之日漸削弱，甚至完全喪失。加上周幽王為了褒姒廢申后與太子宜臼，違背了嫡長子為大宗之宗法繼承制，而太子宜臼竟介入申侯引犬戎攻殺幽王之舉，有犯上弒父之嫌，更背棄了整個宗法制度之根基的親親之情，而擁立平王之諸侯國，各圖己利，形成一不正義的集團，為東方諸侯國所不齒㉔，

㉑ 徐復觀《周秦漢政治社會結構之研究》頁一九。

㉒ 《左傳·莊公十八年》篇。《左傳會箋》第一冊卷三頁五一。

㉓ 徐復觀《周秦漢政治社會結構之研究》頁三至三三。

㉔ 錢穆《國史大綱》頁三一。

故東遷洛邑之後，周天子不為正義所歸附，各諸侯國對王室產生了離心力。由親親之情的喪失，導致尊尊之制的全面潰敗。這該是封建政治與宗法社會崩頹的先聲，也是由王室領導走入春秋霸局的關鍵所在。

此後之天下，王命不行為其最大特徵，各諸侯國內伺篡奪，外務吞併，周天子之領導中心，亦僅存其名而已。遂由齊桓晉文之霸業，以內尊宗周，外攘夷狄，標舉尊王攘夷的旗幟。仍以親親之情為基底，肩負起禁抑篡弒，裁制兼并的重任，以維繫舊有之政治規模與秩序。傳統之禮制，一時尚能苟延於不墜㉕。惟在列國會盟頻仍，務力於縱橫捭闔之際，卿大夫的勢力，遂得相互援結，倚外自重，而日漸抬頭，以致內則把持國政，外則權傾諸侯，卒有三家分晉，田氏篡齊之變局。齊晉之霸業為之衰微中斷，列國之政治重心，再由諸侯之身，轉入卿大夫之手。從此諸夏親暱之宗姓觀念，遂告蕩然無存，整個宗法社會與封建政治，不待王室之亡，至此已告完全崩潰，周制遂名存實亡。歷史的步伐遂邁入一嶄新的戰國階段㉖。

㉕ 前書頁四〇，云：「霸業可以說是變相的封建中心，其事創始於齊，贊助於宋，而完成於晉。」

㉖ 前書頁四四，云：「霸政衰微，而為大夫執政。一方面可說為封建制度繼續推演所產出。一面亦說是封建制度卻因此崩倒。」頁四六云：「卿大夫既有外交，往往互相援結，漸

誠如孟子所云：「萬乘之國，弒其君者必千乘之家；千乘之國，弒其君者必百乘之家。」[27]此實為戰國政局之真實寫照。而孔子所云：「天下有道，則禮樂征伐自天子出，天下無道，則禮樂征伐自諸侯出。自諸侯出，蓋十世希不失矣，自大夫出，五世希不失矣。陪臣執國命，三世希不失矣。天下有道，則政不在大夫，天下有道，則庶人不議。」[28]此為孔子就宗法封建社會之背景所發之政論，一入戰國皆不幸而言中矣。孔子之理想本在「齊一變，至於魯；魯一變，至於道。」[29]奈何時勢所趨，已不可能回轉，先王之道，也不可能重整於世。

韓非所處之時代，周初「封建親戚，以藩屏周室」之意早已消失不存，正是政在大夫，陪臣執國命，且「處士橫議」[30]的天下無道之世。固有的親情名分既不復有，而周王室又為秦所吞滅[31]，禮樂何由自天子出？周制已名實俱亡。征伐出自諸

漸形成大權旁落之勢，於是大夫篡位，造成此後戰國之新局面。」

[27] 《孟子・梁惠王上》篇。《集註》頁一六〇。

[28] 《論語・季氏》篇。《集註》頁一三八。

[29] 《論語・雍也》篇。《集註》頁七六。

[30] 《孟子・滕文公下》篇。《集註》頁二二六。

侯㉜，而諸侯之國命亦旁落於陪臣之手，處士之橫議，亦擾亂了舊有的價值體系，破壞了舊有的行為模式，遂使政令不行，變亂無已。韓非就處在這一「舊制度失其權威，新制度尚未確定」的大破壞，大開放的過渡時代㉝。擺在他眼前的問題是，如何接受既存的事實，在篡奪不已權臣竊柄的紛亂政局之下，去禁抑儒俠，裁制重人，把倚權自重執柄自為的重人近習，與惑亂人主動搖民心的儒墨是非，統合於君國的政治權力與賞罰的規範中，以樹立一個合乎時代需求之客觀法制的權威性。從而統一國家的價值體系，使全依於賞罰；固立全民的行為模式，令一歸於農戰。試

㉛ 錢穆《先秦諸子繫年》頁五七〇。周王室亡於西元前二五六年。是時荀子已入晚年，而韓非正值青年。

㉜ 顧棟高《春秋大事表．列國疆域表》，云：「魯在春秋實兼有九國之地。」、「齊在春秋，兼併十國之地。」、「晉所滅十八國。」、「楚在春秋，吞併諸國，凡四十有二。」、「宋在春秋，兼有六國之地。」。徐復觀《周秦漢政治社會結構之研究》頁六九。

㉝ 馮友蘭《中國哲學史》頁三六，云：「此皆過渡時代，舊制度失其權威，新制度尚未確定。」頁三七，云：「當時為一大解放時代，一大過渡時代也。」宜文出版社出版。徐復觀《周秦漢政治社會結構之研究》頁六四，云：「戰國時代，乃處於封建制度已經崩壞，專制政治尚未定型，因之，也可以說是一個政治壓力的空隙最大的開放時代。」

圖穩定變亂的政局，以強固君權，富國強兵，完成霸王之業的理想。這是韓非所面對的時代挑戰，與解決亂局的首要課題。

在宗法解體與封建崩潰之下，相應的經濟結構，亦起重大的變化。附著於土地上的人民，在貴族沒落，井田制度破壞之後㉞，容許土地私有與自由買賣，農夫或擁有自己的土地，或隨著游士浮萌之風的盛行，加上不堪重賦力征之苦，也開始不安於土，從附著的土地上逃離浮動以逃避農戰。被束縛於土地上的農民，一獲致自由的解放，各諸侯國舊有之經濟與軍事的根基遂完全動搖。故韓非面對的另一問題是，如何將遠離耕地的人民，重新固著於耕地上，使「死徙無出鄉」㉟。故彼禁抑

㉞ 錢穆《國史大綱》頁五六，云：「分封貴族之采地，漸次取消，則直屬國家之耕土漸以擴大，於是以前貴族圈地分區小規模的井地，不得不解放為整塊的農田。」此為廢封建，行郡縣，開阡陌邊疆，不得不有的發展。頁五八云：「農民……各自盡力於私田，而公田收成轉惡。至是乃廢去公田，履畝而稅。」又云：「履畝而稅，則可以只認田，不認人，於是民田得自由買賣，而土地所有權，無形中轉移，或為耕者所自有，而兼併亦隨之而起。」

㉟ 《孟子・滕文公上》篇。《集註》頁二一一。

儒俠，裁制浮萌工商，與獎勵農戰，是二而一的行動，旨在避免人民轉生浮離僥倖之心，才能安定在富國強兵的農戰崗位上㊱。

且一者彼時隨著經濟分工的日漸細密，各國在經濟上之相互依賴性亦趨增加，惟各國關市之征甚為苛繁㊲，阻擾經濟交易之自然發展，這種經濟聯繫之迫切需求

㊱《孟子・公孫丑上》篇。云：「市廛而不征，法而不廛，則天下之商，皆悅而願藏於市矣。關譏而不征，則天下之旅皆悅而願出於其路矣。」足見彼時賦征名目繁多，民以為苦，故有是言。

㊲《孟子・梁惠王上》篇。《集註》頁一六一。梁惠王曰：「寡人之於國也，盡心焉耳矣。河內凶，則移其民於河東，移其粟於河內。河東凶亦然。察鄰國之政，無如寡人之用心者，鄰國之民不加少，寡人之民不加多，何也？」足見當時的君王已知國家的力量來自人民，而人民也大量的趨於流動，如《商君書》所言，學詩書，事商賈，為技藝，以避農戰。而土地與人民，對於新軍國主義的國家，同屬必要，尤人民為彼時農戰的基礎。薩孟武《中國社會政治史》頁二六云：「有人民而無土地，徒增加農產物的消費；有土地而無人民，土地等於無用的長物。所以封建國家的對外政策不但以土地與人民為目標，國內若有土地未開墾，且以虜掠沒有土地的人民為目標。」錢穆《國史大綱》頁五九云：「貴族階級漸以奢侈安逸，國際戰爭漸以擴大劇烈，農民部隊之編製，遂成一種新需

就是國家統一的基礎❸❽；二者吾國北方向有黃河水患，綿延數千里，而以鄰為壑，或壟斷水利之舉，對各國均屬不利，基於農田水利的共同需要，亦非統一的政府，統一的政策不為功❸❾；三者「易子而食，析骸以爨」❹⓿與「爭地以戰，殺人盈野，爭城以戰，殺人盈城」❹❶之人間悲劇，更是分裂互爭之局無可避免的後果。顧棟高《春秋大事表》列舉此期之戰亂曰：「秦晉互相攻伐之戰凡十八，晉楚大戰者三，吳楚相攻者二十三，吳越相攻者八，齊魯相攻者三十四，宋鄭交兵者凡三十九」❹❷。兵禍之烈，前所未有，故孟子、老子均有濃厚的反戰思想❹❸，正是此期戰亂相結的

要。」「至戰國則全民步兵為主。」

❸❽ 薩孟武《中國社會政治史》頁三四。

❸❾ 前書頁三四之三。

❹⓿《左傳・宣公十五年》篇。《左傳會箋》第二冊卷十一頁三九。

❹❶《孟子・離婁上》篇。《集註》頁二三六。

❹❷ 徐復觀《周秦漢政治社會結構之研究》頁七。

❹❸《孟子・離婁上》篇，云：「爭地以戰，殺人盈野，爭城以戰，殺人盈城。此所謂率土地而食人肉，罪不容於死。故善戰者服上刑，連諸侯者次之，辟草萊任土地者次之。」《集註》頁二三六。

反抗呼聲。基於以上各端，加上長期風俗習尚的交流，溝通熔鑄成同一的文化系統，鄉土觀念因之逐漸薄弱[44]，一統天下遂成為整個時代的普遍需求[45]。這一普遍需求，亦成為戰國中期以後諸子百家共同指向的目標。這一共同指向的普遍需求，形成期求和平統一的大根力，使各國才士，拋開狹窄的地域觀念，週遊列國，尋求有識之君，說以治平之道，期求恢復大一統的政局，而與屈原之只為一國一宗以身殉楚的意態大異[46]。由是觀之，一統天下，成為客觀情勢的必然歸趨，也是主觀心態的普

《老子》三十章云：「師之所處，荊棘生焉。大軍之後，必有凶年。」三十一章云：「夫佳兵者不祥之器。……殺人之眾，以哀悲泣之，戰勝以喪禮處之。」《王弼注本》，中華書局，五十八年七月臺二版。

44 同註三七。呂思勉《中國通史》上冊頁五三，云：「而交通便利，風俗漸次相同，便於統治等，尤為統一必要的條件。所以從分立而至統一，全是一個文化上的進展。向來讀史的人，都只注意於政治方面，實在是掛一漏萬的。」

45 薩孟武《中國社會政治史》頁三四之三，云：「和平是時代所要求，統一亦為時代所要求。」徐復觀《周秦漢政治社會結構之研究》頁七〇云：「由封建中親親精神失墜後的相互不斷地戰爭形勢，便已清楚指出，分裂的天下，於理於勢，非要求一個大一統的出現不可。」

46 錢穆《國史大綱》頁七七。

遍要求。問題在如何以非常時期之非常手段，將此一「一統天下」的歸趨與要求，付之實現？依韓非看來，求一統天下，端在成就霸王之業，而以國富兵強為其首要前提；求國富兵強，則以君權之固立與擴張為其必要條件。故如何擴張君權，與富國強兵，成為韓非法家思想所專注的主題。

綜上言之，韓非所面對的時代背景，決定了他政治哲學的問題。整個傳統之政治、社會與經濟之體制已告全盤瓦解。外則列國紛爭，以強淩弱，內則重人把權，以下弒上。他分析整個問題的癥結，在於君權旁落，政治失去重心，以及仁義教化之人治，已無以適應時代的需求[47]。他以為解決之道，只有強化固結君王之權勢，

[47] 馮友蘭《中國哲學史》頁三八四至三八五，云：「蓋當時所謂國家社會，範圍既小，組織又簡單，故人與人的關係，無論其為君臣主奴，皆是直接的。故貴族對於貴族，有禮即可維持其應有之關係。貴族對於農奴，只須『有威可畏，有儀可象』，即可為『草上之風』矣。及乎貴族政治漸破壞，一方面一國之君權漸重，故各國舊君，或一二貴族，漸集政權於一國之中央。一方面人民漸獨立自由，國家社會之範圍漸廣，組織又日趨複雜，人與人之關係，亦日趨疏遠，則以前『以人治人』之方法，行之自有困難。故當時諸國，逐漸頒布法律。」

重建政治領導重心，並以賞罰強制之法治，才足以治亂世之民。此一看法，決定了他整個哲學的方向與結構。他的哲學成為以君權為樞紐的帝王之術者㊽，原因就在於此。他接受了既存的事實，不求如儒家的往後回轉，恢復傳統的禮制，與如道家的向上超越，崇尚無為之治；而是順著時勢之所趨，在民心浮動，權臣自為的現實情態下，尋求固立君位，擴張君權之道㊾，以有效而嚴密的政治權力的構作，去臣民之姦，而致富強，成就霸王之業，早日跨越這一大破壞的過渡時代，結束分崩離析的戰國政局。他的哲學問題，都是基於這一大前提之下展開的，只有透過這一方面的把握，才能了解韓非的政治哲學，也才能有較為公正而深入的評價。

㊽ 馮友蘭《中國哲學史》頁三八三，云：「儒墨及老莊皆有其政治思想。此數家之政治思想，雖不相同，然皆從人民之觀點，以論政治。其專從君主或國家之觀點，以論政治者，當時稱為法術之士，漢人謂之為法家。」

徐復觀《周秦漢政治社會結構之研究》頁一一〇云：「為統治者爭權勢，以富強為最高目的的類型，齊魯系統及衛晉系統的法家皆屬之。」

㊾ 蕭公權《中國政治思想史》頁二二八，云：「侵略與自衛皆有待於富強。於是君權之擴張，遂同時成為政治上之需要與目的，而政治思想亦趨於尊君國任法術之途徑矣。」

所以，他的政治哲學，一切政治權力的確立與運用，皆集中在尊君重國這一問題上，以求君權強固，國趨治強，成就霸王之業，扭轉亂局而重歸一統。在這一母題之下，他以為治強之道，不在縱橫捭闔之外交，而在獎勵農戰信賞必罰的內政；而在整頓內政的第一子題之下，他力主禁抑儒俠浮萌之風，以獎勵農戰，把農民從遷徙流動之中，重新定著於耕地上，從而統一整個國家的價值體系與行為模式，消除存在於政治權力與社會價值觀之間的衝突，使社會的毀譽與國之賞罰趨於一致。也惟有世之毀譽皆依法之賞罰而定，君王才能以法勢治民，以法術御臣，而走上富國強兵之路[50]。

儒、墨、道三家以絕世的才慧，與救世的熱情，透過思想的鼓吹，甚至付之於感人的行動，在韓非看來，不僅無補於世局，且使整個價值體系與行為模式，更趨於混亂，嚴重的干擾了政治權力的固立與運作，天下事遂落於不可為之境[51]。韓非

---

[50] 唐君毅《中國哲學原論》原道篇卷一頁五〇九至五一〇，云：「其意蓋在先使天下之善與是非，皆定於法。更使君有權勢，以用術，則世之毀譽，皆隨賞罰而定，更不以賞罰隨世之毀譽而定，則姦言無所用。法立而君又有權術，以用術，而行賞罰，則可以立一必然之信於國家，使臣民無所疑惑，而臣民不敢有姦行矣。」

之法家思想，有取於三家，卻大加駁斥，原因就在此。以為如三家之所為，求三家之所欲，「猶緣木而求魚也。」且不僅不得魚，「盡心力而為之，後必有災。」[52]故韓非的哲學，汲取了各家的哲學智慧，卻抨擊各家所標示的價值觀與為政之道，而另闢蹊徑，不以人民而以君國為目的，不講人治德化而透過法、勢、術三者的結合與運用，以為在信賞必罰獎勵農戰，綜核名實抑制儒俠之下，儒家「定於一」，墨家「壹同天下之義」，與道家「無為而治」的理想，才有落實實現的可能。

在這一落於時空的特殊性現實問題之外，韓非的哲學，憑其敏睿的才智，銳利的眼光，也觸及了政治哲學的普遍性論題，如法理學上的探討，政治權力的構作，與人性、價值、歷史演化的論析等等，均能超離時代的束縛，而有推進一步或更上一層的新發展。這就是一位哲人反映時代問題，而又不為時代問題所拘限的卓越表現，也是他能躋身在代表性哲人之行列的根本原因。

---

[51] 前書頁五〇五，云：「其特有見於其前儒墨諸家所尚之仁義，或親親尊尊之道，用在政治上，皆不特無必然之功效，且恆可為亂臣姦民之所假借利用，以敗國家之政。」

[52] 《孟子・梁惠王上》。《集註》頁一六九。

第三章 思想淵源及其哲學特質

哲學問題因時代背景而有，而解決此一時代問題的智慧，則泰半來自前賢哲學思想的遺留，故解析了時代背景，尚須追尋其思想的淵源。蓋每一位哲人，都置身在特定的時空座標之中。從橫面而言，他的時代背景，對他形成一種驅迫力，固然會決定了他的哲學問題；從縱線而言，他的思想淵源，來自傳統的遞衍，也會形成他的哲學特質。前者是時代的挑戰，後者則是歷史的傳承；加上他個人獨創性的才慧，三者的結合體，就構成了一代哲人的哲學思想。

本章對於韓非哲學特質的探討，將透過其思想淵源的追溯，加以展露出來。今試從下列各端，做一番分析的工作：其一為國情與其身世的激發，其二為先秦諸子的遞衍，其三為三晉法家傳統的集成。

第一節　國情與其身世之激發

《史記・老莊申韓列傳》云：

「韓非者韓之諸公子也。喜刑名法術之學，而其歸本於黃老。非為人口吃，不能道說而善著書，與李斯俱事荀卿，斯自以為不如非。非見韓之削弱，數以書諫韓王，韓王不能用。於是韓非疾治國不務脩明其法制，執勢以御其臣下，富國強兵而以求人任賢，反舉浮淫之蠹，而加之於功實之上。以為儒者用文亂法，而俠者以武犯禁，寬則寵名譽之人，急則用介冑之士，今者所養非所用，所用非所養，悲廉直不容於邪枉之臣，觀往者得失之變，故作〈孤憤〉、〈五蠹〉、〈內外儲〉、〈說林〉、〈說難〉十餘萬言。然韓非知說之難為，說難書甚具，終死於秦，不能自脫。」❶

---

❶ 司馬遷《史記》卷六三頁八六〇，廣文書局，五十一年九月初版。

依此節之記載，韓非為韓國公族之後裔，對韓王不免充滿了宗國的忠貞之情❷，是以入秦之後，尚有存韓之說❸，未如六國才士，入秦而獻滅其宗國之計。彼適逢韓國削弱多難之秋，處於東方諸侯與西方強秦的夾縫中，徘徊於合縱連橫之間，在弱國無外交之困境下，進退失據，左右兩難，而深受其害❹。蓋一者為強秦東進必

---

❷ 錢穆《國史大綱》頁七七，云：「韓非為韓之諸公子，殆未忘情於其自身之私地位者。」又云：「韓非主法治，他是一個偏狹的國家主義者，主張一階級的權益而謀富強。他抱有強烈的階級觀念，徹底主張貴族階級統治者之私利。」此說似是而非。韓非誠然忠於宗國，然一者法家思想志在剷除貴族勢力，而抑制重人近習；二者觀其立論，恆自許為法術之士，未見強烈之貴族意識顯現。

❸ 《韓非子・初見秦》篇亡韓之說當出乎蔡澤，而非韓非之手。詳見陳啓天《增訂韓非子校釋》頁八四三至八四四之考證。並見錢穆先生《先秦諸子繫年》頁四七八至四七九之論辯。

❹ 《韓非子・存韓》篇，云：「韓事秦三十餘年，出則為扞蔽，入則為蓆薦。秦特出銳師取地，而韓隨之怨懸於天下，功歸於強秦。且夫韓入貢職，與郡縣無異也。」又云：「夫韓小國也，而以應天下四擊，主辱臣苦，上下相與同憂久矣。」陳啓天《增訂韓非子校釋》頁八六六至八六八。

經之地，二者為東方諸侯遏秦之前驅，故在戰國情勢中，「韓的國勢最弱，而處境最難」❺。此一活生生的現實，深深地影響了韓非哲學的立論基點。他為君王立論，以為治國之根本，在內政而不在外交，他否定人生之價值與文化之理想，只圖富國強兵❻，只有在這一國情身世的迫壓之下，才能得到了解。

他為人口吃，不能道說。此一生理障礙，在成長的過程中，必相當改變了他的人格結構與行為傾向；而他又具絕世才華，一代名臣李斯尚自以為不如，故在他的身上所造成的衝擊必遠超過一般平凡之士。若是此一推斷不誤的話，某些自卑感必深藏於他生命底層的潛意識之中❼。一般之反應或不免會以傲慢自大的姿態，偽裝

---

❺ 陳啓天《增訂韓非子校釋》頁九二。

❻ 錢穆《中國思想史》頁六一，云：「韓非殆僅知有政治，而不知有文化。僅知有國家，而不知有人生。僅知有君王，而不知有民眾。」中華文化出版事業社，五十二年三月四版。

❼ 潛意識 (Unconscious) 係奧國心理學家佛洛伊德 (Sigmund Freud) 所推出的觀念。氏首創心理分析學派，將人的心理活動分三個層次：意識 (Conscious)，前意識 (Preconscious) 及潛意識 (Unconscious)。「意識」係公開之行為及思想，其內容能符合現實環境之要求，並能隨時在記憶領域中顯現；「前意識」係較為模糊但在經過思考之後能召回之記憶。而

出現；或嘗試在社會成就上建立自己，另求補償❽。前者傾向逃避式的反應，後者傾向迎戰式的反應❾，韓非的反應則傾向後者，這可能是他發憤著書的心理因素。加上他懷才不遇，數上書而韓王不能用——可能就由於他不善言說之故——造成心

「潛意識」則由不受意志管制之態度、感覺、及觀念等所構成；其內容極為隱晦，經常以「象徵化」在行為上出現，表現之方式，不能用常理解釋，亦不能以邏輯衡量，更不受時間之限制。《變態心理學綱要》頁二八至二九，Walter J. Coville, Timothy W. Costello, Fabian L. Rouke 編，繆國光譯，商務印書館，五十七年九月初版。而潛意識的積累存藏，則來自「理性的我」（或自我）Ego 受到「意志的我」（或超我）Super-Ego 的壓力而控制「物慾的我」（或本我）Id 之衝動，並將之壓抑，下落深埋於「潛意識」之中，成為生命本根的神秘大內在，不為人所覺察，卻隨時可能衝破「理性之我」與「意志之我」的防線，呈現在人的行為上來。《現代心理學大綱》頁二五四至二五六，S. Stansfeld Sargent, Kenneth R. Stafford 著，席長安譯，商務印書館，五十八年二月初版。

❽ 奧國心理學家阿德勒 (Alfred Adler) 以為，自卑感常在身體有殘缺者之中發展，形成自卑情結並常企圖藉特殊權位的獲得來補償他們的缺陷。他們的人格即可能受此補償作用的影響。《變態心理學綱要》頁三〇至三一，《現代心理學大綱》頁二五七至二五八。

❾ 《變態心理學綱要》頁五六至六一。

理的挫折與衝突，這又是另一重大的刺激，故滿懷孤絕之感與悲憤之情，他對以文學才辯起家而縱橫於政壇之士，如斯的深惡痛絕，絲毫不加隱諱，直詆之為家國之蠹，就在這一背景下產生的⑩。

他的哲學，雖自有其時代使命與歷史背景，然國情與身世的激發，必然是決定他哲學特質的主要因素之一。他諸多論點，不免偏狹而趨向極端，透過其國情與身世所形成之人格結構與行為傾向的心理分析，或能抓住其中的某些消息⑪。

第二節　先秦諸子之遞衍

韓非哲學問題之一，就是承接先秦諸子面對天下亂局，所提出的哲學智慧與解

⑩《韓非子》〈孤憤〉篇與〈五蠹〉篇，一股孤絕之感與滿腔悲憤之情，宣洩紙上，流露無遺。

⑪此處心理分析一詞，非指佛洛伊德精神醫學之意義，而是指人格結構形成因素的探索。《禪與心理分析》頁一三三，鈴木大拙、佛洛姆著，孟祥森譯，志文出版社，六十年九月。

決方案，去加以檢討與批判，尋求將各家所標示的生命理想，在政治權力的確立與運作之中，去落實展現的可能途徑。他又是先秦最後一位哲學家，各家的思想，對他的哲學，都有或重或輕的影響力。我們可以說，他的哲學是各家思想交織而成的統合體⓬。我們在他的哲學裡，可以發現各家思想雜陳疊現的影子，實不足為奇。故諸多論說，或斷言為儒學之直系⓭，或直指為道家之末流⓮，皆是一得亦一偏之

⓬ 馮友蘭《中國哲學史》頁三九一，云：「其能集此三派之大成，又以老學荀學為根據，而能自成一家之言者，則韓非是也。」勞思光《中國哲學史》卷一頁二八二至二八七，亦有相同之看法，惟所言更為精審。香港崇基書局出版，五十七年正月初版。

⓭ 錢穆《先秦諸子繫年》頁二二八，云：「人盡謂法家原於道德，顧不知實淵源於儒者。其守法奉公，即孔子正名復禮之精神，隨時勢而一轉移耳；道家乃從其後而加之誹議，豈得謂其同條貫者耶？」

⓮ 江瑔《讀子卮言》頁一〇一，云：「是可知申韓之慘覈少恩，皆原於道德之意。而其遞變之序，則由黃而變為老，由老而變為莊，由莊而變為申，由申而變為韓。釐然有程序之可尋，非一朝一夕所驟然致。」泰順書局，六十年十月出版。
熊十力〈韓非子評論〉（原題〈正韓〉），云：「荀卿之學，由道家而歸於儒，韓非從荀卿轉手，乃原本道家，而參中商之法術，別為霸術之宗。」及云：「荀卿由道而歸儒，其形

見，問題在他所汲取的儒道墨各家之思想，均匯入他個人的哲學體系，而有獨創性的發展，不僅是綜合集成而已。

以是之故，梁啟超先生云：「法家者，儒道墨三家之末流嬗變匯合而成者也。」⑮又曰：「故戰國之末，實為全盛時代第四期，亦名之曰混合時代。殆全盛中之全盛也。」⑯此見最為真確，較能把握形成韓非政治哲學之思想淵源的全貌。

依個人淺見，一方面吾人固可謂韓非汲取各家之思想，匯歸於其法家集成之哲學體系中；從另一方面看來，亦可說各家思想的源流遞衍，幾經轉折，也逐步推向法家一路。此為先秦時代思潮之大略趨勢，蓋春秋之諸子學，尚託附理想，一入戰國，為現實政治之迫切需要，而漸轉入實用功利之途。

茲就各家思想隨著時勢的推移，逐步的轉向法家，做一簡要的陳述，以明其流變遞衍之跡，及前後相承之脈絡。

而上學之見地，猶是道家也。」《學原雜誌》三卷一期頁一及頁五，三十九年一月初版。

⑮ 梁啟超《先秦政治思想史》頁一三四，中華書局出版，六十一年三月臺六版。

⑯ 梁啟超《中國學術思想變遷之大勢》頁二四。

(一)儒家

孔子在哲學史上的開山地位，就在於「仁」之提出。其哲學問題，即在為傳統禮制尋求人性的根基。

周公制禮作樂，禮在制約外在之行為，樂在陶冶內在之性情。然禮樂在宗法社會血緣的親親之情喪失之後，遂告崩壞，已失去其制約行為陶冶性情的理想精神，而空留其殘餘之形式。孔子志在恢復傳統的禮制[17]，並非僅以執持其形式為已足，而是在實質上加以全盤的檢討[18]。故曰：「禮云禮云，玉帛云乎哉？樂云樂云，鐘鼓云乎哉？」[19]林放問禮之本，孔子即許之為大哉問[20]，原因就在此。在禮壞樂崩

---

[17]《論語・八佾》篇。子曰：「周監乎二代，郁郁乎文哉，吾從周。」又〈陽貨〉篇。子曰：「如有用我者，吾其為東周乎？」《集註》頁五七及一四二。

[18]〈述而〉篇。子曰：「甚矣，吾衰也。久矣吾不復夢見周公。」此非復古之低調（姑不論其可能性究有多少？）乃有感於己之空有周公之才之美，而深致無周公之位之歎。《集註》頁七九。

[19]〈陽貨〉篇。《集註》頁一四三。

之後，孔子不再由王室與諸侯的小圈子中去重建宗法的親和力，轉而向廣大人群共有的人心之仁㉑，為禮制深植更普遍堅實的根基。曰：「人而不仁，如禮何？人而不仁，如樂何？」㉒禮樂若無人心之仁為其活水源頭，則其發用，是無根的，亦一外在乾枯的形式而已！有了人心之仁以為其內在的根源，則不僅足以使周文恢復其活潑的生命，且重新注入新的精神，呈現新的意義。孔子仁之提出，堪稱畫龍點睛之筆，化腐朽為神奇，將禮制由政治權力的下落，轉向人性的凸顯，把君臣上下外在層階性的名分之禮的固著，轉為人人內在平等性的人心之仁的顯發，把上層社會具有宗教意味與政治效用的禮儀㉓，轉為全民普遍自覺的行為規範。故周公僅為我國歷史上第一位偉大的政治家，而孔子則為第一位偉大的哲學家。

孔子言治，亦由仁推擴而出。曰：「道之以政，齊之以刑，民免而無恥；道之

⑳〈八佾〉篇。《集註》頁五四。

㉑〈述而〉篇。子曰：「仁遠乎哉？我欲仁，斯仁至矣。」《集註》頁八四。

㉒同註二一。

㉓錢穆《國史大綱》頁六四，云：「禮本為祭儀，推廣而為古代貴族階級間許多種生活的方式的習慣。此種生活，皆帶有宗教的意味與政治的效用。」

以德，齊之以禮，有恥且格。」㉔彼以為為政之根本，端在道德禮治之誘導，而非刑治法治之制約㉕。孔子以仁為禮之內根，以禮為仁之外現，由內而外，兩不相離。是即文質交融，始可謂君子。有仁而無禮，則仁亦一內在不安的心念而已，人之行為若無禮之誘發，不透過禮之節文，則愛心的表達，誠不易恰如其分，為對方所感應接受，進而溝通人我，維繫群倫的和諧；有禮而無仁，則禮亦一外在形式的權威而已，失去內在之仁的根本，不透過人之道德價值的自覺，必成為沒有生命的教條，落於形式之虛文㉖，反而束縛人性的顯發。故孔子之政治思想，雖德治與禮治並言，

㉔〈為政〉篇。《集註》頁四八。

㉕〈子路〉篇。子曰：「名不正則言不順，言不順則事不成，事不成則禮樂不興，禮樂不興則刑罰不中，刑罰不中則民無所措手足。」《集註》頁一一六。雖言「刑罰不中，民無所措手足」似乎並不否定刑罰的可行性，問題在「不中」，而不在刑罰本身。實則刑罰之不中，乃起於禮樂之不興，而禮樂之不興，則起於名之不正。此名不必單指名分權位，而可直指人在政治倫理上所扮演的社會角色。正名者，即在做一自覺的反省，以求名實相稱，此一自覺，即來自於仁，故根本上仍是德治。

㉖馮友蘭《中國哲學史》頁九四，云：「不仁之人，無真性情，雖行禮樂之文，適足增其虛偽耳。」

實以德治為主，「齊之以禮」，必以「道之以德」為其前提，始有其源頭活水，使政治倫理由人心的深處自覺的流出，而非如刑治法治，純為外在權威的強加約束。

由上觀之，孔子之政治思想，崇尚以德以禮之人治，而不同情以政以刑之法治。他未將政治脫出於道德的範疇之外，且直以道德為政治之原則與價值之所在。他開創了中國哲學由人性的源頭引入政治倫理，而肯定生命價值的傳統。

孔子之儒學，其弟子傳下者，有兩大支：一為曾子，一為子夏㉗。曾子承一以貫之之仁，及忠恕之道，反求諸己，重內省之約；子夏承孔子之禮樂，篤信聖人，重外發之博㉘。前者為傳道之儒，下開孟子仁心仁政之學，後者為傳經之儒，下開荀子聖人隆禮之學，曾子另傳吳起，子夏亦旁及李克㉙，已轉向法家一路。此當為

㉗ 錢穆《先秦諸子繫年》頁八一，云：「雖同列孔子之門，而前後風尚已有不同。由、求、予、賜志在從政，游、夏、有、曾乃攻文學，前輩則致力於事功，後輩則研精於禮樂。」又頁八三云：「晚世如曾子，子夏為諸侯師，聲名顯天下。」曾子居武城為師，子夏居西河教授，為魏文侯師。

㉘ 《孟子・公孫丑上》篇，云：「孟施舍似曾子，北宮黝似子夏，夫二子之勇，未知其孰賢，然而孟施舍守約也。」朱子注云：「子夏篤信聖人，曾子反求諸己。」《集註》頁一八六。

錢穆先生法出於儒之說的由來㉚。

孟子之哲學問題，首要在就孔子之「仁」，在人性的根源處，向內作更深一層的探索，以性善論與四端說，證立仁內在自覺之道德主體的存在性㉛。由是而推出「人皆可為堯舜」㉜，肯定人性尊嚴的價值哲學。故謂：「反身而誠，萬物皆備於我，樂莫大焉！」㉝、「學問之道無他，求其放心而已！」㉞人在先天本性既已完足，自

㉙ 蔣伯潛《諸子通考》頁一〇八及一〇九。《呂氏春秋・當染》篇謂吳起學於曾子，《漢書藝文志》班固自注謂李克，為子夏弟子。蕭公權《中國政治思想史》頁三二、三三及頁四五之註五八。

㉚ 《先秦諸子繫年》頁二二八。

㉛ 勞思光《中國哲學史》頁九〇，云：「孔子之學確是一宏大貫徹之文化哲學。但就純哲學問題說，則此一切肯定能否成立，必視一基本問題能否解決，此即『自覺心』或『主宰力』如何證立之問題。」香港崇基學院出版，五十七年正月初版。

㉜ 〈滕文公上〉篇，引顏淵曰：「舜何？人也；予何？人也。有為者亦若是。」〈告子下〉篇，曹交問曰：「人皆可為堯舜，有諸？」孟子曰：「然。」《集註》頁二〇七與二八五。

㉝ 〈盡心上〉篇。《集註》頁二九六。

㉞ 〈告子上〉篇。《集註》頁二八一。

不必向外尋覓行為的價值基準。故不言外在之禮，而專就內在仁心仁性，求其存養與擴充。其次上承孔子「君君臣臣，父父子子」㉟之說，提出設若「君不君」則政權如何轉移的問題㊱，向外做更進一層的推擴。孟子以「民為貴，社稷次之，君為輕」之說㊲，推出「君可易位」㊳的主張。由上觀之，孟子承孔子之儒學，在人性論及政治哲學上，向內與向外皆有更進一層的深入探討與開擴推展。

惟隨著時勢的演變，孟子轉而強調大丈夫的人格，與義利之辨，而有新的創發。在君權擴張之下，昔日文質彬彬的君子，已無以承擔天下的重任。故謂：「說大人則藐之。」㊴以道德之天爵反抗權勢之人爵㊵。以大丈夫的剛正之氣，對抗政治權

㉟《論語・顏淵》篇。《集註》頁一一二。

㊱勞思光《中國哲學史》頁九一，云：「雖說君君臣臣，是各定一理分；但如君不君時，政權是否應作轉移？轉移之形式如何？孔子皆未提解答。」

㊲〈盡心下〉篇。《集註》頁三二〇。

㊳〈萬章下〉篇，云：「君有大道則諫，反覆之而不聽，則易位。」《集註》頁二七二。

㊴〈盡心下〉篇。《集註》頁三二五。

㊵〈告子上〉篇，云：「欲貴者，人之同心也，人之有貴於己者，弗思耳，人之所貴者，

勢的壓力，而直以公孫衍、張儀之流投各國君王之所好者為妾婦之道[41]。且是時功利主義瀰漫天下，君臣父子「懷利以相接」[42]，孟子之義內說，即在反抗此一情勢，而以義為衡量人類行為的價值基準[43]。義乃由內在之仁的道德主體，往外投射，對客觀情境所作的是否應該的價值判斷。故曰：「居仁由義，大人之事備矣。」[44]仁

非良貴也。」《集註》頁二八三。

[41] 〈滕文公下〉篇，云：「以順為正者，妾婦之道也。」《集註》頁二三〇。

[42] 〈告子下〉篇。《集註》頁二八七。

[43] 勞思光《中國哲學史》頁一〇三，云：「義即理，有普遍性；利則只有特殊性。特殊性不能作為價值規範之基礎；循利而行，必見爭攘。故出一奪字，循利必生奪，以利為私故也。義利之辨亦即公私之別。」義利之辨，頗引後人之誤解與垢病。其實孟子反對的是以利為行為的動機，而非否定利的結果。蓋以利為行為的動機，則「上下交征利，而國危矣」，所得適為大不利；以義為行為的動機，群體社會自歸和諧，此始為大利。故孟子不言利，而利自在其中，抑有進者，義為內在之仁對外在情境所發出的價值判斷，此為人人皆有之普遍存在，且其主體在內在人，利則惟視外在之物質條件而定，因時因地亦因人而異，缺乏普遍性，而其主體又在外在物。故孟子嚴義利之辨，自有深義，不可淺說之，以為孟子反對功利。

為人心之本體，義為人心之發用㊺，孔子仁禮兼重，孟子則將外在客觀化規制的禮，轉至內在主體性自覺的義，故仁義並稱。不管是反抗政治權威，或否定世俗功利，知言與養氣實為知識分子所應有的修養，知言以知外，是義的判斷，養氣以存內，是義的承擔，二者在道德良知上交會溝通，嚴肅的取擇人生應走的路子。

孟子的政治思想，由不忍人之心發為不忍人之政㊻。惟一者曰：「上無道揆，下無法守。」㊼二者曰：「徒善不足以為政，徒法不能以自行。」㊽因應戰國之實際政情，在治國為政之道，未如孔子堅持「道之以政，齊之以刑，民免而無恥」之說，而承認了法制的必要性。雖說此一「法」，不必為法家君國之法，而為先生之法㊾，至少孟子已接受了周文已不可能在上下交征之亂局下，重振復活的事實，也

㊹〈盡心上〉篇。《集註》頁三〇三。

㊺〈離婁上〉篇，云：「仁，人之安宅也，義，人之正路也。」《集註》頁二三四。

㊻〈公孫丑上〉篇，云：「人皆有不忍人之心；先王有不忍人之心，斯有不忍人之政矣。」《集註》頁一九三。

㊼〈離婁上〉篇。《集註》頁二三〇。

㊽〈離婁上〉篇。《集註》頁二二九。

看出治國之標準法度的必要性。孟子固以為「徒法不能以自行」，強調德治之先在性，但又謂「徒善不足以為政」，同時也承認了德治之理想的有限性。這是儒家思想向外擴展的第一度轉折。

孔子惟言「性相近」[50]，而未明言此相近之性，究為善或惡[51]，且仁禮並稱內外兼重，不偏一端。下落孟荀，則各執一端以立論，前者專就內在之仁，主性善論

---

[49] 同註四八。云：「遵先王之法而過者，未之有也。」胡適《中國古代哲學史》第三冊頁六一云：孟子「所說的法，還只是一種標準模範，還只是先王之法。當時的思想界，受了墨家「法」的觀念影響，都承認治國不可不用一種「標準法」。儒家的孟子主張用「先王之法」，荀子主張用「聖王為師」，這都是『法』字模範的本義。」商務印書館，五十年一月臺三版。

[50] 〈陽貨〉篇。《集註》頁一四一。

[51] 〈述而〉篇，云：「仁遠乎哉？我欲仁，斯仁至矣。」〈顏淵〉篇云：「為仁由己，而由乎人哉？」〈里仁〉篇云：「惟仁者，能好人，能惡人。」好惡之情人皆有之，此曰能，正涵蘊好惡當理之「善」意，而仁在人人之自身，足見孔子雖未明言性之善惡，實已傾向性善論。故就人性論說來，孟子較能契合孔子之精神，荀子則已遠離。《集註》頁一〇八、八四〇、六〇。

以證立之，後者則專就外在之禮，主性惡說以證成之。前者往內收，後者往外放，均逐漸趨向理論系統的建構，而少有生命親切的體驗與精神修養的意味。

故荀子之哲學問題，在於以性惡說，建立禮之成為必要的理論基礎，以認知之心，補救在性惡之下，師法禮義之成為可能的根源。孔子言禮，乃與仁相接，由內存而外現；孟子雖不言禮，猶重「先王之法」，仍以不忍人之心為其推擴的源頭；荀子隆禮，則純為外在之規制，而無內在之仁性，以與之相應52。惟以虛靜認知之心，師法聖王習偽而成。此說已與法家之法，甚為逼近53。且迫使其自身之哲學，陷於自相矛盾之困局。

荀子之天，為自然之天，現象之天54，已失去其形上精神與道德法則的意味55，

52 《荀子・性惡》篇，云：「不可學，不可事而在人者，謂之性；可學而能，可事而成之在人者，謂之偽。是性偽之分也。」《荀子約注》頁三二八，世界書局，六十年五月三版。

53 梁啟超《先秦政治思想史》頁九六，云：「故荀卿所謂禮，與當時法家所謂法者，其性質實極相逼近。」

54 〈天論〉篇，云：「天行有常，不為堯存，不為桀亡。」《約注》頁二二〇。

55 徐復觀《中國人性論史》頁二二五至二二七。

而天人既分隔56，性遂無所歸依，遂轉言性惡。曰：「人之性惡，其善者偽也。」57善非來自人性本有之自覺，而為聖人「化性起偽」58之功。又曰：「今人之性惡，必將待師法然後正，得禮義然後治。」59故「師法」之效能在於正身，與「禮義」之規制在於治國，成為荀子哲學的兩大支柱，而禮義出於聖人之偽，師法則來自人心之知。曰：「然則禮義法度者，是生於聖人之偽，非故生於人之性也。……故聖人化性而起偽，偽起而生禮義，禮義生而制法度；然則禮義法度者，是聖人之所生也。」60又曰：「何以知道？曰心。心何以知？曰虛壹而靜。」61問題在「堯舜與

56 〈天論〉篇，云：「故明於天人之分，則可謂至人矣。」又曰：「大天而思之，孰與物畜而制之？從天而頌之，孰與制天命而用之。」、「君子敬其在己者，而不慕其在天者，是以日進也。」《約注》頁二一一、二一九、二一六。

57 《荀子・性惡》篇。《約注》頁三一七。

58 〈性惡〉篇。《約注》頁三三〇。

59 〈性惡〉篇。《約注》頁三一八。〈修身〉篇亦云：「禮者，所以正身也，師者，所以正禮也。無禮何以正身，無師，吾安知禮之為是也。」《約注》頁二一〇。

60 〈性惡〉篇。《約注》頁三三〇。

61 〈解蔽〉篇。《約注》頁二九四。

桀跖，其性一也。君子之於小人，其性一也。」[62]聖人之性亦惡，則禮義之偽又何從而起？豈非落於飄浮無根的存在？而心雖能慮能擇[63]亦一虛靜而已！雖曰：「心者，形之君也，而神明之主也。」[64]心似有主體性之意，然亦一認知之主體，而非道德之主體，亦一觀理之心，而非生理之心，只具「可以知仁義法正之質」[65]，而乏道德實有的內涵[66]。心可知道，然道從何來？是「君子之所道」[67]，仍出乎聖人

---

[62] 〈性惡〉篇。《約注》頁三三三。

[63] 〈正名〉篇，云：「情然而心為之擇謂之慮，心慮而能為之動謂之偽。」《約注》頁二九六。

[64] 〈解蔽〉篇。《約注》頁二九六。

[65] 〈性惡〉篇。《約注》頁三三四。

[66] 勞思光《中國哲學史》頁二六三，云：「荀子所說之心，雖亦指自覺心，但此心只能觀照，而非內含萬理者。」又云：「荀子所言之心乃一觀『理』之心，而非生『理』之心。心之功用重在能受，而不重在能生。如此，則理在心之外，與四端說大異。」又徐復觀《中國人性論史》頁二三九云：「孟子所把握的心，主要是在心的道德性的一面；而荀子則在心的認識性的一面；這是孟荀的大分水嶺。」東海大學，五十二年四月初版。

[67] 〈儒效〉篇，云：「道者，非天之道，非地之道。人之所以道也，君子之所道也。」《約注》頁八二。

之偽。禮義與道既失其根源，心又何由知道師法？聖人又何由起禮義之偽？故所謂：「塗之人可以為禹。」[68]亦屬徒托空言，這是荀子哲學最大的困局。

綜觀荀子哲學，性惡論，分性偽為二，斬斷了由內而外的通路，制天說，明天人之分，也拆掉了由上而下的橋樑，禮義遂失去其人性之根與形上之源，只是出於節欲明分，以平亂息爭的現實要求，落入功用主義，遂成無本的外在權威。孔子之禮，內化於仁，荀子之禮，從人性之仁中孤離出來，外化而為法[69]。此為儒家思想第二度的大轉折。

禮既完全來自外爍的強制，則社會制裁力之禮，實遠不如政治制裁力之法，來得更富強制力，更具齊一之效。故曰：「故古者聖人以人之性惡，以為偏險而不正，悖亂而不治，故為之立君上之勢以臨之，明禮義以化之，起法正以治之，重刑罰以禁之，使天下皆出於治，合於善也；是聖王之治而禮義之化也。」[70]荀子已運用政

---

[68] 同註七六。

[69] 徐復觀《中國人性論史》頁二五三，云：「荀子以繼承孔子自居，然孔子思想之中心在仁，而荀子學說之中心在禮。且孔子將禮內化於仁，而荀子則將禮外化而為法。所以在荀子，禮與法，沒有多大分別。」

治君勢之權威，以強制力做為教育的手段，師與君合，禮與法合，推向權威主義，遂由禮而法，由法而刑禁，由尊君重禮很自然的轉入尊君重法的法家之路。此由儒入法之演變，可繪一簡圖以明示之：

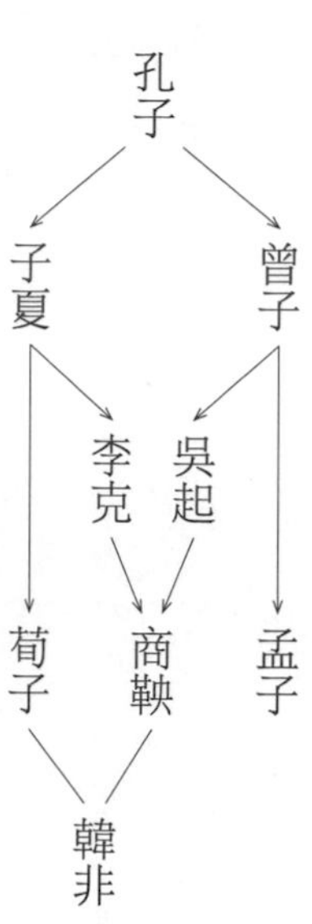

故蕭公權先生云：「儒學支流，一轉而為吳李，再變而為商韓，荀子之學則代表此轉變之過渡思想。」[71]錢穆先生以為商鞅之變法，得自李克，吳起之遺教為多[72]，而商鞅之法屢為韓非稱引，影響韓非之政治思想甚巨。

由上述可知，荀子實為由儒入法的轉關人物，韓非既師事荀卿，受其影響獨深，其政治哲學的理論根基——人性論，價值觀及歷史觀——大多來自荀子；惟其實質

---

70 〈性惡〉篇。《約注》頁三三一至三三二。

71 《中國政治思想史》頁三二。

72 《先秦諸子繫年》頁二二七。

精神一轉而大異，仍是儒法分途。蓋荀子仍主人治德化，仍有一聖人的生命精神，做為現世人生的指標，仍在建立人的尊嚴，與追尋文化的理想，到了韓非，此一精神與理想均已失落不見。

(二)道家

《史記・老莊申韓列傳》言韓非「喜刑名法術之學，而其歸本於黃老。」[73]足見韓非之哲學，必有得自道家之啟發者。

老子建構了其獨步中國思想界的形上學體系，然其哲學旨趣，仍在政治人生。他的哲學問題，在於為既有的存在，覓求形上本體的根源。他標示了形上的價值理想，對現實政治與人生，做一深切的反省[74]，並提供一根本的解決之道。在道體的

[73] 同註一二。

[74] 十二章，云：「五色令人目盲，五音令人耳聾，五味令人口爽，馳騁畋獵令人心發狂，難得之貨，令人行妨。」《王弼注本》上篇頁七。又十八章云：「大道廢，有仁義；智慧出，有大偽；六親不和有孝慈；國家昏亂有忠臣。」《王弼注本》上篇頁一〇。二十九章云：「天下神器，不可為也。為者敗之，執者失之。」《王弼注本》上篇頁一六。五十七

運行中，推出一「回歸」的路子[75]，期求於價值失落與生命貶值中，脫拔超越；在道體的發用中[76]，展露一守柔的弱道哲學，以期求於物欲爭逐與權勢傾軋之中，成其真強。透過內在之德的把握，往上向本體之道回歸，尋求現實人生的完美與和諧。

他的哲學有兩條交流向：一是本體論的上迴向[77]，從現象界往上超離，否定既存的道德規範與政治權力，而與形上之道接續，汲取生命本根的源源活力，與超越的價值理想，此即「常無，欲以觀其妙」與「既知其子，復守其母」[78]的回歸；一

[75] 十六章，云：「萬物並作，吾以觀復。夫物芸芸，各復歸其根，歸根曰靜，是謂復命，復命曰常。」《王弼注本》上篇頁八。二十五章云：「大曰逝，逝曰遠，遠曰返。」《王弼注本》下篇頁一四。四十章云：「反者道之動。」《王弼注本》下篇頁四。

章云：「天下多忌諱，而民彌貧，民多利器，國家滋昏，人多伎巧，奇物滋起；法令滋章，盜賊多有。」《王弼注本》下篇頁一三。七十三章云：「民不畏死，奈何以死懼之。」《王弼注本》下篇頁二一。中華書局，五十八年七月臺二版。

[76] 四十章，云：「弱者道之用。」《王弼注本》下篇頁四。

[77] 四十章，云：「天下萬物生於有，有生於無。」此為由形下之現象往形上本體之回歸。《王弼注本》下篇頁四。

[78] 第一章及五十二章。《王弼注本》上篇頁一及下篇頁一〇。

是宇宙論的下迴向[79]，從本體界往下落實，以形上之道的生命根源，投注在現實人生中展現，重新建立新生的價值理想，此即「常有，欲以觀其徼」與「既得其母，以知其子」[80]的下落[81]。

相應於這一哲學精神之下的政治與人生的運用，就是「無為而無不為」[82]的智慧。「有之以為利」，常由「無之以為用」[83]之中得來，映照在政治上的是「聖人無常心，以百姓心為心」[84]，「輔萬物之自然而不敢為」[85]的自然無為，以求「聖人亦不傷人」[86]；呈現在人生上的是「吾所以有大患者，為吾有身」[87]，「復歸於嬰

[79] 四十二章，云：「道生一，一生二，二生三，三生萬物。」《王弼注本》下篇頁五。此為由形上本體往形下現象落實。

[80] 同註七九。

[81] 方東美輔仁大學哲學系《中國哲學的精神》講堂上筆記。

[82] 《老子》三十七章。《王弼注本》上篇頁二一。

[83] 《老子》十一章。《王弼注本》上篇頁六。

[84] 四十九章。《王弼注本》下篇頁八。

[85] 六十四章。《王弼注本》下篇頁一七。

[86] 六十章。《王弼注本》下篇頁一四。

兒」(88)的返樸無欲，以求「守柔曰強」(89)。總之，老子以為一切人為政治與文明的推展，遠離人的素樸之德，與自然之道，且愈推愈遠，破壞了本有的完美與和諧。

故其所謂「失道而後德，失德而後仁，失仁而後義，失義而後禮」(90)，即旨在指稱任何道德規範，若不由形上之道的價值根源流下的話，都必成為僵化的空殼。其「正言若反」(91)，鄙薄仁義之說，並非平面的對反，純粹的否定，而是立體的上升，更上一層的肯定。如此才能知解「聖人不仁，以百姓為芻狗」與「上德不德，是以有德」的理境(92)。否則，斷言老子否定德性我(93)，都是強解古人的皮相之見。

(87) 十三章。《王弼注本》上篇頁七。

(88) 二十八章。《王弼注本》上篇頁一六。

(89) 五十二章。《王弼注本》下篇頁一〇。

(90) 三十八章。《王弼注本》下篇頁一。

(91) 七十八章。《王弼注本》下篇頁二三。

(92) 此「不」當做「超越」解，而非「否定」意。牟宗三《才性與玄理》，云：「故此不仁非殘忍之意也。」又云：「是超過仁與不仁之對待，而顯一絕對的沖虛，非是與肯定命題相對之否定命題，而是超過肯定否定之兩行而顯一絕對之一。」頁一四四至一四五。九龍人生出版社，五十九年六月再版。

惟老子對仁義的懷疑94，對民智的否定95，以及「將欲奪之，必固與之」的權謀語96，「魚不可脫於淵，國之利器不可以示人」97的專制語98，對法家思想反對學術的愚民政策，排擠道德於法律之外，掌握君勢，運用權術的專制統治而言，實為不良的開端。吳師經熊對於法家與道家的關聯處，有其精闢的分析：「其一由於道家認為除了道以外的存在事物都是相對的，以故損傷了儒墨兩家之道德的絕對權威性，而於無意之中反為法家的實證法學鋪路。……換句話說，法家對於道家的『絕

93 勞思光《中國哲學史》，云：「故老子雖在另一特殊意義下言德，但實否定『德性我』。」第一卷頁一六九。

94 十八章，云：「大道廢，有仁義。」《王弼注本》上篇頁一〇。

95 六十五章，云：「古之善為道者，非以明民，將以愚之。民之難治，以其智多。」《王弼注本》下篇頁一七。

96 梁啟超《中國學術思想變遷之大勢》，云：「老學最毒天下者，權謀之言也。將以愚民，非以明民，將欲取之，必先與之。此為老學入世之本。」頁二〇。

97 三十六章。《王弼注本》上篇頁二〇。

98 章太炎《國學略說》，云：「老子亦有極端專制語，其云『魚不可脫於淵，國之利器不可以示人』，非極端專制而何。……然此二語法家所以為根本。」頁一六一。

對』，毫不在意，而把它拋得遠遠的，他們急於抓住道家的相對論，使得他們得以放任的依據他們的願望制定法律，而不顧及道德的原則。其二在摒除了道家的絕對之後，法家就把君國的地位，透過它的基本的和獨斷的法律，提升到『道』的位置。……自此以後，甚至聰明人也相信國家所有的法律，都是有如自然的，不可避免的規律。隨著時間的進展，據我們所知，法律有如一部機器般的自動操作。法家宣稱，這是道家無為而治的理想之實現，同時這也是自然之道，但這一極大的諷刺(Paradox)，僅在於他們樹立了完全的人造命令之後，才開始去講無為及自然。事實上，他們僅僅成功的把自然法的尊嚴，強加在其人為法的身上(They had only succeeded in endowing the law of force with the force of law)。」[99]

這一般話，最足顯示道家與法家基本精神幾乎兩相對反[100]，而法家學者皆歸本

---

[99] 譯自吳師經熊著〈中國法學之歷史概觀〉(Chinese Legal Philosophy: A Brief Historical Survey)。《中國文化季刊》(*Chinese Culture, A Quarterly Review*) 第一卷第四期頁二二至二三，中國文化學院，一九五八年四月出版。

[100] 吳師經熊於前引一文中云：「在中國思想史上最大的諷刺是法家。法家是由一些自認為與道家有關聯的人創立的。根本上說，法家與道家，兩者之間並無相通之處。道家認為

於黃老的原因所在。依筆者之見，老子哲學形上形下通貫為一，有其形上根源的常道，也有其形下應世的變道。此下莊子與到慎到，即上承此形上之道而有不同的開展，申韓則僅執守其形下之道，轉為統御臣民的權術，這是老子哲學流變而出的兩條路線。今試繪一簡圖如下：

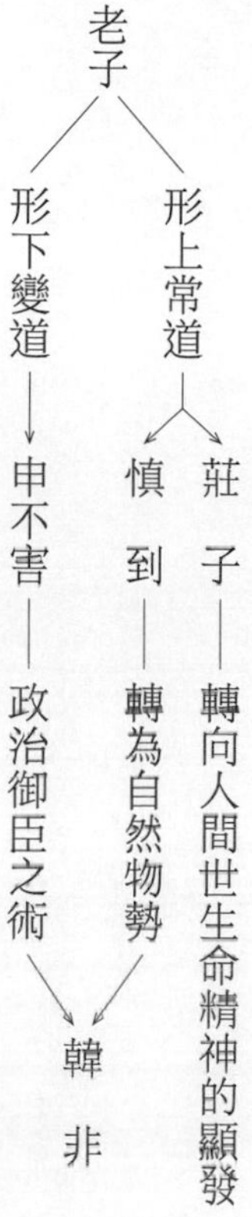

老子
- 形上常道
  - 莊　子——轉向人間世生命精神的顯發
  - 慎　到——轉為自然物勢 → 韓　非
- 形下變道 → 申不害——政治御臣之術 → 韓　非

申韓之思想，於下節〈三晉法家傳統之集成〉再予申說，此下探討莊子與慎到的歧路，尤以後者實居於由道入法的關鍵人物。

《莊子》一書，並非如憨山大師所言，僅是「《老子》的注疏」[101]。或許是受了儒家顏回一派的影響[102]，他的哲學無意於用世，而傾向個人生命的體驗，與特立獨

不要去干擾自然，而要讓人類聽從自然，減少不必要的活動至最低限度，不要試圖以死刑來威嚇人民，不要以法律來示眾。上述所言，法家與它們完全不同。」。

[101] 《莊子・內篇憨山註》篇頁一，瑠璃經房，六十一年元月再版。

行的人格修養，此一發展已近乎孔顏儒學，其感受之親切，與體悟之深刻，殆有孟荀所不及者。

莊子之哲學問題，在於承接老子所開出的形上的價值根源，與政治人生回歸自然素樸的理想，如何在人間世之中，透過精神的修養，與生命的錘鍊，使其落實展現。蓋老子哲學有其難以突破的困局，人若有知有欲，求其回歸已走出本然之真樸，談何容易？此非高度的修養與體悟不為功。若不開出一套修養工夫，以為其超越現境之階梯，則徒言復命知常[103]，終究是落空的。若僅是由聖人之治，惟「虛其心」，

---

[102] 《莊子・天下》篇把孔子儒學列於「道術將為天下裂之先」，不在「天下多得一察焉以自好」的「百家之學」中。且內篇時稱孔子顏回，足見莊子對顏回一派的儒學，必有相當之同情。莊子哲學之異乎老學者，或出於儒學的影響。章太炎《國學概論》頁五〇，云：「孟子和荀子是儒家，記載顏子的話，很少，並且很淺薄；莊子載孔子和顏回底談論卻很多，可見顏回底學問，儒家沒曾傳，反傳於道家了。莊子有極讚孔子處，也有極誹孔子處，對於顏回，祇有讚無議，可見莊子對於顏回是極佩服的。」河洛圖書出版社，六十三年十二月臺影印初版。此說並見其《國學略說》頁一七二。

[103] 《老子》十六章，云：「復命曰常，知常曰明。」《王弼注本》上篇頁八。

「弱其志」，而「實其腹」，「強其骨」[104]，卻缺乏一番深切的覺醒以為其根，與精神生命的開拓，以呈顯自我，豈非把人生從價值層面，拉回生理層面？雖可「使民心不亂」[105]，亦可美其名為素樸自然，然無可否認必導致生命內涵的貧乏，與生命歷程的淒涼，依筆者之見，所謂素樸之境，只有在經歷了絢爛之後的歸於平淡，才能呈現，也才有意義，否則，未有自覺的渾沌狀態，又何足貴？不過是原始的野蠻而已！故莊子的哲學，不著意形上的系統，與政治哲學的發揮，而集中在個人對生命價值的反省，與不斷奔騰上揚的人格修養，以補救老子哲學可能落於貧弱虛空的危機。

《逍遙遊》，為莊子哲學的總綱。「大鵬怒飛」的寓言，即在顯示由小而大，由大而化的修養工夫，與由有待而奔向無待之境的歷程[106]。逍者即在消解心知的負累，

---

[104] 《老子》第三章。《王弼注本》上篇頁二。

[105] 同註一〇四。

[106] 《莊子・逍遙遊》篇，云：「北冥有魚，其名為鯤，鯤之大，不知其幾千里也。化而為鳥，其名為鵬，鵬之背不知其幾千里也。怒而飛，其翼若垂天之雲。是鳥也，海運則將徙於南冥。南冥者，天池也。」鯤本小而成其大，由大而化為鵬，由藉海運而怒飛之有

與欲望的束縛[107]，以求得生命的解放，與精神的自由；遙者從有限的形軀脫拔出來，遙引遠揚於無限時空的新天地；遊者即自由自在徜徉於人間世，超然自得，無往而不適。〈齊物論〉旨在打破人由形軀自限所引發的自是非彼的執著，人把自我從宇宙同體之中，自行封閉，才轉出無止盡的相對的知識系統，由形軀的相彼而有心知的自是，由心知的自是而有百家的辯議，生命的本真遂在這一系列的心鬥中沉沒不顯[108]。故透過無己喪我的脫解[109]，使真君呈現[110]，打破個體生命的有限，向外開放，

待，至徙於南冥天池之無待。《南華真經正義》內篇頁一，陳壽昌輯注，新天地書局，六十一年十一月初版。

[107] 莊子之修養工夫，各篇時有論及，如〈人間世〉之「心齋」，〈大宗師〉之「坐忘」，〈養生主〉的「庖丁解牛」，〈齊物論〉的「莊周夢蝶」，〈德充符〉的「無人之情」，〈逍遙遊〉的「無用之用」。

[108] 〈齊物論〉篇，云：「物無非彼，物無非是。……彼出於是，是亦因彼。」物無不相彼，無不自是，相彼之分固出於自以為是；自以為是，亦出乎相彼之分。《正義》頁一一之一。

[109] 〈逍遙遊〉篇，云：「至人無己。」〈齊物論〉云：「吾喪我。」《正義》頁三之一與頁八。所無之「己」，所喪之「我」，為形軀自限之我，而呈顯的主體「至人」與「吾」，則為真宰或真君。

將自我融於天地萬物之中[111]，自會物我相通，宇宙一體，由是而平等的觀照不齊之萬物，彼此肯定，兩相欣賞，與互補不足[112]，這就是「萬竅怒呺」這一寓言所映現的人人個性凸顯，人間多采多姿的美麗新世界[113]。莊子首言逍遙的絕對的自由，次言齊物的同體的平等[114]，此中自有深義在。蓋若僅言逍遙，一者可能直飛而上，一去不回，二者可能有其超人的優越感，而在價值觀上，自貴而賤他，傲視群倫，而踐踏人間世界，故言齊物以救之[115]；若僅言齊物，可能以有限的時空自限，以淺陋

[110] 〈齊物論〉篇，云：「其有真君存焉？」《正義》頁一〇。

[111] 〈齊物論〉篇，云：「天地與我並生，萬物與我為一。」《正義》頁一五之一。〈大宗師〉云：「假於異物，託於同體。」頁五四之一。前者指形軀之阻隔，後者指真君之感通。

[112] 〈齊物論〉篇，云：「物固有所然，物固有所可，無物不然，無物不可。」《正義》頁一三。

[113] 〈齊物論〉篇，云：「夫大塊噫氣，其名為風。是惟無作，作則萬竅怒呺，而獨不聞之翏翏乎！……泠風則小和，飄風則大和。」萬竅怒呺，皆來自大塊之噫氣，此為同體，萬竅不同，其流聲亦異，此為其個性之凸顯。作則齊聲怒呺，是為多采多姿。《正義》頁八及八之一。

[114] 章太炎《國學略說》，云：「內篇以〈逍遙〉、〈齊物〉開端。淺言之，逍遙者，自由之義。齊物者，平等之旨。」頁一六九，並見其《國學概論》頁五三。

為完美而流為向下的平等，閉鎖的自足，故言逍遙以救之。不論是生命的自由奔放，或物我的同體肯定，皆得自自我有限形軀的突破，而非來自政治權力的安排，皆透過精神自覺的修養與生命價值的提升，而非安於渾沌未開的質樸與生理本然。這實是莊之有進於老之處，也是莊子把老子的形上學的客觀存在，由外往內收，由上向下落實，轉為一種內在精神境界的意味[116]。

順著老子的形上之道，而轉向法家的過渡人物，就是慎到[117]。《史記》稱之曰：「學黃老道德之術。」而《漢志》則謂「申韓稱之。」[118]慎到之思想，正是由道入法的關鍵，《四庫全書提要》云：「今考其書，大旨欲因物理之當然，各定一法而守之。不求於法之外，亦不寬於法之中，則上下相安，可以清淨而治。然法所不行，勢必以刑齊之。道德之為刑名，此其轉關，所以申韓多稱之也。」[119]老子自然之道，

[115] 方東美先生輔大哲學系《中國哲學的精神》，講堂上筆記。

[116] 徐復觀《中國人性論史》頁三六三。

[117] 梁啟超《先秦政治思想史》頁一一四。

[118] 錢穆《先秦諸子繫年》頁四二六。

[119] 《新編諸子集成》第五冊《慎子》頁一。世界書局，六十一年十月新一版。

其超越的形上意味，慎子把握不住，沉落為現象的物理之勢。此實為道家哲學的一大逆轉；而其轉變之線索，《莊子．天下》篇言之特為精闢。其言曰：

「公而不黨，易而無私，決然無主，趣物而不兩，不顧於慮，不謀於知，於物無擇，與之俱往，古之道術有在於是者，彭蒙田駢慎到聞其風而悅之。齊萬物以為首，曰天能覆之而不能載之，地能載之而不能覆之，大道能包之而不能辯之。知萬物皆有所可，有所不可。故曰選則不遍，教則不至，道則無遺者矣。是故慎到去知棄己，而緣不得已。冷汰於物，以為道理。曰知不知，將薄知而後鄰傷之也。謑髁無任，而笑天下之尚賢也，縱脫無行，而非天下之大聖，椎拍輐斷，與物宛轉，舍是與非，苟可以免，不師知慮，不知前後，魏然而已矣。推而後行，曳而後往，若飄風之還，若羽之旋，若磨石之隧。全而無非，動靜無過，未嘗有罪，是何故？夫無知之物，無建己之患，無用知之累，動靜不離於理。是以終身無譽，故曰至於無知之物而已，無用賢聖。夫塊不失道，豪傑相與笑之曰慎到之道，非生人之行，而至死人之理，適得怪焉。……其所謂道非道，而所言之韙，不免於非，彭蒙田駢慎到不知道，雖然概乎皆嘗有聞者也。」[120]

老子之無知無欲，旨在回歸道之自然，以保有己之全德，其上有道之德的往下流注，其下有小國寡民「甘其食，美其服，安其居，樂其俗」[121]之理想社會的遠景；莊子之無己喪我，亦一過渡之修養工夫，旨在打破個體生命之有限，以「道通為一」，「道未始有封」[122]的無限，去涵容萬物，肯定萬物存在之價值。其上有逍遙境界之提升，其下有齊物的同體大肯定。老莊思想，崇尚自然之道，僅否定人為之造作，而未否定人內在本有之素樸真性；問題在如何透過政治之無為，使其返樸歸真，與精神之修養，使其呈現超放。然慎子卻以人心不免於偏，人知之不免於累，而不信任人內在之本有，竟否定自我，使人如無心無知之物，惟「與物宛轉」，以求不有患累。故慎到之去知棄己，非其過渡之修養功夫，而直以為底程之目的，既無老子形上根源的源源流注，又乏莊子逍遙境界的層層提升，遂一去百去，開不出精神飛揚之路。老子無所不在內存萬物的自然之道，慎子由內往外推，斬斷道與萬物相接溝通的橋樑，並由上往下沉落，反成迫壓萬物不可違抗之物勢。故去知棄己，旨在

[120] 《莊子．天下》篇。《正義》雜篇頁六五之一至六八。

[121] 《老子》八十章。《王弼注本》下篇頁二三之一。

[122] 《莊子．齊物論》篇。《正義》內篇頁一三及一七之一。

打消人之主體性，使成為無知塊然之物，而完全「緣自然之不得已」，聽任外在物勢的安排。莊子齊物之平等，先有逍遙之生命精神的顯發，慎子卻以齊萬物為其始，僅「舍是與非」、「無用賢聖」，未有一番精神開闊的工夫，遂成往下摜壓之齊頭的平等。如是，人固無知之累與己之患，萬物亦可等齊如一，卻使人間世界，漆黑一團，萬物沒有個性，而歸於死寂。老子之道賦予萬物以生機活力，慎到之物勢，則把萬物迫壓得一無生氣。使萬物在自然之勢下，惟有「決然無主」、「與之俱往」，生命主體永無呈顯的可能，「而至死人之理」。

慎子之哲學，由老子之道而來，故曰概乎嘗聞道；然把握不住道之超越精神，而沉落為自然之勢。故曰：「其所謂道非道」。這是老子形上哲學，至慎子身上而有的變質扭曲的發展。老子之無為，雖云「聖人無常心」，然仍落在「以百姓心為心」的人心主體上，慎子不信任人心，而相信物勢，以其無心無知之故。故曰：「厝鈞石，使禹察錙銖之重，則不識也。懸於權衡，則氂髮之不可差，則不待禹之智；中人之知，莫不足以識之矣。」[123]權衡為無知之物，故無主觀之偏頗，足為客觀之標準，故舍人取物。由此一哲學觀點，落於政治，即產生一問題，人之個性既各皆不

---

[123] 《慎子・逸文》篇。《集成》頁七。

同，而人人均齊畫一的平等又何由實現？惟有訴諸客觀的標準之法了[124]。故曰：「君人者，舍法而以身治，則誅賞予奪從君心出。然則受賞者雖當，望多無窮，受罰者雖當，望輕無已。君舍法，以心裁輕重，同功殊賞，同罪殊罰矣。怨之所由生也。」[125]法是無知客觀的存在，治國以法，則無建己之患與用知之累，若出乎君心，則賞罰未得其當，而民怨生矣，故舍人取法。又曰：「法雖不善，猶愈於無法，所以一人心也。夫投鉤以分財，投策以分馬，非鉤策為均，使得美者不知所以德，使得惡者不知所以怨，此所以塞願望也。」[126]

人心有知而不免於偏，故不足信賴，惟有禁錮人心的活動，完全依乎無知無偏之法以為斷。「法雖不善，猶愈於無法」，即在其一人心之功，足以塞願望之求，使有心有知之人，受制於無心無知之法。如是，以法治取代人治，成為其必然的結論。胡適先生譽之為純粹的法治主義[127]，然則法何由出？仍出乎人。人既不足信，其所

---

[124] 徐復觀《中國人性論史》頁四三三。

[125] 〈君人〉篇。《集成》頁六。

[126] 〈威德〉篇。《集成》頁二。

[127] 胡適《中國古代哲學史》，云：「慎到的法治主義，首先要去掉『建己之患，用知之累』，

立之法，又何足為憑？這是慎子法治思想與其哲學觀點不免相互衝突之處。荀子評之曰：「慎子蔽於法而不知賢。」[128]慎子之法治，可謂公平無私，然否定人心，已「無生人之行」，又何足貴？又曰：「尚法而無法，下修而好作，……不足以經國定分。」[129]慎子將道之理想性取消，下降為無知之物，無心之法，法既失去其理想性，何足為人行為之基準。故曰「尚法而無法」，故曰「不足以經國定分」。以人沉入物之無知無心之中，乃人生最大之沉落[130]。

「老子有見於詘，無見於信（伸）」[131]，「莊子蔽於天而不知人」[132]，老子「尊

---

128 《荀子・解蔽》篇。《約注》頁二九〇。

129 《荀子・非十二子》篇。《約注》頁六一。

130 徐復觀《中國人性論史》頁四三七，云：「慎到去掉了人性上半截的精神的構造，以土塊為人性的理想狀態，同時即以土塊為道的本性。這便使道失掉了作為萬物根源的資格，亦即無形中失掉成為萬物最高規範的資格；同時也便否定了道可以作為法的標準的價值，使法的本身不能真正有客觀的獨立性。」這才是純粹的法治主義。」第三冊，頁六三。

131 《荀子・天論》篇。《約注》頁二三一。

132 《荀子・解蔽》篇。《約注》頁二九一。

道而貴德」，莊子「知天之所為，知人之所為者，至矣！」[133]均不免有重天道而輕人為之趨向。「慎子有見於後，無見於先」[134]，更是「推而後行，曳而後往」，由老莊的重天輕人，轉為重物輕人，重法輕人；甚至完全取消人為，以致舍人取物，舍人取法。下至韓非則更急轉直下，重君輕民，重君勢輕人權了，此為道家思想轉向法家的線索。

由上述可知，孔孟的政治與人生哲學，重在內外的融通，老子則重在上下的交流，也就是說，儒家為道德倫理建立人性之根，道家則為宇宙自然開拓形上之源。兩家在人性論的形上體系中，其結構甚為接近。儒家言天，道家言道，都是既超越而又內在的形上本體。天與道一方面既超越於現象之上，一方面又內在於萬物之中[135]。天在人性之中，道在物德之中。惟儒家似以人性已得天之全，道家則以物德僅有道之分，故兩家政治與人生的取向，卒於此分途。儒家的基點在人立足於本有人性之中，故以為順著人性開展，即可「下學而上達」，而上與天齊[136]；道家的基點

[133] 《莊子・大宗師》篇。《正義》頁四六。

[134] 同註一四二。

[135] 謝師幼偉輔仁大學哲學研究所《中國倫理學》講堂上筆記。

在人已遠離其本有之真性，故以為只有先回歸道，「為學日益，為道日損」，由「尊道而貴德」137。故儒家重由內而外的存養擴充，道家則重由下而上的回歸超越。儒家透過荀子，形上之天轉為現象之天，義理之天亦成自然之天，人性之根遂失而不存；道家透過慎到，超越之道轉為物理之勢，形上之源亦告塞而不通。由是，儒道兩家皆推向法家之路，到了韓非，專重外在之法，與君上之勢結合，哲學慧命遂漸趨沒落。其政治哲學走向現實功利主義，而未有人性的自覺，與形上的價值根源，他的哲學，實是儒道兩家哲學的大逆轉大沉落。

(三)墨家

墨家的哲學，是孔子儒學的反動138。以平民的立場，對社會人生的墮落，痛加

136 《論語・憲問》篇。《集註》頁一二八。
又〈泰伯〉篇云：「巍巍乎，惟天為大，惟堯則之。」《集註》頁八九。

137 《老子》四十八章及五十一章。《王弼注本》下篇頁七及九。

138 墨子哲學之主要立場，在反抗儒學之禮文。張師起鈞、吳怡《中國哲學史話》頁五四，新天地書局出版。

抨擊，充滿了現實功利的色彩；而其哲學根基，倡「天志」之說，則有濃厚的復古傾向[139]。其中心思想端在「兼相愛，交相利」[140]一語。此一中心思想又建構在「天志」的形上根基上，以為一切價值規範的根源。故曰：「順天意者，兼相愛，交相利，必得賞；反天意者，別相惡，交相賊，必得罰。」[141]其世俗之理論基礎，則出於功利主義的實用觀點。曰：「當（嘗）察亂何自起，起不相愛。」[142]又曰：「夫愛人者人必從而愛之，利人者人必從而利之。」[143]故曰：「故天下兼相愛則治，交相惡則亂。」[144]亂之源，出乎不相愛，若兼相愛則國治亂平。是以兼相愛乃出乎實效之觀點，以其必能交相利故也。兼相愛僅為其理論之號召，交相利始為其現實之

[139] 方東美輔仁大學哲學系《中國哲學的精神》講堂上筆記，云：「以其天為宗教之天，重天之權威，與儒家之運命之天，義理之天，重天人之相接，與理性之反省者大異。」

[140] 《墨子・天志上》。《新編諸子集成》第六冊《墨子閒詁》頁一二〇。

[141] 同註一四〇。

[142] 〈兼愛上〉篇。《閒詁》頁六二。

[143] 〈兼愛中〉篇。《閒詁》頁六五。

[144] 〈兼愛上〉篇。《閒詁》頁六三。

目的。

事實上，天志說亦出乎實用觀點，曰：「我有天志，譬若輪人之有規，匠人之有矩，以度天下之方圓，曰中者是也，不中者非也。」[145]以天志為是非之基準，一如輪匠規矩之用，是人運用天志，而非天志制限人，故天志說一如其明鬼說，皆以其有用而已！故墨家之兼愛，實由兩路而證成：一為形上由天志而兼愛，一為形下由交利而兼愛，而天志又落在實用觀點，如此則形成一狹窄之功利主義的價值觀，故非攻、非樂、節用、節葬，均出於對現實人生不利之判斷上。

墨子亦標準義，然「義，利也」[146]義之內容與判斷，就在利上[147]。此一實利主義的價值觀，遷就現實需求，故荀子譏之曰：「蔽於用而不知文」[148]，為了利之實

---

[145] 〈天志上〉篇。《閒詁》頁一二二。

[146] 〈經上〉篇。《閒詁》頁一九一。

[147] 梁啟超《先秦政治思想史》頁一一九，云：「其意謂道德與實利不能相離，利不利即善不善的標準。」

胡適《中國古代哲學史》第二冊頁二四，云：「義是利的美名，利是義的實用。」

[148] 《荀子・解蔽》篇。《約注》頁二九〇。

用，可否定禮文之理想。儒家治天下，出乎內在德性之自覺，墨家則出自外在實效的講求149；儒家出於仁心仁政的存養擴充，墨家則來自天志尚同的下落統制。韓非之價值觀，殆遠於儒，而近乎墨，由是而有其否定道德與學術的極端之論。

在政治思想上，墨子以為天下之患，在「一人則一義，……十人則十義。……是以人是其義以非人之義，故交相非也。」150如此則人人利害互異，國無定準，故曰：「察天下之所以治者何也？天子唯能壹同天下之義，是以天下治也。」151為了壹同天下之義，故主尚同說，曰：「上之所是，必皆是之；上之所非，必皆非之。」152又曰：「凡國之萬民，上同乎天子而不敢下比，天子之所是，必亦是之，天子之所非，必亦非之。」153如此已否定個性，在「壹同天下之義」，人之尚同於天

149 梁啟超《先秦政治思想史》頁一一七，云：「儒家專從無所為而為的同情心出發，墨家專從計較利害出發耳。」

150 〈尚同上〉篇。《閒詁》頁四四。

151 〈尚同上〉篇。《閒詁》頁四五。

152 同註一五一。

153 〈尚同中〉篇。《閒詁》頁四九。

子之下，天下萬民同鑄一型，結果個人為群體所吞沒，而推向權威主義，與專制獨裁之路，故荀子評之曰：「墨子有見於齊，無見於畸。」154雖然其上有「天子又總天下之義以尚同於天」155之天志說以為其歸趨，其下有「選擇天下賢良聖智辯慧之人，立以為天子」156之尚賢說以為其前提。故其尚同說亦由兩路證成：一為形上由天志而尚同，一為形下由尚賢而尚同。然在現實政治之運用下，天志之賞罰，與尚賢之推舉，皆無實際運作之效能可言。如此而形成其崇尚君王之權威獨斷主義，實有助法家法之權威性的建立。

墨子曰：「若苟上下不同義，上之所賞，則眾之所非，……若苟上下不同義，上之所罰，則眾之所譽。……賞譽不足以勸善，而刑罰不足以沮暴。」157墨子已看出義之是非的價值判斷，與上之賞罰的基準之間，若存有衝突的話，則必失去其勸善沮暴的功能，故欲統一此一分歧，使「舉天下之人，皆欲得上之賞譽，而畏上之

154 《荀子．天論》篇。《約注》頁二三二。
155 〈尚同下〉篇。《閒詁》頁五九。
156 〈尚同中〉篇。《閒詁》頁四七。
157 〈尚同中〉篇。《閒詁》頁五二至五三。

毀罰」158，此當為韓非統一社會毀譽，與國之賞罰，而以賞罰制民說之所本。墨子曰：「聞善而不善，必以告天子。」159，「使人之耳目，助己視聽。」160而達到「數千萬里之外，有為善者，……天子得而賞之，數千萬里之外，有為不善者，……天子得而罰之。是以舉天下之人，皆恐懼振動惕慄，不敢為淫暴」161之絕對統治效果。此亦為韓非以一國為君之耳目，賞告姦罰匿罪之治術的由來162。

墨子尊崇天子，而「國君者，天下之仁人也。」163又無必然之保證，雖出以天下人共有之立場，主「兼以易別」164，反抗儒家差等之愛，曰：「視人之國若其國，

---

158 〈尚同中〉篇。《閒詁》頁四八。

159 〈尚同上〉篇。《閒詁》頁四六。

160 〈尚同中〉篇。《閒詁》頁五三。

161 同註一六〇。

162 《韓非子．難三》篇，云：「故以善聞之者，以說善同於上者也；以姦聞之者，以惡姦同於上者也，此宜賞譽之所及也。不以姦聞，是異於上而下比於姦者也，此宜毀罰之所及也。」《校釋》頁三四七至三四八。另陳奇猷《韓非子集釋》頁八四六註云：「則韓非亦有取於墨家思想之處。」河洛圖書公司，六十三年二月臺影印一版。

163 同註一五三。

誰攻？」[165]其陳義不可謂不高，未料其崇尚君主之權威，反而遠在儒家之上[166]，此一權威主義之尚同思想，正是韓非君勢獨尊以治民之說的前鋒。

《墨子．法儀》篇云：「天下從事者，不可以無法儀。無法儀而其事能成者無有也。雖至士之為將相者，亦皆有法，雖至百工所從事者亦皆有法。」[167]這是標準模範的法。《墨經上》云：「法，所若而然也。……佴，所然也。」[168]《經說上》云：「佴所然也者，民若法也。」[169]這是齊一法度的法[170]。此一標準規範之法，與齊一百姓之法，亦為韓非法思想之先導。

[164]〈兼愛下〉篇。《閒詁》頁七一。

[165]〈兼愛上〉篇。《閒詁》頁六三。

[166]勞思光《中國哲學史》第一卷頁二二一，云：「觀墨子天志之說，已可見其權威主義傾向，再觀尚同之論，則更可知墨子一心為統治者著想；墨子之說中，擁護統治者之權威之程度，遠較儒家為甚。」

[167]《閒詁》頁一一。

[168]《閒詁》頁一九三。

[169]《閒詁》頁二〇九。

[170]胡適《中國古代哲學史》第三冊頁八四。

墨子但見有形之用，而不見無形之用，不免忽略禮文精神與價值；但見尚同之利，不見尚同之弊，不免抹殺個人主體之地位。前者趨向唯物之功利主義，後者推出尊君之權威主義。此偏頗之見，遂為法家所接受。至於天志之形上根基，兼愛之價值理想，與尚賢之政治前提，法家則加以拋離。惟其兼愛說反對儒「親親之殺，尊賢之等」171之差別義，而以其客觀性普遍性之義，以為人之所當共達之法172，正為法家平等性客觀性與普遍性之法之所自出。

(四)名家

尹文子即是由墨、名兩家而入法家的過渡人物173。《莊子・天下》篇尹文與宋鈃

171 《中庸》第二十章。《四書集註》頁二七。

172 唐君毅《中國哲學原論》原道篇卷一頁五一六，云：「先秦思想中，首重法者為墨家。墨家初以天志為法儀，亦以天志之義為法，而墨家所稱義道，即人人所當共遵之以為法者也。法要在有客觀性普遍性，與禮要在有種種主觀性特殊性者不同。故重客觀普遍之義或法，即正為墨家之精神。」

173 梁啟超《先秦政治思想史》頁一三二，云：「尹文子則墨法兩家溝通之樞紐。」

並列，荀子非十二子篇則宋鈃與墨翟並列，足見尹文之思想，實為墨家一脈。天下篇云：「宋鈃尹文見侮不辱，救民之鬥，禁攻寢兵，救世之戰。」[174]其哲學問題實承墨家之緒。而「不累於俗，不飾於物，不苟於人，不忮於眾。」[175]又有道家思想的遺風。其「情欲寡淺」[176]之說，與「上說下教，雖天下不取，強聒而不舍」[177]之行，亦是名家的本色。《韓非子・內儲說上》載尹文與齊宣王論治國當以賞罰為利器[178]，則已通向法家。大抵說來，尹文是墨道兩家的綜合，而轉入名學法家一路。《漢書藝・文志》列尹文於名家，實則名與法蓋不可離。尹文子論名與法之關係云：

錢穆《先秦諸子繫年》卷三頁三八〇，言尹文子曰：「兼名墨，啟道法，此自是稷下學風。」錢穆先生所謂之「啟道法」，蓋以老子為晚出於莊子之說也，此說值得商榷。

174 《南華真經正義・雜》篇，頁六五之一至六六。

175 《莊子・天下》篇。《正義》頁六五之一。

176 《荀子・正名》篇。《約注》頁二五一。

177 《莊子・天下》篇。《正義》頁六六。

178 《校釋》頁四〇八。

「名者，名形者也；形者，應名者也。……今萬物具存，不以名正之則亂，萬名具列，不以形應之則乖，故形名者不可不正也。善名命善，惡名命惡、故善有善名，惡有惡名。……使善惡盡然有分，雖未能盡物之實，猶不患其差也，故曰名不可不辯也。名稱者，則彼此而檢虛實者也。自古及今，莫不用此而得，用彼而失。失者由名分混，得者由名分察。今親賢而疏不肖，賞善而罰惡，賢不肖、善惡之名宜在彼，親疏、賞罰之稱宜屬我。」179善惡賢不肖之名，為客觀之定位，是為「彼之名」；賞罰親疏之分，為主觀之判斷，是為「我之分」。善者賢者，宜親之，賞之，惡者不肖者，宜疏之，罰之，以求名分之相稱。此治國得失之關鍵，已由名之善惡，與法之賞罰接通。由名形一致，名分相稱，而成一客觀之標準，使人人各守其分。故又曰：「名定則物不競，分明則私不行，物不競，非無心，由名定，故無所措其心。私不行，非無欲，由分明，故無所措其欲。然則心欲人人有之，而得同于無心無欲者，判之有道也。……彭蒙曰雉兔在野，眾人逐之，分未定也，雞豕滿市，莫有志者，分定故也。」180名定分明，足以制民之心欲；而定名明分，莫若法。

---

179 《尹文子・大道上》篇。《新編諸子集成》第六冊頁二。

180 〈大道上〉篇。《集成》頁四。

故曰：「人以度審長短，以量度多少，以衡平輕重，以律均清濁。以名稽虛實，以法定治亂，以簡治煩惑，以易御險難，以萬事皆歸于一，百度皆準於法。歸一者簡之至，準法者易之極。如此頑嚚聾瞽，可以察慧聰明同其治也。」181以名稽虛實，使萬事皆歸於一，以法定治亂，百度皆準於法，整齊之而歸簡易，則聾瞽可以與聰察同治182，消除各人之主觀，而趨向客觀之法，而名定分明正是其中的橋樑。

事實上，名學之論，各家皆涉及，惟法家專講刑名而已。孔子治國之首要在正名，首開其端，惟屬於倫理價值的意味居多，以名不正，乃是禮樂不興，刑罰不中的根本原因，此明示正名實為禮治與法治共同的首要前提。荀子之正名，曰：「制名以指實，上以明貴賤，下以別同異。」183在名學上「別同異」之外，尚言「別貴賤」的價值衡量。又曰：「王者之制名，名定而實辨，道行而志通，則慎率民而一焉。」184由君王制名，統合一國之是非，令萬民循行，已漸趨向刑名之法家。墨家

181 〈大道上〉篇。《集成》頁三。

182 梁啟超《先秦政治思想史》頁一三六。

183 《荀子．正名》篇。《約注》頁三一二。

184 《荀子．正名》篇。《約注》頁三一〇。

名學「中效則是，不中效則非」[185]，國家以法度來齊一百姓，下開法家法的觀念[186]。尹文子的名學，專就名與法之關係立論，故有「名有三科，法有四呈」之說[187]。其思想由墨、道中來，而在名與法中過渡。到了韓非，由因實制名，定名明分，轉為循名責實，依言責效之術，而以法定其職之名與責之分[188]。

總之，先秦諸子隨著時勢的轉移，與現實的需求，逐漸由理想主義，走向現實主義，逐漸拋離價值之追尋，而只求實效之獲致，修己治國之方，也逐步由內在之仁與德的體現，轉向外在之禮與法的制約；逐步由天道的回歸，轉向物勢的推移。人的主體性漸次消失，法的強制力逐步增長。由內而推向外，由人而推向物。儒家

---

[185] 《墨子・小取》篇。《閒詁》頁二五一。

[186] 胡適《中國古代哲學史》第二冊頁八一。

[187] 《尹文子・大道上》篇。《集成》頁一。

[188] 唐君毅《中國哲學原論》原道篇第二卷頁五九三，云：「法家之論，則或以『形』易『實』，而有形名之稱。然此法家之名，則不同名家之名實，亦不同於儒家有倫理意義之名位名分之名，其『言』亦非墨家『言義』之言。其所謂『名』，唯是一政治上職位之名，其所謂言，唯是言一職務上之事。」

由孔孟而入荀子，由人性論的偏頗，已為法家開導先路；道家由老莊而入慎到，由形上學的墮落，亦轉向法家一脈。墨家尚同的權威主義，與交利的實用主義，與名家綜覈名實之說合流，透過尹文子，亦步入法家的門檻。儒墨道名四家，在時勢的迫壓之下，均逐漸的修正自家的步調，而推向法家一路，這可以說是先秦諸子思想流變的大勢。吾人固可謂韓非為各家思想合流孕育的產物，亦可謂韓非集各家思想於一身。當然更確切地說，是韓非汲取各家思想的血肉，而移殖入法家三派哲學的骨架中，有所承，有所舍，亦有所進[189]。

---

[189] 唐君毅《中國哲學原論》第一卷頁五二三，云：「韓非之言法術勢，對其前之儒、墨、道、申、商、慎之言，皆有所承，有所捨，而亦有進。」頁五〇五云：「韓非子之正面的價值理想，固多不足，而遠遜於其前之儒墨道諸家之所言者。然自有能面對此種種事實（按指仁義被假借以為非），而一一加以正視，加以暴露而言之，則以前儒墨道諸家，無能及其刻深。韓非子正面所主張之尚權勢，法術之政治，其義又多由對其前儒道家之思想，各引其一端之所成。韓非本人亦有一由其對人之自私自利之計較之心之認識，而更本之以論政治上求國家內政之統一，而致富強、成霸王之業之道。」

第三節　三晉法家傳統之集成

先秦各家思想之流變，固為形成韓非政治哲學之血肉的淵源所在，然其骨架，仍得自三晉法家傳統之集成。

法家思想，從齊之管仲，鄭之子產，魏之李克，楚之吳起，韓之申不害，秦之商鞅之事功積纍的導引，與管子書、商君書、慎子書之思想發展的集成，到了韓非，始告成熟，而有其政治哲學體系之建立。

馮友蘭先生謂：「故尊君權、重法治、禁私學，乃當時現實政治的自然趨勢，法家之學，不過將其加以理論化而已！」[190]此說值得商榷，頗有因果倒反之嫌。蓋尊君重法與禁百家之學，亦可能為法家思想推展之果。依筆者之見，若不透過法家人物事功的次第展開，與思想的長期孕育[191]，那能扭轉時勢，改變大局，而擴張法

[190] 《中國哲學史》上冊頁三八七至三八八。

[191] 蕭公權《中國政治思想史》頁二二七，云：「蓋先秦法家思想，既非一人所創，尤非一時所成。」

家思想，成為時代的風潮，又那能形成韓非本末一貫，自成一家的政治哲學體系？以「現實政治的自然趨勢」來斷定這一長期亂局的過渡與消解的過程，實不免失之武斷。時勢固然會造就英雄，英雄也自能改造時勢，二者是互為因果的，謂「法家不過將其理論化而已」，實低估了法家思想在這一危機時代所扮演的角色與應有的地位，而且使哲學成了澈底的被決定論，為時代所囿，而無以超離時代。

本節擬分兩方面來探討，一是實際事功的導引，一是政治思想的集成。

(一)實際事功的導引

春秋時代，齊晉之霸業，皆有賴於法家之富國強兵，始克締造完成。齊之管仲，在春秋早期，通貨積財以富國，作內政寄軍令以強兵，固能尊王攘夷，一匡天下，是為法家的開山祖[192]。鄭子產著刑書，晉范宣子鑄刑鼎以繼之。而晉霸業之遺風，一入戰國，即大放異采，法家人物幾乎全出於三晉。

春秋戰國，列國勢力的消長，與其封國之文化背景，息息相關。凡宗法封建之文化根基深厚的國家，逐次的為宗法封建之文化根基薄弱的國家所征服，故晉代齊，

---

[192] 陳啓天《增訂韓非子校釋》頁九三二。

楚代晉，吳越代楚，最後統一於秦[193]。當時傳統文化根基最深厚的國家，首推魯衛，其次為齊，再次為晉，楚秦則自始即以蠻夷見外於諸夏[194]。傳統文化束縛深者，其變法維新愈難推進，故魯衛積弱不振，齊晉則強霸諸侯，惟齊晉猶須透過卿大夫之篡弒，才能轉向新軍國主義，而秦楚受宗法封建文化之薰陶最淺，傳統之束縛力幾近沒有，故根本無需君統之篡易，即已步向新軍國主義矣[195]。

秦楚雖不受傳統禮文之束縛，重用法家以圖強，然法家人物，何以無有出於秦楚者[196]？可能是秦之開化較晚之故，楚則為隱者與道家思想流布之地。以是三晉獨為孕育法家思想之良土[197]，其原因有四：一為晉在魯昭公二十九年已鑄刑鼎，早開任法的風氣[198]。二為晉離魯較遠，而與鄭秦接壤。洙泗之禮俗，自難被及[199]。三為

---

[193] 錢穆《國史大綱》頁四四。

[194] 錢穆《國史大綱》頁五〇。

[195] 同註一九四。

[196] 李斯楚人，然仍出於荀子門下，而荀子趙人。

[197] 蕭公權《中國政治思想史》頁二四，云：「法家之發源地，似以晉為中心，而衛鄭為附庸。」

[198] 《左傳・昭公二十九年》篇。《會箋》卷二六頁三三。

晉獻公由於曲沃篡統，患桓、莊族逼，遂聽士蔿之說，盡殺群公子[200]。驪姬之亂，又詛無畜群公子[201]，及頃公時，六卿弱公室，又盡滅公族。公族既滅，遂改行郡縣之制[202]，而有助於君權的伸張，使得君權漸從宗族集團與親屬關係之束縛下，脫離出來。由是志在裁抑貴族，穩固君權之法家思想，於斯土自然較易萌芽滋長。四為魏文侯師事子夏，其弟子有田子方、段干木、吳起、李克之屬[203]，一時人才薈萃，群集斯土，文侯在位五十年，武侯在位二十六年，在政治尊崇學術的灌溉培育之下，

---

[199] 蕭公權《中國政治思想史》頁二四。

[200] 「曲沃篡統」見《左傳．隱公五年》，及〈桓公三年〉，《會箋》卷二頁六三，及卷二頁二七。「患桓莊族逼」見《左傳．莊公二十五年》。《會箋》卷三頁六八及七一。「盡殺群公子」則見其卷三頁七三。

[201] 《左傳．僖公四年》篇。《會箋》卷五頁二〇至二二。

[202] 錢穆《國史大綱》頁四六。

[203] 《史記．儒林列傳》，云：「田子方、段干木、吳起、禽滑釐之屬，皆受業於子夏之倫，為王者師。」《廣文本》頁一二七三。又《孫子吳起列傳》云：「吳起者衛人也。好用兵，嘗學於曾子。」《廣文本》頁八六九。《呂氏春秋》亦謂其學於曾子。

法家思想遂得以枝葉扶疏開花結果。而孔門的再傳弟子，介乎儒法之間的政治家——李克與吳起，即首先崛起於戰國初期的政治舞臺上，並下開梁惠王的霸局。

李克相魏文侯，「作盡地力之教」204，為重農主義的開端；著法經，開成文法典之先河。吳起治楚，商鞅治秦，多承其遺風。

吳起衛人，或曰魏左氏中人也。先仕魯，為魯將大破齊師，以其殺妻表明己志，遂不容於魯，而奔於魏205。為西河守，令民僨表立信，魏文侯以為將，擊秦，拔五城。助樂羊將兵而滅中山，稱雄諸侯。後見猜忌，又奔楚，為相。「明法審令，捐不急之官，廢公族疏遠者，以撫養戰鬥之士，故楚之貴戚盡欲害吳起。」206他又「令貴人往實廣虛之地，皆甚苦之。」207迨悼王卒，吳起卒以枝解而死。

魏文侯禮賢下士，蔚為一時盛況，所涵蘊之歷史意義，就在於禮隳壞而法代興。

204 《漢書・食貨志》篇。陳啓天《中國法家概論》頁四九，中華書局，五十九年二月初版。

205 《史記・孫子吳起列傳》篇。《廣文版》頁八六九。法家成於傳統文化薄弱之三晉，而不行於魯，此又一證。

206 《史記・孫子吳起列傳》篇。《廣文版》頁八七〇。

207 《呂氏春秋・貴卒》篇，陳啓天《中國法家概論》頁五一。

子夏為孔門及身受業弟子，田子方、段干木亦孔門再傳弟子，不僅再無鳴鼓攻之同聲聲討的氣魄，亦無舍之則藏有所不為的志節，相反的竟受以大夫身分僭國自立之魏文侯的尊養，與孔子主墮三都的風範，已失之遠矣；另一方面，晉鑄刑鼎，孔子力非之[208]，未料其再傳弟子李克竟著法經，吳起僨表徙車轅以立信，皆以儒徒而尚法。孔子以禮正貴族之奢僭無效，吳起遂轉而以法繩治貴族，禮壞而法立，不待荀子出，儒學已轉向入法。此正足以顯示其中轉變的里程[209]。

商鞅雖衛人，亦仕於魏，後入秦，相秦孝公十八年。錢穆先生以為商鞅之變法，來自李克吳起之教，云：

「考其行事，則李克吳起之遺教為多。……其變法，令民什伍相收司連坐，此受之於李克之網經也；立木南門，此吳起僨表之故智也；開阡陌邊疆，此李克盡地力之教也；遷議令者邊城，此吳起令貴人實廣虛之地之意也。」[210]

---

[208] 同註一九七。

[209] 錢穆《先秦諸子繫年》頁一三六，云：「魏文禮賢，……其間有二端，深足以見世局之變者，一為禮之變，一為法之興。」

足見其學亦源自三晉。

史記商君列傳言其變法云：

「卒定變法之令，令民為什伍，而相收司連坐。不告姦者腰斬，告姦者與斬敵者同賞，匿姦者與降敵同罪。民有二男以上不分異者，倍其賦。有軍功者以卒受上爵；為私鬥者各以輕重受刑。大小僇力本業，耕織致粟帛多者，復其業；事末利，及怠而貧者，舉收以為奴。宗室非有軍功論，不得屬籍。明尊卑爵秩等級各以差次，名田宅臣妾衣服各以家次，有功者顯榮，無功者雖富無所芬華。」[211]

此商君首度變法之大要，旨在抑貴族豪富，而獎勵軍功農事。使民勇於公戰，而怯於私鬥；使民務力本業，而不事末利。令民為什伍，所以加強基層之組織，賞告姦者即加強軍事之統治。觀其變法，即以農戰二事為國家之大本，將人民完全納入農戰之行列，農以求富，戰以求強，此即所謂富國強兵之道。治國者惟在一民於

[210] 前書頁二二七。

[211] 《史記・商君列傳》篇。《廣文本》頁八九一。

農戰，以此一重大前提，劃一國家賞罰的基準。又曰：

「令民父子同室內息者為禁，而集小都鄉邑置為縣，置令丞，凡三十一縣，為田開阡陌封疆，而賦稅平；平斗桶權衡丈尺。」212

此商君第二度變法之主要內容，行郡縣制，集權中央，並大開阡陌封疆，以擴大耕地，增加農產，而平賦稅之征，仍循富國強兵之本策。

「行之十年，秦民大悅，道不拾遺，山無盜賊，家給人足，民勇於公戰，怯於私鬥，鄉邑大治。」213此其變法之實效，秦因以富強，而奠定吞併六國之初基214。太子犯法，鞅刑太子師傅公子虔，秦人皆趨命；惟孝公卒，遂遭車裂而死，與吳起先後為法治殉身。

---

212 前書頁八九一至八九二。

213 同註二一二。

214 陳啓天《增訂韓非子校釋》頁九一四，云：「秦國變法最早，而且最澈底，所以能夠兼并六國，而成統一的帝國。」

商鞅之事功，在先秦法家人物之中，最為顯赫。韓非於其書中，屢屢樂道，引述甚詳，受其影響至巨。

申不害，與商君同時躍登於戰國多變之政局中。《史記・老莊申韓列傳》云：

「申不害，京人也。故鄭之賤臣。學術以干韓昭侯，昭侯用為相，內修政教，外應諸侯十五年[215]，終申子之身，國治兵彊，無侵韓者。」[216]

申不害主用術以御下，與吳起商鞅之變法圖強者有異。韓非乃韓之諸公子，處韓積弱之世，申不害之事功，當予韓非最切身之激發。

上述法家人物事功之展現，有兩事值得吾人深思：一為吳起商鞅之變法圖強，最具實效，卻在貴族之反擊中傷身，此正顯示法治派裁抑貴族之強硬立場；二為商鞅死而秦法存，申不害死而韓術亡，足見法家長固之計，在於國法通行，而非君術

[215] 錢穆《先秦諸子繫年》頁二三八，云：「則申子相韓，前後當得十九年。史謂相韓十五年，亦誤。」

[216] 《史記》卷六三。《廣文本》頁八六〇。

獨用。

總之，三晉之政治環境與文化背景，適宜法家思想之播種與結果，前有李、吳，後有申、商，均能在事功上稱強一時，韓非為韓之公子，又面對時艱，此輩前賢之業績，必為其所傾慕嚮往，而導引他走向法家之路。蓋現實事功的建樹，此起著之竹帛之思想，對亂世民心來說，較有切身的感受；對講求實效的政治思想家來說，也更具強烈的說服力。

(二)政治思想的集成

法家思想分由三支發展：一曰法治派，二曰勢治派，三曰術治派。法治派以商鞅為代表，勢治派以慎到為代表，術治派以申不害為代表。茲就此三人之思想略加解析，並說明韓非對三派思想之深入的批判與重新的整合。

1. 法治派

法家皆言法，商鞅能貫澈之而有功，故為法治派之代表。

商鞅之學，無明確師承，然法治之說，前有《管子》。《管子》雖屬偽託，出於後人之纂輯[217]；然考其立論背景，大略在春秋時代[218]。與商韓諸子之以戰國為背景者殊異[219]。故本節之法治派，以《管子》書中之法治思想，為商鞅法治思想之前驅[220]。

管子思想的基點，乃以國家為本位，其思想之最大特色，則在於尊君，與儒家之民本思想殊異。管子曰：「安國在乎尊君。」[221]蓋尊君始能強國。又曰：「夫生法者君也，守法者臣也，法於法者民也。」[222]「人君也，故從而貴之，不敢論其德

---

[217] 蕭公權《中國政治思想史》頁二一二之註六。

[218] 前書頁二一二之註七。另頁一九三，云：「其思想之大體或非三家分晉，田氏篡齊以後所能有。」

[219] 前書頁一九三，云：「《管子》書中雖主法治，而其觀點及內容均與申不害、公孫鞅、韓非、李斯諸家不盡相同。」頁一九六云：「管子已先倡戰國任法之議，而猶未脫封建宗法之影響，於是糅雜人治法治。」

[220] 前書頁一九三，云：「《漢書藝文志》列之道家，《隋書》始改列法家之首。觀分類之不一，亦可想見其內容之不純。吾人如謂管子為商韓學術之先驅，而非法家開宗之寶典，殆不至於大誤。」頁二二五又云：「考其內容，復多駁雜，不足以為開宗之代表。」

[221] 《管子・重令》篇。《新編諸子集成》第五冊《管子》頁七九。

[222] 《管子・任法》篇。前書頁二五七。

性之高卑。」[223]

儒家荀子為了崇禮亦尊君[224]，然其目的，則在於養民。管子則反之，亦曰順民心[225]，亦曰富民[226]，然其目的，則在於籠絡民心，為君所用。故曰：「凡牧民者，欲民之可御也。」[227]「計上之所以愛民者，為用之，故愛之也。」[228]愛民不過其手段，以求「為之用者眾也」[229]，以達尊君的目的。

法生於君；為了尊君，故重任法。曰：「法者上之所以一民使下也；私者下之所以侵法亂主也，故聖君置儀設法而固守之。」[230]「威不兩錯，政不二門，以法治

---

[223] 《管子・法法》篇。前書頁九二。

[224] 管子立法治而尚禮教，猶如荀子，均為禮法兼重之思想，惟管子重在法，荀子重在禮，此為過渡之現象。

[225] 《管子・牧民》篇。前書頁二，云：「政之所興，在順民心；政之所廢，在逆民心。」

[226] 《管子・治國》篇。前書頁二六一，云：「凡治國之道，必先富民，民富則易治也，民貧則難治也。」

[227] 《管子・權修》篇。前書頁八。

[228] 〈法法〉篇。前書頁九。

[229] 同註二二八。

國，則舉措而已。」[231]

君王以法為治民之工具。一者在下者不得以侵法亂主，二者在上者卻足以一民使下，故設法而固守。

任法必先立法，法雖立於君，而立法之根據，首在人情之好惡。管子曰：「人主之所以令則行，禁則止者，必令於民之所好，而禁於民之所惡也。」[232]「夫民躁而行僻，則賞不可以不厚，禁不可以不重。故聖人設厚賞非侈也，立重禁非戾也，賞薄則民不利，禁輕則邪人不畏。設人之所不利欲以使，則民不盡力；立人之所不畏欲以禁，則邪人不正。」[233]人情有好惡，故因之以賞罰，惟厚賞重禁，始能勸之以厚利，禁之以重刑。

法立而行，必先樹立法之普遍性與權威地位。故曰：「君臣上下貴賤皆從法，此謂為大治。」[234]由是治國惟「使法擇人，不自舉也；使法量功，不自度也。」[235]

---

[230]〈任法〉篇。前書頁二五六。

[231]〈明法〉篇。前書頁二五九。

[232]〈形勢解〉篇。前書頁三二五。

[233]〈正世〉篇。《集成》頁二六〇。

其次則在信賞必罰，以求止於無刑。故曰：「不為愛人枉其法，故曰法愛於人；不為重爵祿分其威，故曰威重於爵祿。」[236]「以有刑至無刑者，其法易而民全；以無刑至有刑，其刑煩而姦多。夫先易者後難，先難而後易，萬物盡然。」[237]

重禁必罰，乃先難而後易，由有刑而止乎無刑。此法家所開出之共同理想。

尊君之道，在任法，而富國之道，則在重農，重農之前提，則在禁文巧末作之流，曰：「夫富國多粟，生於農，故先王貴之。凡為國食急者，必先禁末作文巧。末作文巧禁，則民無所游食。民無所游食，則必農。民事農則田墾，田墾則粟多，粟多則國富，國富則兵強。」[238]禁文巧末作，以免農民生浮離游食之心，而不事耕作之本務。

綜觀上述，管子之法治思想，大要在尊君任法，富國重農兩端。這兩大綱領，

---

234 〈任法〉篇。前書頁二五七。

235 同註二三一。

236 〈七法篇〉篇。《集成》頁三〇。

237 〈禁藏篇〉篇。《集成》頁二八九。

238 〈治國〉篇。《集成》頁二六一。

在商君身上，有更進一步的推展。惟管子尚在禮法之間，商鞅則專任法，故嚴格說來，法治思想必待商鞅，而後成立[239]。

《商君書》今傳廿四篇，有言商君死後事，故不足以代表商鞅本人之思想。商鞅一如管仲，僅為實行家，而非理論家，《商君書》與《管子》經考證皆後人偽託，似已成定論。然司馬遷謂「嘗讀商君開塞耕戰書，與其人行事相類」，與「管氏〈牧民〉、〈山高〉、〈乘馬〉、〈輕重〉、〈九府〉」[240]，韓非又言「藏商管之法者家有之」[241]，足見《管子》與《商君書》，雖不必為其本人之作，至少可謂代表春秋戰國法治一派之思想，且在韓非之先，其書已流傳於世。故《商君書》亦有其可信者。

胡適先生以為商鞅乃一位大政治家，主張用嚴刑重罰來治國，不過是注重刑賞的政策，與法理學沒有關係[242]。胡適先生把法家思想，拘限在法理學之內，事實上，

---

[239] 蕭公權《中國政治思想史》頁二二六，云：「嚴格之法治思想必俟商鞅而後成立。……故吾人欲述法家之政治思想，不可不以商韓為主。」

[240] 《史記・商君列傳》篇。《廣文本》頁八九四。《史記・管晏列傳》篇。《廣文本》頁八五六。

[241] 《韓非子・五蠹》篇。《校釋》頁五〇。

法家思想乃諸子百家之一，均屬政治哲學的範疇，惟著重治國之根據，在客觀之法而已，若如胡適先生之說，則法家之正統，惟尹文子一人而已，或加上慎到[243]；而不在商韓。蓋韓非亦非純粹的法治主義。

《商君書》之法治思想，首在提出變古之主張，以奠立其立論之始基。曰：

「前世不同教，何古之法？帝王不相復，何禮之循？伏羲神農，教而不誅；黃帝堯舜，誅而不怒。及至文武，各當時而立法，因事而制禮。禮法以時而定，制令各順其宜。兵甲器備，各便其用。臣故曰：治世不一道，便國不必法古。湯武之王也，不修古而興，殷夏之滅也，不易禮而亡。然則反古者未必可非，循禮者未足多是也。」[244]

---

[242] 胡適《中國古代哲學史》第三冊頁八〇。

[243] 《中國古代哲學史》第三冊頁六八，云：「尹文是中國古代一個法理學大家。」頁七一云：「從純粹儒家的名學，一變遂成純粹的法治主義。」頁六二云：「慎子最明法的功用。」頁六三云：「慎到的法治主義，首先要去掉『建己之患，用知之累』，這才是純粹的法治主義。」

「聖人不法古，不修今。法古則後於時，修今則塞於勢，周不法商，夏不法虞，三代異勢而皆可以王。」[245]

此一反先秦諸子託古立言的傾向，主張不法古，因時而變法，以應現實情勢之多變。曰：

「夫利天下之民者，莫大於治；而治莫康於立君。立君之道，莫廣於勝法。勝法之務，莫急於去姦。去姦之本，莫深於嚴刑。故王者以賞禁，以刑勸，求過不求善，藉刑以去刑。」[246]

此段話，無異是《商君書》思想之總綱，嚴刑以去姦，去姦在勝法，如是藉刑以去刑，則君立而國治民利矣。其中心則在勝法，勝法始能立君治國，藉嚴刑以去

[244]《商君書・更法》篇。《新編諸子集成》第五冊《商君書》頁二。

[245]〈開塞〉篇。《集成》頁一六。

[246]〈開塞〉篇。《集成》頁一七至一八。

姦。其上之目的在尊君重國，其下之手段在嚴刑去姦，勝法則其中上下通貫之樞紐，其地位一如儒家《大學》八條目之「修身」，內則由格、致、誠、正來，外則往齊、治、平推出。

勝法既為其思想之中心，故治國首重在「立法明分，而不以私害法。」247蓋「民眾而姦邪生，故立法制，為度量以禁之。……法制明則民畏刑；法制不明，而求民之行令也，不可得也。民不從令，而求君之尊也，雖堯舜之知，不能以治。故明王之治天下也，緣法而治，按功而賞。」248立法以明分，明法制以禁姦，則民從令而君位尊。

立法之本，仍在因人情之好惡而行之以賞罰，故曰：「好惡者賞罰之本也，夫人情好爵祿而惡刑罰，人君設二者以御民之志，而立所欲焉。」249其次使之「明白易知而必行」250，則民志可御，而君命可行。

247〈修權〉篇。《集成》頁二四。

248〈君臣〉篇。《集成》頁三八。

249〈錯法〉篇。《集成》頁二〇。

250〈定分〉篇。《集成》頁四三。

賞罰之運用，商君不同於管子，主張重罰而輕賞。曰：

「重罰輕賞則上愛民，民死上；重賞輕罰則上不愛民，民不死上。」251

「刑重者，民不敢犯，故無刑也。而民莫敢為非，是一國皆善也，故不賞善而民善。賞善之不可也，猶賞不盜。故善治者，使跖可信而況伯夷乎？不能治者，使伯夷可疑而況跖乎！」252

重罰則民懼而死上；重賞則反多欲而不死上。刑重則民不敢犯，一國可使皆善，雖跖可信，勸賞反成多餘！且所謂之善，不過守分不犯法而已，若重賞之，猶賞不盜，如是則何以賞有功之人？故賞唯用之於告姦，與斬首之功者。曰：「賞施於告姦，則細過不失。」253又曰：「所謂壹賞者，利祿官爵摶出於兵，無有異施也。」254

251 〈去疆〉篇。《集成》頁九。

252 〈畫策〉篇。《集成》頁三二。

253 〈開塞〉篇。《集成》頁一七。

254 〈賞刑〉篇。《集成》頁二八。

使「民聞戰而相賀也，起居飲食所歌謠者戰也。」[255]賞告姦以制民，賞戰功以強國，使全民相互監視，結合無間，而成一戰鬥的總體，此堪稱為極端尚武之思想。

農戰不可分，故強兵之外，仍必重農。重農戰首在反對學者。曰：「農戰之民千人，而有詩書辯慧者一人焉，千人者，皆怠於農戰矣。」[256]管子禁文巧末作，以免農民生浮離游食之心，商君則根本不使有知而生游食之心。使「愚農無知，不好學問，則務疾農。」[257]以免「農者寡而游食者眾。」[258]此不僅是狹窄的功利觀，直走上愚民之路矣。

農戰政策與法治結合，務求「利出於地，則民盡力；名出於戰，則民致死。入使民盡力，則草不荒；出使民致死，則勝敵。勝敵而草不荒，富彊之功，可坐而致也。」[259]使「邊利盡歸於兵，市利盡歸於農」[200]，使民無知之外，再以利誘之，人

[255] 〈賞刑〉篇。《集成》頁三〇。

[256] 〈農戰〉篇。《集成》頁六。

[257] 〈墾令〉篇。《集成》頁四。

[258] 〈農戰〉篇。《集成》頁六。

[259] 〈算地〉篇。《集成》頁一三。

民自樂於投入其所苦之農，與所危之戰中[261]。富國強兵之功，即可坐而致。

凡此見解，與《史記・商君列傳》所載者，大略相符。韓非之政治思想，如不法古之歷史演化觀，一民於農戰之偏狹功利觀，以及禁抑學者以愚民，信賞必罰以御民之治道，顯然均承自商君。

《韓非子》書中，引述商君之思想，曰：

「公孫鞅之法也，重輕罪。重罪者人之所難犯也，而小過者人之所易去也。使人去其所易，無離其所難，此治之道。夫小過不生，大罪不至，是人無罪而亂不生也。」

「一曰：公孫鞅曰：行刑，重其輕者，輕者不至，重者不來，此謂以刑去刑。」[262]

「古秦之俗，君臣廢法而服私，是以國亂兵弱而主卑。商君說秦孝公以變法易

---

[260] 〈外內〉篇。《集成》頁三八。

[261] 〈算地〉篇，云：「夫農，民之所苦；而戰，民之所危也。」《集成》頁一三。

[262] 〈內儲說上〉篇。《校釋》頁四〇二。

俗，而明公道，賞告姦，困末作而利本事。當此之時，秦民習故俗之有罪可以得免，無功可以得尊顯也，故輕犯新法。於是犯之者，其誅重而必；告之者，其賞厚而信。故姦莫不得，而被刑者眾，民疾怨而眾過日聞。孝公不聽，遂行商君之法，民後知有罪之必誅，而告姦者眾也，故民莫犯，其刑無所加。是以國治而兵強，地廣而主尊。此其所以然者，匿罪之罰重，而告姦之賞厚也。此亦使天下必為己視聽之道也。」263

此皆明商君治國之法，在於罰匿罪賞告姦，重輕罪而以刑去刑。故嚴格說來，商鞅之法，惟重刑治之效果而已，根本少有法治的價值意味，韓非之法則轉出其標準規範之理想性。又曰：

「公孫鞅之治秦也，設告坐而責其實，連什伍而同其罪，賞厚而信，刑重而必。是以其民用力勞而不休，逐敵危而不卻。故其國富而兵強。」264

263 〈姦劫弒臣〉篇。《校釋》頁二一七。

264 〈定法〉篇。《校釋》頁七八。

此言商君治秦，賞厚而信，刑重而必，使人民歸於農戰的本務，農以富國，戰以強兵，故國富兵強。

然商君之法，在韓非眼中看來，仍屬不足，曰：

「然而無術以知姦，則以其富強也資人臣而已矣。……故戰勝則大臣尊，益地則私封立，主無術以知姦也。商君雖十飾其法，人臣反用其資。故乘強秦之資，數十年而不至於帝王者，法雖勤飾於官，主無術於上之患也。」[265]

商君任法治國，雖國富而兵強，惟無術以知姦，則國之富強，盡利在權臣重人。此韓非所不同意於商君者一也。

「商君之法，曰：斬一首者爵一級，欲為官者，為五十石之官；斬二首者爵二級，欲為官者，為百石之官。官爵之遷，與斬首之功相稱也。今有法曰：斬首者，令為醫匠，則屋不成，而病不已。夫匠者手巧也，而醫者齊藥也。而以斬首之功為

[265] 同註二六六。

之，則不當其能。今治官者，智能也，今斬首者，勇力也。以勇力之所加，而治當能之官，是以斬首之功為醫匠也。」266

商君以官職作為斬首之賞，殊為不當。將斬首之勇力與治民之智能，混而不分，如是職不當其能。固有助於戰功之勸進，而必敗於內政之推動，此韓非所不同意於商君者二也。

韓非承商君之法，而以為不足，故加之以術，令法與術結合，則國強而君尊，以裁制權臣重人之自為用私。此韓非有取於商君之法，亦有所不取而有所進者。

2. 勢治派

慎到之思想，由道家轉入，前已言之。其政治思想，志在取消人心有知之偏頗267，而以客觀無心之法，為齊一萬民的標準。問題在，「至公大定之制」268的法，在「大君任法而弗躬」269之下，如何能「一人心」與「齊天下之動」270？故由自然

266 〈定法〉篇。《校釋》頁八一一。

267 《慎子・逸文》篇，云：「法之功莫大使私不行，君之功莫大使民不爭。」《集成》頁七。

268 〈逸文〉篇。《集成》頁一三。

之物勢，轉而推出一政治勢位的觀念。惟有訴之於君位固有之勢，始能令不一之人心，遵從客觀之法，達到均平齊一的要求。慎子曰：

「故騰蛇遊霧，飛龍乘雲，雲罷霧霽，與蚯蚓同，則失其所乘也。故賢而屈於不肖，權輕也；不肖而服於賢者，位尊也。堯為匹夫，不能使其鄰家，至南面而王，則令行禁止。由此觀之，賢不足以服不肖，而勢位足以屈賢矣。故無名而斷者，權重也；弩弱而矰高者，乘於風也；身不肖而令行者，得助於眾也。」271

此段話為慎子勢治說之大要，《韓非子・難勢》篇引述慎子之言272，文辭略異而涵義實同。慎子既以為人在自然世界中，要聽任物理之勢的推移，在政治社會中，自要接受政治權力的安排。君位之勢，代表一國之主權273，只有將歧異有偏之眾人，

269 〈君人〉篇。《集成》頁六。

270 同註二六六。

271 〈威德〉篇。《集成》頁一至二。

272 《韓非子・難勢》篇。《校釋》頁六三。

納入這一政治權力的自然規範中，而不加入任何人為的因素，才能保有政治社會的自然和諧與齊一均平。

慎子不信任人心，亦反抗君王之私意自為，故其勢治之說，並無意強化君王之權勢，以宰制天下，迫壓萬民。故曰：「立天子以為天下，非立天下以為天子也。立國君以為國，非立國以為君也。」[274]又曰：「古者，立天子而貴之者，非以利一人也。」[275]他又以為：「天道因則大，化則細。因也者，因人之情也，人莫不自為也；化而使之為我，則莫可得而用矣。」[276]立天下非為利天子一人，治天下當因人情之自為。足見其法實為因人情之自然法，而非講求實效之實證法，其勢亦一自然之勢位[277]，而非控御萬民之威勢。故君王之予智自雄，與聖人賢智之教化有為，皆

---

[273] 陳啓天《增訂韓非子校釋》頁六三〈難勢〉篇釋題，云：「勢，猶今言主權或統治權。」

[274] 〈威德〉篇。《集成》頁二。

[275] 同註二七四。

[276] 〈因循〉篇。《集成》頁三。

[277] 胡適《中國古代哲學史》第三冊頁六四，云：「法的自身雖不能施行，但行法的並不必是君主，乃是政權，乃是勢位。……慎子的意思要使政權（勢位）全在法度，使君主『棄

在其否定排除之列。

問題在，這一如同自然律之標準法，不透過人心的自覺，何由浮顯而出？這一君王之虛位，不透過政治權勢的運作，又何能令行禁止？他似乎以為君王之位，凌駕在眾民之上，在眾民推尊之助下，自會形成一齊一眾民的權力，君王「棄知去己」，不有作為，惟乘此由眾人之力匯歸而成之勢，自可將自然均平之法，行之天下，以「一人心」與「齊天下之動」。

慎子之法治與勢治之說，其本質仍留在道家「聖人無常心，以百姓心為心」與「無為而無不為」的政治思想之中，自非韓非子所能接受。韓非曰：

「夫勢者，名一而變無數者也。勢必於自然，則無為言於勢矣，吾所為言勢者，言人之所設也。」278

蓋慎子自然之勢，無以自解於儒者之辯難。韓非設儒者之難曰：

278 〈難勢〉篇。《校釋》頁六九。

知去己」，做一種『虛君立憲』制度。君主成了『虛君』，故不必一定要有賢智的君王。」

「夫有盛雲醲霧之勢，而能乘遊之者，龍蛇之材美也。夫雲盛而螾弗能乘也，霧醲而螘不能遊也。夫有盛雲醲霧之勢，而不能乘遊者，螾螘之材薄也。……夫勢者，非能使賢者用己，而不肖者不用己也。賢者用之，則天下治；不肖者用之，則天下亂。人之情性，賢者寡，而不肖者眾。而以威勢之利，濟亂世之不肖人，則是以勢亂天下者多矣，以勢治天下者寡矣。夫勢者，便治而不利亂者也。」[279]

儒者言賢者在位，君位之勢，始能便治而不利亂，若不肖者在位，則君位之勢，惟利亂而無以便治矣。慎子之「飛龍乘雲，騰蛇遊霧」，由於其否定主體之心知，故只抓住其外在客體之雲霧；儒者不否定雲霧之勢的必要性，然以為僅恃勢位，仍是不足的，更重要的要有龍蛇之美材，而強調人之主體性的材質，惟有材美之龍蛇，始能乘此雲霧，而飛騰於天；螾螘之材薄，即使有盛雲醲霧之勢，亦不能乘之而上遊。也就是說，勢為中立，賢者可乘之而治天下，不肖者亦可乘之而亂天下，且賢者寡而不肖者眾，故只言自然之勢，不足以言治，而以賢者在位，救其可治可亂之弊。

279 〈難勢〉篇。《校釋》頁六五。

韓非為了消除此一「便治而利亂」之勢的困結，故轉而以人設之勢，取代慎到自然之勢。韓非以為勢之可治可亂，其癥結不在是否賢者在位，而是勢之孤立，與法相離，故其治亂，端由在位者是賢或不肖而定。若勢與法相結，法之標準，有其規範性能，使國有定向，君勢亦不得背法亂為，如是不必待君王之賢，而中人之主亦可治矣。故曰：「世之治者，不絕於中，吾所以為言勢者，中也。中者，上不及堯舜，而下亦不為桀紂，抱法處勢則治，背法去勢則亂。」[280]蓋韓非以為賢者固寡，不肖者亦寡，皆千世而一出，眾者為中人，故其人設之勢，專為中人之主而言，若一如儒家之待賢，而不知抱法處勢，則成「千世亂而一治」之局，若一如法家之法勢相結，儘管不肖在位，亦不過「千世治而一亂」而已[281]！相形之下，儒家之賢治，似乎是絕望的，而法家之勢治，才是大有可為的。韓非並不反對儒家賢者在位之說，而是賢者不可必，亦不可期，故以人設之法勢相結以救之，不必待賢，而天下亦可治。

由上述之分析，慎到之法與勢，尚屬於自然之本有，而非人為有心之制定與運

---

[280] 〈難勢〉篇。《校釋》頁七〇。

[281] 同註二八〇。

用，且二者各自獨立，兩不相接，故其勢治說，不過一虛位而已。韓非承其說，將自然之無為，轉為人心之大有為，自然之勢，在與法結合之下，而成人設之勢，使孤立虛懸之勢位，成為執賞罰二柄之法勢，扭轉慎到不知用法以助長勢位之弊。此韓非有取於慎到之說，亦有所不取而有所進者。

3. 術治派

術治之說，流行較晚。慎到之勢，旨在憑藉君之勢位以齊一萬民；管商之法，旨在以賞罰之法壹民於農戰。然君位之尊，賞罰之柄，每為權臣重人所竊奪，此一原因即在於君王御臣之無術。且彼時游仕日盛，周旋於列國間，若君王無術以判臣之能否，無術以知臣之忠姦[282]，則有違用人惟能之旨，且無以控御臣下之心。故術治之說，端在「陪臣執國命」與「處士橫議」之際大興。其代表人物則為申不害。司馬遷將老莊與申韓同列一傳，謂「申子之學，本於黃老，而主刑名。」[283]刑名即形名，也就是名與實。故又曰：「申子卑卑，施之於名實。」[284]此劉向《別錄》

[282] 錢穆《先秦諸子繫年》頁二三九，云：「殆由游仕既漸盛，爭以投上所好，而漁權釣勢，在上者乃不得不明術以相應。」

[283] 《史記・老莊申韓列傳》篇。《廣文本》頁八六〇。

所謂「刑名者循名以責實」之意。然則商鞅亦「少好刑名之學。」[285]何以自立一傳，而不與老莊同列？此實一耐人尋味的問題。

錢穆先生云：「人盡謂法家原於道德，顧不知實淵源於儒者。其守法奉公，即孔子正名復禮之精神，隨時勢而一轉移耳。道家乃從其後而加之誹議，豈得謂其同條貫者耶？」[286]此一看法，固出於彼莊前老後之設定，顯然僅得一邊之真相。李克吳起商鞅，與道家固非同其條貫，然申韓則深得老子之術矣。司馬遷以申韓而不以商鞅與老莊合傳，乃是一代史家的敏銳眼光。梁啟超先生「史公以老韓合傳最得真相」[287]之說是也，然猶未說明何以莊子亦同列一傳。司馬遷若僅基於政治權謀之術，將老子與申韓合傳，則莊子之哲學，根本遠離權術之旨，又何可同列一傳？《史記》

---

[284] 前書頁八六三。

[285] 《史記・商君列傳》篇。前書頁八九〇。

[286] 錢穆《先秦諸子繫年》頁二二八。

[287] 梁啟超《中國學術思想變遷之大勢》頁二〇。章太炎《國學略說》頁一六一亦云：「太史公以老子韓非合傳，於學術源流，最為明了。韓非解《老》喻《老》而成法家，然則法家者，道家之別子耳。」

謂莊子「作〈漁父〉、〈盜跖〉、〈胠篋〉，以詆孔子之徒，以明老子之術。」[288]此說則非[289]。近人江瑔《讀子卮言》因其說，而謂莊子實為由老轉為申韓之樞紐[290]，更屬大誤。依個人之見，太史公將老莊申韓合傳，其意則是也，其說則非也。老子開出道家一脈，形上形下通貫兼有，而其流波則轉為兩路。形上一路衍為莊子與慎到，形下一路則流為申、韓。莊子把握其形上之精神，透過生命歷程的親切體驗，與精神人格的修養提升，打開人間世之價值層次的新天地，揚棄世俗，脫拔飛揚於逍遙境界之中；慎到亦由其形上哲學出發，卻把握不住其超越奔放之精神，而落在自然物勢之固著中，轉入法家的門檻。申韓則抓住其形下處世自全之術，轉為政治御臣制民之術。將老子順應道體自然之無為，轉為君王任法術之主觀的大有為；將老子謙退含藏之旨，轉為神秘不可知之術。故四人同列一傳，而商鞅不與焉[291]。此說或

---

[288] 《史記・老莊申韓列傳》篇，頁八五九。

[289] 最足以代表莊子思想為內七篇，或外篇之〈秋水〉篇，與雜篇之〈天下〉篇。此三篇皆莊學末流之作，已開魏晉頹風。故不宜據以論莊子之思想。

[290] 《讀子卮言》頁一〇一至一〇二。

[291] 《老子》六十七章。《王弼注本》下篇頁一八。

較合理。

老子之思想，轉入法家，至此已可概括說之。老子云：「我有三寶：一曰慈，二曰儉，三曰不敢為天下先。」[292]其哲學精神在慈，故崇尚母德；其哲學智慧在儉，故執古之道，以御今之有，圖大於其細，圖難於其易；其處世之方在不敢為天下先，以求後其身而身先，外其身而身存。申韓得其儉約之智，慎到得其不敢為天下先之方，而俱失其首要之慈，人間成了無情世界，人心皆不足信，故流為刻薄寡恩之治術。

申子著書兩篇，今已不傳。惟《韓非子》書中所引，尚可探索申子術治派之思想大要。韓非子曰：

韓昭侯謂申子曰：「法度不易行也。」申子曰：「法者見功而與賞，因能而授官。今君設法度，而聽左右之請，此所以難行也。」[293]

---

[292] 商鞅之「刑名」，可能自儒家正名復禮之說而來，轉為法家明分守法之說。故申不害之形名在術，商鞅之形名在法。

[293] 〈外儲說左上〉篇。《校釋》頁五一五。

此「見功而與賞，因能而授官」，即循名以責實之術。又曰：

申子曰：「上明見，人備之；其不明見，人惑之。其知見，人飾之；不知見，人匿之。其無欲見，人司之；其有欲見，人餌之。故曰：吾無從知之，惟無為可以規之。」

一曰：申子曰：「慎而言也，人且和女；慎而行也，人且隨女。而有知見也，人且匿女；而無知見也，人且意女。女有知也，人且臧女；女無知也，人且行女。故曰：惟無為可以規之。」[294]

此無為而不可知之術，使臣下無以窺我之心意，以免其投己之所好，以矯飾自進；而只得各竭其誠，在上者乃可因材而器使，見功而定賞。

再就〈內儲說上〉，舉二例以明其運用之梗概：

韓昭侯使騎於縣，使者報，昭侯問曰：「何見也？」對曰：「無所見也。」昭

[294] 〈外儲說右上〉篇。《校釋》頁五六九。

侯曰：「雖然，何見？」曰：「南門之外，有黃犢食苗道左者。」昭侯謂使者：「毋敢洩吾所問於女。」乃下令曰：「當苗時，禁牛馬入人田中，固有令，而吏不以為事，牛馬甚多入人田中，亟舉其數上之，不得，將重其罪。」於是三鄉舉而上之。昭侯曰：「未盡也。」復往審之，乃得南門之外黃犢。吏以昭侯為明察，皆悚懼其所，而不敢為非。[295]

韓昭侯使人藏弊袴，侍者曰：「君亦不仁矣。弊袴不以賜左右而藏之。」昭侯曰：「非子之所知也。吾聞之，明主愛一嚬一笑，嚬有為嚬，而笑有為笑。今夫袴，豈特嚬笑哉！袴之與嚬笑，相去遠矣，吾必待有功者，故藏之未有予也。」[296]

以上二則之例，前者即深不可測之秘術，後者即見功而與賞，循名而責實之說也。其歸在於用術以御下，並使臣下無以窺上。

對於申不害之術治思想，韓非子評之曰：

[295]〈內儲說上〉篇。《校釋》頁四二二。

[296]〈內儲說上〉篇。《校釋》頁四一三。

「申不害，韓昭侯之佐也。韓者，晉之別國也。晉之故法未息，而韓之新法又生；先君之令未收，而後君之令又下。申不害不擅其法，不一其憲令，則姦多。故利在故法前令，則道之；利在新法後令，則道之。新故相反，前後相悖，則申不害雖十使昭侯用術，而姦臣猶有所譎其辭矣。故託萬乘之勁韓，十七年而不至於霸王者，雖用術於上，法不勤飾於官之患也。」297

此明言申不害任術，卻不一其法，徒有其術，只能守成於不墜，而無以開創新業，故事功難成298。此韓非之所不同意於申不害之術者一也。又曰：

「申子言：治不踰官，雖知弗言。治不踰官，謂之守職也可，知而弗言，是不謁過也。人主以一國目視，故視莫明焉；以一國耳聽，故聽莫聰焉。今知而弗言，則人主尚安假借矣。」299

297 〈定法〉篇。《校釋》頁七八。

298 陳啓天《增訂韓非子校釋》頁九一九，云：「這是說申子只會任術，不會任法。所以申子一死，便不會像商鞅在秦永久立定了一種新法的基礎。」

此言人臣固當依官職之名，盡其職責之實，故治不踰官可；然若知而弗言，是臣下未盡其言責，君則蔽於上而無以知下用人，故不可。此韓非不同意於申子之術者二也。

韓非接受申不害之術，而以為未盡善，故加之以法，令法與術相結300，則國有定法，君用其術，群臣無以私為自用矣。抑有進者，術之用乃築基於臣下子民之視聽，使有所見聞者，皆進言於君，莫敢無端妄言，又不敢默然不言301，如是術之運用始不落於困窮之境，君可尊而國可治強。此韓非有取於申不害，亦有所不取而有所進者。

299 〈定法〉篇。前書頁八一。

300 《史記・老莊申韓列傳》篇，言申不害「主刑名」，而謂韓非「喜刑名法術之學」，足見申子惟形名之術，韓非則法術兼合。《廣文本》頁八六。

301 《韓非子・南面》篇，云：「主道者，使人臣必有言之責，又有不言之責。言無端末，辯無所驗者，此言之責也。以不言避責，持重位者，此不言之責也。人主使人臣言者，必知其端末，以責其實；不言者，必問其取舍，以為之責，則人臣莫敢妄言矣，又不敢默然矣。言默皆有責也。」《校釋》頁一二七。

綜上言之，韓非法家政治哲學之形成，實有賴於法家實際事功之導引，此即胡適先生「有了他們那種用刑罰的政治，方纔有學理的法家」之說[302]。其理論之結構，則得自法家三派的集成，韓非引述三家之說，加以深入的批判與重新的整合，商鞅任法而不知用術，慎到任勢而未與法相結，申不害任術而不知立法，韓非則將法、勢、術三者結成一體，統合運用，去其本有一偏之弊，而得其未有統合之功。

總結全章，韓非思想的淵源有三：其哲學論點的偏狹傾向，來自其國情與身世的激發；其政治哲學理論根基之血肉，得自先秦諸子的共同歸趨；其政治哲學形式結構之骨架，則為三晉法家傳統的綜合[303]。

由此一思想淵源的全程回溯，始可為其哲學特質下一論斷：

一為他是現實主義的哲學家，儒道兩家之形上學及人性論，透過慎到及荀子到

---

[302] 胡適《中國古代哲學史》第三冊頁八〇。

[303] 陳啓天《增訂韓非子校釋》頁九四〇，云：「韓非的學說，是以管仲以來的法家思想為主要淵源，其次要淵源，則首為兵家，次為道家，次為儒家，次為名家，次為墨家。」此一輕重之排列，實難斷定，依個人之見解，其政治哲學的理論根基，來自儒墨道三家，其政治哲學的形式結構，始來自法家三派之傳統，而不必臆斷其孰輕孰重。

他的身上，完全歸於消失沒落，先秦諸子的哲學思想，成為他解決現實政治問題的智慧，而失去其本有的價值理想，完全以實證功利的觀點，去建構他政治哲學的體系。就由於他的哲學僅著眼於現實問題的解決，遂為現實之有限存在所拘限，開不出高遠或深厚的哲學思想，故他的哲學，由各家而來，他的哲學，也僵化了各家哲學的慧命。

二為他是綜合性的哲學家，各家思想齊集在他的身上，交疊出現，他並不急於另闢新說，而只是汲取各家的哲學智慧，以豐富其自身哲學思想的內涵，在傳統哲學裡，尋覓其哲學根基，并做一番奇妙的結合，而以嶄新的姿態，出現於戰國末期的學術思想界。

三為他是獨創性的哲學家，法家三派各偏於一端，雖各擅勝場，卻也具見不足。在他的獨具慧心的綜合重組之下，而能面目一新，成一家之言，構成了屬於個人的哲學體系。法家思想在他的身上始告完全成熟[304]。

[304] 蕭公權《中國政治思想史》頁二二七，云：「韓非為法家之殿，而實集前人之大成，其思想中法、術、勢之三主要觀念，皆為歷史的產物，孕育長養，至非而達其最後成熟的狀態。」

上述之任一端，或不足以顯現韓非哲學之特質，而三者之兼有，則已烘托出其哲學獨具之特色矣。

由是而言，真正的法家學派的思想，應以韓非為其代表人物。管子慎到尚在儒法，道法之間過渡徘徊，申商之法術猶各偏一端，體系未立；韓非則自成體系，建立了純正法家本色的哲學。其政治哲學的理論根基與形式結構，雖多有儒、墨、道三家的遺留與法家三派的傳承，然透過他的修正與統合，仍是屬於他個人獨創的哲學[305]。

[305] 唐君毅《中國哲學原論》原道篇第一卷頁五二二，云：「韓非之言法術勢，對其前之儒墨道，申商慎之言，皆有所承，有所捨，而亦有所進。」

第四章 韓非政治哲學的理論根基

在演繹三段論式中，大前提的內涵，必決定了他的結論，只因為結論的命題，乃涵蘊於大前提的命題之中，由大前提推演而來❶。每一家的哲學體系，也有其某些大前提的基本設定，再逐次推擴出去，以建構其哲學的體系。也就是說，每一家哲學的大廈，必由其理論基石建構而成。此是研究任何一家哲學，最根本的所在，一切的智慧與偏見，均築基於此，一切的批判與論斷，也必就此而加以剖析，才有意義，也才能抓住問題的關結。蓋吾人欲肯定或否定一個人的結論，必先檢驗或推

❶ 謝師幼偉《現代哲學名著述評》頁九三，云：「演繹是分析的。所謂分析者，指演繹之結論，乃從其前提分析而得，結論之所含，決不多於前提之所蘊。」新天地書局，六十三年一月初版。

翻他的大前提，才是有效的，也才能直透問題的核心❷。

韓非政治哲學的體系，亦建立在其理論根基上。吾人在探討他政治哲學的體系架構之先，必先追究他政治哲學的理論根基，才能有明確的了解，與真切的把握。依個人之見，韓非政治哲學的理論根基有三：其一為人性論，其二為價值觀，其三為歷史觀。此三者，實為韓非政治哲學的大前提，其形式架構，皆以此為基，推演而得。

第一節 人性論

大體說來，中國的哲學專重人生哲學與政治哲學，而其特質，則在於生命價值的建立，以求人之情性的安頓。然只有透過政治的設計與運作，生命價值的建立，與人之情性的安頓，才有普遍展現與完成的可能。政治的主持者與其治理之對象均為人，且中國之政治與倫理，早已結合不分❸，故人之本質之性的探討與設定，成

❷ 前書頁九四，云：「由演繹所得之結論，不容吾人有優疑之餘地，蓋吾人可懷疑其前提，決不能懷疑其結論。結論如誤，誤必在前提。」

為中國哲學的重心所在。中國的形上學，並不是淩空的理念架構，而是直貫宇宙生命的整體，在天人之際去設想而展開的。人之性與物之德皆來自形上本體的天與道，天在人之中，道在物之中，人之內在本性既屬完足，故知在內而不在外，不必向外去尋覓生命的依託，惟把握自身內在之性與德，求其展現顯露而已。故人性論取代了形上學的地位，成為生命價值的根源，與政治倫理的始基，也消解了知識方法論的必要性，而開出了道德修養論，以求人性的展露。依個人之見，這是西方專講形上學及知識方法，而中國獨重人性論及道德修養的原因所在，也形成了中國哲學特有的領域與獨具的特質。

先秦諸子除名家而外，儒墨道法的人性論，實是其政治哲學的根本前提。也就是說，人之情性的考察，實是決定了各家政治思想的大方向。先秦之人性論，由孔子開宗，雖「性與天道不可得而聞也」❹，然「性相近，習相遠」❺，重禮文之教

❸ 周之禮制，即由宗法之親親，而有封建之尊尊。又梁啟超《先秦政治思想史》頁三六云：「政治與倫理之結合，形成一種倫理的政治。」

❹ 《論語・公冶長》篇。《集註》頁六八。

❺ 〈陽貨〉篇。《集註》頁一四一。

化，開出子夏荀子一路；而「我欲仁，斯仁至矣」❻，重仁性之推擴，開出曾子孟子一路，故儒家的政治思想，完全由人性論推擴而出，是十分明顯的事實。至於道墨兩家，從其著述中考察，似未有人性論的探討與確立；而實質上二家之學說思想，亦不得不有人性論的基本設定。道家之道，是無乎不在，遍及萬物的，道把自身表現在宇宙萬物之中，萬物所得自於道者即為德，此德就是人的本質之性，生命的價值就在於此一真性的呈顯，而真性的呈顯，只有在向道的回歸中才能完成。故德的存在，就是道賦予萬物展現其自身與回歸其自身的可能性。道既為最高價值的存在，得自於道的德，也不得不予善的設定。否則，「復歸於樸」，「尊道而貴德」的生命哲學，與「聖人無常心，以百姓心為心」的政治哲學，即失去其依憑與意義。其中老子之「德」，猶謂歸於「道」，始可保有道之滋養，而得德之本全；莊子則不言回歸，順德之本❼，即可合乎道，與道為一。故莊子對人性的肯定，實超過孟子。孟子言人性含善端而未全善❽，尚待人為之一番存養與擴充的實踐歷程，才能完成❾；莊

❻〈述而〉篇。《集註》頁八四。

❼〈天下〉篇，云：「以德為本。」《正義》雜篇頁六二一。

❽蕭公權《中國政治思想史》頁一七九。

子則以為人之真性的本身，就是完美，曰：「不離於真，謂之至人。」❿又曰：「才全而德不形。」⓫且不以德之外現為必要，故人為之教化，不僅不必有，甚至反成束縛破壞。故曰：「德蕩乎名，知出乎爭。」⓬孟子之人性論意謂人性有善的可能⓭，莊子則直謂人性的本身就是善，假如孟子的人性論，是性善說的話⓮，那麼莊子已可說是絕對性善說了。故莊近乎孟，二者皆就個人之存在價值而立論，著重在人內在本然真性之體現。

墨子學說以兼愛為中心，兼愛則由天志而來，墨子雖未明述天志與人心是否存有上下相通之關聯；然觀其政治思想，主尚同之權威主義，顯然忽略了個人自力為

---

❾《孟子・告子上》篇，云：「苟得其養，無物不長。」存養成為其必要條件。《集註》頁二七八至二七九。

❿同註七。

⓫〈德充符〉篇。《正義》內篇頁四二之一。

⓬〈人間世〉篇。《正義》內篇頁二六之一。

⓭陳大齊《淺見續集》頁一四四，云：「仁之端，不過是仁的萌芽，尚未成為現實的仁，亦即只是善端，不是現實的善。」中華書局，六十二年三月初版。

⓮前書同頁，云：「孟子的人性思想，只可謂為人性可善說，未可謂為性善說。」

善的可能，故惟有透過天子的壹同天下之義，人人才會去私利而急公義，故不得不落於人之性惡的設定。荀子謂性含惡端而未全惡，故立禮法以矯正之，尚可化而為善⓯。由此一端，足見墨近於荀，二者均站在群體社會之功利立場而立論，墨子上下未通，荀子內外已隔，故皆重人為外在的規範與強制力，荀子為外在之禮，墨子為在上之義。

至於法家，慎到切斷了道家形上母道與形下子德之間的臍帶，只重外在自然之物勢，轉而對人心不信任，故不貴內在之德而專任外在之勢；荀子阻塞了儒家由內在之仁發為外在之禮的通道，故只重外在之禮法，而否定了人之道德自覺心，然荀子雖主人之性惡，猶可以為善，以人心之能慮能擇，若教之以仁義法正，猶可學而致。慎子無「心」，而荀子有「心」，韓非將荀子之「有心」，安在君王一身，以控御天下臣民，而將慎子之「無心」拋在眾民身上，惟循國法以行，以人心之恆自為，判定人性之惡，根本無以化而為善，故不言禮而專任法勢。故荀子之人性論，是性惡說的話⓰，那麼韓非的人性論，就落在極端性惡說了。

⓯《儒效》篇，云：「性也者，吾所不能也，然而可化也。」《約注》頁九五。

⓰ 陳大齊《淺見續集》頁一四五，云：「荀子人性學說的本質，非無類似人性可惡說之嫌。」

若以上之分析不誤的話，則孔孟與老莊的政治立場是相近的，皆以個人的主體價值為目的。孔子的恕道，即老子的常善救人，孟子之盡心知性以知天，即莊子的由真人真知而入於寥天一⑰。而荀子與墨子的政治立場也是相近的，皆以群體的客體價值為目的，荀子聖王之禮，即墨子天子之義，至於法家韓非，則超乎荀墨，更推向極端了。

孟荀人性論之異說所造成的爭論，已困擾了兩千年的學術思想界。其癥結在於兩家所謂之性，名同而實異。荀子之人性論，著眼在人之情欲爭奪心的存在⑱，與孟子之著眼在人之道德自覺心的存在，實大有不同。一為生理之情性，一為價值之心性，前者指人與禽獸所共有者⑲，後者指人與禽獸所別異者⑳，故二家在性字所

---

⑰《莊子・大宗師》篇，云：「有真人而後有真知。」又曰：「安排而去化，乃入於寥天一。」《正義》內篇頁四六及五六之一。

⑱ 徐復觀《中國人性論史》頁二三四，云：「荀子性論的特色，在以欲為性。」

⑲《荀子・正名》篇，云：「生之所以然者謂之性。」又云：「性者天之就也。」然天既失去其形上意味，而心與性又離而為二，故轉成生理層次而言。《約注》頁三〇九與三二二。此說與告子「生之謂性」之說，甚為接近；〈性惡〉篇「其善者偽也」亦類同告子以仁義為後起之桮棬，而不列於杞柳本有之性中。

指之內涵，顯然有異，如辭讓之心，孟子取以為人性的內容，荀子則捨諸性外，而直以爭奪之心列於人性之中；是非之心，孟子收諸性內，荀子則置諸性外；感官之欲，孟子所排諸性外的，荀子則收入性內㉑。故荀子之性惡說，若針對孟子而立說的話，實在是未能把握住孟子人性之所指。而後起學者，不明乎此，徒然捲入雙方辯議，在性善、性惡，性無善無不善及善惡混之間打轉，遂愈推愈遠。也就是說，不在名言上界定其所指之外延的話，雙方的異說永不可能有碰觸的焦點，也不會有彼此認同的結論㉒。

---

⑳《孟子．離婁下》篇，云：「人之所以異於禽獸者幾希。」《集註》頁二四四。又〈盡心下〉云：「口之於味也，目之於色也，耳之於聲也，鼻之於臭也，四肢之於安佚也，性也，有命焉，君子不謂性也。仁之於父子也，義之於君臣也，禮之於賓主也，智之於賢者也，聖人之於天道也，命也，有性焉，君子不謂命也。」《集註》頁三一二。耳目官覺生理之性，禽獸亦皆有之，故列命之中，排除在性之外；仁義禮智為人所獨有，故謂之性。

㉑陳大齊《淺見集》頁二四六至二五〇。

㉒陳大齊《淺見集》頁二五四，云：「孟子性善說與荀子性惡說的歧異，只是用名上的歧異，不是義理上的歧異。」

荀子曰：「性者，天之就也；情者，性之質也；欲者，情之應也。」㉓然其上之天為自然之天，天就之性，亦落於生理自然而言，無道德價值之意涵，故惟基於其下之情與欲而言。故曰：「夫好利而欲得者，此人之情性也。」㉔孟子之性，與心統合為一，故曰：「君子所性，仁義禮智根於心。」㉕故一重情性，一重心性。孟子之情，亦統之於心，心善故所發之情亦善；故曰：「乃若其情，則可以為善矣，乃所謂善也。」㉖荀子之心，非道德自覺心，而為認知虛靜心，與性相離為二，故情出乎性，性惡而所發之情亦惡。情來自性，其外發則為欲，欲不加節制則爭，故曰：「從人之性，順人之情，必出於爭奪。」㉗終歸於暴亂，荀子實由此而言性惡。然吾人若略加分析的話，其性惡之論斷，實非就人之情性本身說，蓋人之情與欲，皆得自生理之本然，無善惡之可言，而是就群體社會之中，人欲之好利求得所引發

㉓〈正名〉篇。《約注》頁三一二。
㉔〈性惡〉篇。《約注》頁二三〇。
㉕〈盡心上〉篇。《集註》頁三〇〇。
㉖〈告子上〉篇。《集註》頁二七六。
㉗〈性惡〉篇。《約注》頁三二七。

之無可避免的流弊而言㉘。故只要透過教育師法的轉化，或政治權力的制約，尚足以化性起偽，節制人欲。

韓非的人性論，雖師承荀子，順著荀子由人之情欲來觀察人性的路子，卻不以人之欲求在群體社會所引起之暴亂的流弊言性惡，轉而落在人心深處說。荀子之性惡說，出乎自然之本能，且以其流弊而言；韓非之性惡，則直就其本身說，且出乎人心所刻意為之者。性既自利，心又為成其私之利害的計量㉙，二者相結，人之內在遂漆黑一片，不似荀子尚有一虛靜認知之心，透出一線光明，可做為由惡轉善的橋樑。韓非心性俱惡，道德規範與教育師法兩路皆斷，已無以扭轉這一心性的沉落。惟有訴之於賞罰之法，與君勢之威權了。這就是韓非師承荀子，而背乎荀子的轉關所在，也是韓非否定道德，又否定學術之可能的根本原因。

韓非言人性之內涵曰：

㉘ 徐復觀《中國人性論史》頁二三五，云：「是從官能的流弊方面而來說明性惡。」

㉙ 唐君毅《中國哲學原論》原道篇卷一頁五二四，云：「韓非言『人心之計慮』，與『性之自利』恆相結，以成其私的利害之計慮者。此私的利害之計慮，藏於人心之深密之地者。」

「夫智，性也，壽，命也。性命者，非所學於人也。」❸⓪

性命來自天生之固有，非學於人而得。智愚謂之性，壽夭謂之命。智之主體在心，然智屬於性之中，故韓非之性與心一也。荀子認知之心，獨立於性之外，為知仁義法正之具，足以師法禮義，化性起偽者；韓非之智，則端在人之自為計算心。荀子之心亦能慮能擇之計量，然所計量者乃著眼於群體之未來，思有所建構者；韓非之智，則只計當前之自利。故韓非對人心之考察，近乎慎到，而遠離荀子。故曰：

「人為嬰兒也，父母養之簡，子長而怨，子盛壯成人，其供養薄，父母怒而誚之。子父至親也，而或譙或怨者，皆挾相為，而不周於為己也。夫買庸而播耕者，主人費家而美食，調錢布而求易者，非愛庸客也，曰：如是，耕者且深，耨者且熟云也。庸客致力而疾耘耕，盡功而正畦陌者，非愛主人也，曰：如是，羹且美，錢布且易云也。此其養功力，有父子之澤矣，而必周於用者，皆挾自為心也。故人行事施予，以利之為心，則越人易和；以害之為心，則父子離且怨。」❸①

---

❸⓪〈五蠹〉篇。《校釋》頁一八。

此為韓非對於現實眾生相的具體觀察，而獲致其性惡的必然結論。主人與傭客，絕無道義情感，存於其中，彼此相處之厚，皆出乎利之相為。即人之應世待人，皆挾其自為之心。甚至父子至親，亦計及相養之厚薄。利則越人易和，害則父子離且怨。性智之動，就在此自為心；是人之自為心，即性惡的根源。人人皆自圖己利，不僅因私而廢公，且因利而背親，這真是極端的性惡說了。墨子言亂起於不相愛，然尚言人皆愛己親、愛己家、愛己國，韓非則更推尚極端，全加否定，人惟愛己身而已。又曰：

「人主之患，在於信人，信人則制於人。人臣之於其君，非有骨肉之親也，縛於勢而不得不事也。故為人臣者窺覘其君心也，無須臾之休，而人主怠傲處其上，此世所以有劫君弒臣也。為人主而大信其子，則姦臣得乘於子以成其私，故李克傅趙王而餓主父。為人主而大信其妻，則姦臣得乘於妻以成其私，故優施傅麗姬，殺申生而立奚齊。夫以妻之近與子之親，而猶不可信，則其餘無可信者矣。且萬乘之主，千乘之君，后妃夫人，適子為太子者，或有欲其君之蚤死者。何以知其然，夫

31 〈外儲左上〉篇。《校釋》頁四九三至四九四。

妻者，非有骨肉之親者，愛則親，不愛則疏。語曰：『其母好者，其子抱。』然則其為之反也，其母惡者，其子釋。丈夫年五十，而好色未解也，婦人年三十，而美色衰矣。以衰矣之婦人，事好色之丈夫，則身疑見疏賤，而子疑不為後。此后妃夫人之所以冀其君之死者也。唯母為后，而子為主，則令無不行，禁無不止，男女之樂，不減於先君，而擅萬乘不疑，此鴆毒扼昧之所以用也。故桃兀春秋曰：『人主之疾死者，不能處半。』人主不知，則亂多資。故曰：利君死者眾，則人主危。故王良愛馬，越王勾踐愛人，為戰與馳。醫善吮人之傷，含人之血，非骨肉之親也，利所加也。輿人成輿，則欲人之富貴；匠人成棺，則欲人之夭死也。非輿人仁，而匠人賊也。人不貴，則輿不售，人不死，則棺不買。情非憎人也，利在人之死也。故后妃夫人太子之黨成，而欲君之死也，君不死則勢不重，情非憎君也，利在君之死也。」㉜

此段暴露出在政治權勢之爭下，人人自為心推之於外的極端醜陋的世態。身為君王之尊，竟成為父子家人謀之而後快的對象。夫妻之情，父子之親，皆在權勢之

㉜〈備內〉篇。《校釋》頁一九五至一九六。

誘引，與自為心之計算下，消逝無蹤。心主計量，而所計量者惟己利一端，利在人心之中的分量，遠超過情與愛。墨子之功利主義，至此已逼入死角，再也找不到出路，人間之是非善惡，在利己之爭逐下，已失去其道德上應有的價值判斷，而僅落在利害上，作相對的衡量。欲人夭死，與欲人富貴之分，只在人我異利的自然傾向，並未有愛憎的歧異。也就是說，各圖己利，人人自為，本是人性的真相，由利害之計算心，所決定之人類行為，也就沒有是非善惡之可言了。利是唯一可能有的價值，利也主宰一切，不再有情愛的奉獻，道德的自覺，與價值的尋求，而何其不幸，吾人在群體社會中，又不得不扮演一個特定的角色，而無可避免的與他人形成相對待的關係，如君臣、父子、夫妻、兄弟、主傭等多種不同而相對的身分，就會有多種不同而衝突的利害立場，在人人皆挾自為心的前提下，就不得不構成人際關係多邊的尖銳對立，其中尤以君臣之對壘更為鮮明：

「臣盡死力，以與君市；君重爵祿，以與臣市。君臣之際，非父子之親也，計數之所出也。」㉝

㉝〈難一〉篇。《校釋》頁三一九。

「君以計畜臣，臣以計事君，君臣之交計也；害身而利國，臣弗為也，害國而利臣，君不行也。臣之情，害身無利；君之情，害國無親。君臣也者，以計合者也。」㉞

「君臣之利異，故人臣莫忠，故臣利立，而主利滅。是以姦臣者，召敵兵以內除，舉外事以眩主；苟成其私利，不顧國患。」㉟

此數節言君臣立場既異，各以自為心為其行為之基點，當然彼此間出以利害之計數，而以計相合，根本就沒有道義的結合，與情操的堅守，更談不上理想的規畫與事功的創建了。

不僅君臣之合「出以計數」，即父子之親，亦用計算之心以相待，曰：

「且父母之於子也，產男則相賀，產女則殺之。此俱出父母之懷衽，然男子相賀，女子殺之者，慮其後便，計之長利也。故父母之於子也，猶用計算之心以相待

㉞〈飾邪〉篇。《校釋》頁二一二。

㉟〈內儲說下〉篇。《校釋》頁四二八。

也，而況無父母之澤乎！」[36]

前謂父子夫婦之各挾自為心，猶為君王權勢的誘引，今則推至天下父母心，亦皆以利害計算之心，不僅因養薄而兩相怨怒，甚至有「產男則相賀，產女則殺之」的極端表現，只因為前者慮其有後便，後者計之無長利之故。人間最根深最普遍最無條件的父母之愛，為儒家所存養擴充以為一切人倫道德之根基者[37]，竟遭否定，韓非性惡論，至此已趨向極端而告確立。

「夫民之性，喜其亂而不親其法。故明主之治國也，明賞則民勸功，嚴刑則民親法；勸功則公事不犯，親法則姦無所萌。」[38]

---

[36] 〈六反〉篇。《校釋》頁九一一。

[37] 《論語・學而》篇，云：「君子務本，本立而道生。孝弟也者，其為仁之本與！」《集註》頁四三。《孟子・盡心上》篇，云：「親親，仁也；敬長，義也。無他，達之天下也。」《集註》頁二九八。

[38] 〈心度〉篇。《校釋》頁八一三。

「夫民之性，惡勞而樂佚，佚則荒，荒則不治，不治則亂，而賞罰不行於下者必塞。」[39]

此一民性所呈現的政治行為，則為「喜其亂而不親其法」，「惡勞而樂佚」，此亦出於民智之利害計算心，與君國之利，不免相互衝突之故。國亂而無法，才能逞其私心，致其己利，故治國以法，治民以刑賞，皆指向這一人性的制約與誘導。使民姦無所萌，國才能治而不亂。由是而有其重刑賞以勸功止姦的治策，故曰：「法者，王之本也；刑者，愛之自也。」[40]

韓非既以智屬於性的內涵，智的外發，又在人人以自我為中心之「趨利避害」的計量，故性之內涵，實為治國者不得不面對的客觀事實。

「民之故計，皆就安利如辟危窮。」[41]

---

[39] 〈心度〉篇。《校釋》頁八一四。

[40] 同註三八。

[41] 〈五蠹〉篇。《校釋》頁五八。

「夫安利者就之，危害者去之，此人之情也。」42

「好利惡害，夫人之所有也，……喜利畏罪，民莫不然。」43

天下人心之自為好利，是一般治國者不得不加以制限的，然對韓非說來，反而是以賞罰勸禁，以法治民之所以成為可能的基本憑藉。不僅不必一如荀子思以化解或加以節制，相反的要善加助長妥為運用，令天下臣民盡入君王之彀中而不自知。此亦為荀韓儒法之大分野，對於人性之弱點，荀子思以化解，韓非則加以利用。故曰：

「夫耕之用力也勞，而民為之者，曰：『可得以富也。』戰之事也危，而民為之者，曰：『可得以貴也』。」44

「賞厚而信，人輕敵矣；刑重而必，人不北矣。」45

42 〈姦劫弒臣〉篇。《校釋》頁二一四。

43 〈難二〉篇。《校釋》頁三四四。

44 〈五蠹〉篇。《校釋》頁五〇。

「凡人之有為也，非名之，則利之也。」㊻

「利之所在，民歸之；名之所彰，士死之。」㊼

厚賞利也，名位亦利也；重刑害也，貧賤亦害也；而生死尤為利害之大者。人君把握人民趨利避害之情，操生殺之大權，執賞罰之二柄，以利害驅使人民，以名位籠絡臣吏，則民可治而臣可用。

民智既發為自為之利害計量心，故民智不可用。曰：

「民智不可用，猶嬰兒之心也，夫嬰兒不剔首則復痛，不副痤則寖益。剔首副痤，必一人抱之，慈母治之，然猶啼哭不止。嬰兒不知犯其所小苦，致其所大利也。」㊽

㊺ 同註四三。

㊻ 〈內儲說上〉篇。《校釋》頁四〇六。

㊼ 〈外儲左上〉篇。《校釋》頁四七三。

㊽ 〈顯學〉篇。《校釋》頁二二一。

民智雖能計量利害，人人自為，奈何立場狹窄，眼光短淺，不知犯其小苦，致其大利，且公私異利，民智有見一己之私利，而無見君國之公利。故誘之以利，威之以刑，並出以愚民之策，「無書簡之文，以法為教；無先生之語，以吏為師。」[49]在法之規範下，使人人之異利歸於君國之公利。

民智不可用，智士更不足信。曰：

「智士者，未必信也；為其多智，因惑其信也，以智士之計，處乘勢之資，而為其私急，則君必欺焉。」[50]

一者由於君臣異利，出於計數，故智士不足信。二者智士之計，其為害有甚於民智者，彼以多智善謀之身，而出以私急之計數，若人君輕信之，得處君勢之資，必欺君自為，危國自立。故智士更不可信，惟有以君術御之，不使其窺覘君心，矯飾自進，而竊柄自為。曰：

---

[49] 同註四四。

[50] 〈八說〉篇。《校釋》頁一三四。

「當塗之人擅事要，則外內為之用矣。是以諸侯不因，則事不應，故敵國為之訟。百官不因，則業不進，故群臣為之用。郎中不因，則不得近主，故左右為之匿。學士不因，則祿薄禮卑，故學士為之談也。此四助者，邪臣所以自飾也。」(51)

智士得寵信擅事要，內則朋黨比周以蔽主，外則挾外權以自重，虧法耗國以利便私家。如是，必人主孤立於上，而群臣結黨於下，卒致「國地削而私家富，主上卑而大臣重，故主失勢而臣得國」(52)。

惟有知術能法之士，明察勁直，「燭重人之陰情」，「矯重人之姦行」(53)，才是忠貞可信之士。

基於這一人性的論斷，韓非所面對的世界，乃是一「君臣交計」與「父子相為」之無情世界，他將人性自利的這一赤裸裸的事實，加以揭穿，使為政者正視此一事實，並轉而把握此一事實，做為其治道的基點。以為在法有定準，信賞必罰之下，

(51) 〈孤憤〉篇。《校釋》頁二八三。
(52) 〈孤憤〉篇。《校釋》頁二九〇。
(53) 〈孤憤〉篇。《校釋》頁二八二。

則人性之自為，非但無害於國之治強，且成為國之治強的有力憑藉。明君惟「設利害之道，以示天下」54，則人人自會本其自為心，盡己之本職，以趨國之功利；蓋非此，亦不得遂其己私。此即聖人治國「固有使人不得不為我之道」55。誘之以利，則人人必爭相來效，而有其必然之功。如是個人之私與君國之公，在「利」上相接而得兩全。此韓非師承荀子禮以養人之欲，給人之求之意，與孔孟寡欲，道之無欲，墨之節用之說皆異。

由是可見，韓非對人性極端否定，對人心極端不信任，實出於法家尊君重國的根本立場。既認定公私異利，君臣異利，在兩相衝突對抗之下，民智不可用，智士不足信，自屬必然結論，但此一人性的自為，加以制約之道，不在阻遏消除而在誘導利用，曰：「聖人之所以為治道者三：一曰利，……夫利者所以得民也。」56只有在利計之下，君臣才能相合。故曰：「今學者之說人主也，皆去求利之心，出相愛之道，是求人主之過於父母也，此不熟於論恩，詐而誣也。」57由是反對儒家以

54 〈姦劫弒臣〉篇。《校釋》頁二二六。

55 同註五四。

56 〈詭使〉篇。《校釋》頁一〇四。

仁恩治國之道。惟一可聽用者，為以君國為重的法術之士，術以御臣，以防止重人近習之危害人主；法以治民，以驅使游士浮萌趨於農戰。故曰：「主用術，則大臣不得擅斷，近人不敢賣重；官行法，則浮萌趨於耕農，而游士危於戰陣。」58如是天下臣民在賞刑之勸禁下，安於本職，勞於農戰。

在此一人性論的前提下，人治不如法治，任賢亦不如任術，治國之道惟任法術，才能將臣民之自為，納入君國之公利。由是遂開出韓非的價值觀。人性既無父子之愛，夫妻之情，亦無君臣之義，呈顯出來的唯有一計量利害之心，故利成為整個群體社會的價值基準，也成為君臣上下相結的唯一媒介。治國之道，以此為前提，亦由此而開展。

人人皆挾自為心，各圖己利，而相互間的利害立場，又不免互異，故利的價值，落在個人的身上，去求其實現，實為不可能；只有群體的利，君國的利，才是價值實現的主體，也才有實現的可能。問題是如何消解此一衝突，如何結合此一歧異，只有透過政治的設計，與權力的運作，才有可能。法就是消解與結合此一異利的標

57 〈六反〉篇。《校釋》頁九一至九二。

58 〈和氏〉篇。《校釋》頁二九五至二九六。

準，術就是其推動的方法，而勢就是其支撐的力量。由此而展開韓非的政治哲學，故人性論實韓非政治哲學的首要根基。

第二節 價值觀

人性論是韓非政治哲學的首要前提，由是而開出韓非政治哲學的另一根基，那就是韓非的價值觀。韓非曰：「民之性，有生之實，有生之名。」59 生之實，即人性之智的好利自為，生之名，即在這一人性之下，所尋求的功利價值。前者尚在人性本根處探索，後者已轉入價值的評估。

中國哲學的特質，在於生命價值的體現，以求人之情性的安頓。而價值觀的確立，實由人性論而來。由「生之實」的內在本有，尋覓價值的根源，再推至「生之名」，確立價值的目的。每一家哲學的價值觀，均涉及這兩方面的問題。吾人探索韓非的價值觀，也得明示這兩個問題：一是價值實現的可能根源，是來自人性之內，

59 〈八經〉篇，《校釋》頁一六八。又陳啓天先生注之曰：「性，本性之要求也。生之實，謂所以為生之具；生之名，為何而生之的。此二者皆人性所要求者。」頁一七〇。

或來自人性之外；二是價值實現的目的所在，到底是在個人之身，還是在整個群體上。而二者之間，後者價值目的之所在，必根據前者之價值根源而定，蓋生之名的價值評估，必由生之實的人性根處流出。

孔孟與道家，肯定了人性之善，故價值實現的可能根源，內在於人性之中，價值實現的目的所在，就在於每一存在的個體。荀子與墨家，否定了人性之善，故價值實現的可能根源，不能由人性流出，而來自外爍的禮與義，價值實現的目的所在，也不能落在每一存在的個體，而落在超乎個體存在的天下群體。

韓非對人性的考察，既以為僅是各挾自為心的利害計量，故父子之愛，夫婦之情與君臣之義，同告失落，都是不可能存在的價值理想。唯一可能實現的價值，就是外在功利實效的獲致。而人人的好利自為，立場互異，勢必引起衝突對抗，故此一功利之價值，必不可能也不應該落在個人私利上去求得實現，唯一可能而應該實現的價值，就在於君國群體的公利。

韓非在其私利自為的人性觀之下，彼以為人主為政之道所能抓住也亟待把握的就是人民的趨利之心，在法定賞罰的牽引之下，使實現君國群體的公利，成為可能。故其治道的確立，首在因人情之好惡。曰：「治天下，必因人情。人情有好惡，故賞罰可用；賞罰可用，則禁令可立，而治道具矣。」(60)就由於人情之好利惡害，故勸之以賞，禁之以罰的治道，遂成為可能，且具必然之效，而非僅或然之功。由是可知，在韓非的人性論之下，所能肯定的價值就是外在的功利，且僅有在整體的君國，才有實現的可能。

問題在，這一君國的公利，在人人自利之下，又如何有其實現的可能？各人之社會角色不同，立場亦相異，若人人自為，各圖己利，無可避免的必導致彼此間利害的尖銳對立。且民智如嬰兒，不知犯小苦而致長利，順乎各人自為之性，豈非陷國家於混亂之局？故惟有透過君王之政治權力，將這一人人異利的衝突，加以消除，並統合於國家公利之中。然後才能匯歸眾流，結合為一，朝著群體的公利，君臣上下共有的價值目標前進。這一價值目標，就在國之治強，與代表一國公利之君勢的固立(61)。韓非重國輕民的國家至上主義，與崇上抑下的尊君思想，即基於此一價值觀而來。

蓋內在人性既極端自私，實不可能成為價值的根源；而外在功利的價值，在人

(60) 〈八經〉篇。《校釋》頁一五〇。

(61) 〈八說〉篇，云：「匹夫有私便，人主有公利。」《校釋》頁一三六。

人異利之對立下，也不可能落在個人身上付之實現。這一價值的根源，應該是超乎個人私心而統合君臣異利的「法」，這一價值的目的，也僅能歸屬於超乎個人私利而代表群體公利的君國上。故一切政治結構的設計，與政治權力的運作，皆落在「大臣有行則尊君，百姓有功則利上」[62]的歸趨上。

由上觀之，韓非的價值觀，乃是現實功利的價值觀。價值的內涵，不落在人心自覺應該如何的理想上，而落在現實情境可能如何的實效上。故其價值觀，已無異是實效論。凡有助於君尊國強者，就有價值。故曰：「夫言者以功用為之的彀者也。」[63]又曰：「明主舉事實，去無用，不道仁義者故，不聽學者之言。」[64]是韓非即基於此一實效之價值觀，反對儒者仁義之說，以其治道僅有適然之善，而無必然之功。韓非的法理，就建立在這一功利主義的價值觀之上[65]。治國之法，惟因人

---

62 〈八經〉篇。《校釋》頁一七六。

63 〈問辯〉篇。《校釋》頁八五。

64 〈顯學〉篇。《校釋》頁二〇。

65 楊日然〈韓非法思想的特色及其歷史意義〉，《國立臺灣大學法學論叢》第一卷第二期頁二八六。六十一年四月出版。

情之好惡，由於順乎人情之「法」，有其必然之實效；而並無理想寄寓於其中。故曰：「立法，非所以備曾史也，所以使庸主能止盜跖也。」66立法，旨在止姦，而無意養善，以法能齊一社會原本不一的價值基準與行為模式，「賞必出乎公利，名必在乎為上」67，使全民本其自為之心，而歸向於尊君重國的新價值觀，統合於以農戰本職的新模式。如是人人必廢私而從公，不自為而為上；君國之功利，由是而得以實現完成。

韓非分析列國政治的病情，就在於一般世俗的毀譽評價，竟與國家之賞罰，兩相對反，韓非云：

「畏死、遠離，降北之民也，而世尊之曰：『貴生之士。』學道、立方，離法之民也，而世尊之曰：『文學之士。』游居、厚養，牟食之民也，而世尊之曰：『有能之士。』語曲、牟知、詐偽之民也，而世尊之曰：『辯智之士。』行劍、攻殺，暴憿之民也，而世尊之曰：『磏勇之士。』活賊、匿姦，當死之民也，而世尊之曰：

66 〈守道〉篇。《校釋》頁七九九。

67 〈八經〉篇。《校釋》頁一七四。

「任譽之士。」此六民者，世之所譽也。赴險、殉誠，死節之民也，而世少之曰：「失計之民也。」寡聞、從令，全法之民也，而世少之曰：「樸陋之士也。」力作而食，生利之民也，而世少之曰：「寡能之士也。」嘉厚、純粹，整穀之民也，而世少之曰：「愚贛之民也。」重命、畏事，尊上之民也，而世少之曰：「怯懾之民也。」挫賊、遏姦，明上之民也，而世少之曰：「謟讒之民也。」此六民者，世之所毀也。姦偽無益之民六，而世譽之如彼；耕戰有益之民六，而世毀之如此：此之謂六反。」[68]

「夫立名號，所以為尊也，今有賤名輕實者，世謂之『高』。設爵位，所以為賤貴基也，而簡上不求見者，世謂之『賢』。威利所以行令也，而無利輕威者，世謂之『重』。法令，所以為治也，而不從法令為私善者，世謂之『忠』。官爵所以勸民也，而好名義不進仕者，世謂之『烈士』。刑罰所以擅威也，而輕法不避刑戮死亡之罪者，世謂之『勇夫』。」[69]

---

[68] 〈六反〉篇。《校釋》頁八八至八九。

[69] 〈詭使〉篇。《校釋》頁一〇五。

此一世俗之毀譽，乃先秦各家思想的流風所及，而形成的社會價值基準，已為人人所接受者(70)。其毀譽之價值判斷，與法家以賞罰勸禁，驅民於農戰之「法」，適成一對抗之情勢。雖「人情有好惡，故賞罰可用」，然「民之重名，與其重利也均」(71)，「民之急名也，甚其求利也如此」(72)，名雖無形卻有久長崇高之美譽，故毀譽之名，在決定人類的行為上，比諸賞罰之利，實具有等同的分量，甚至凌駕其上。故這一世俗毀譽的顛倒，不僅違反了講求尊君重國的實效本策，甚至打消了國家立名號、設爵位，與立法令、設刑威的權威性，使官爵之利，刑罰之威，頓形同虛設，失去其齊一全民的本有功能。

加上君王不明治道，不知先消除此一既存的社會價值體系，驅民於農戰的賞罰之法，才能行之有功，以致對於姦偽無益之民，反而依世俗評價之虛聲而禮之利之；

(70) 唐君毅，《中國哲學原論》原道篇第一卷頁五一八，云：「此韓非所言之世所尚之高、賢、重、忠、烈、勇，蓋多原于當時儒墨道思想之流行于社會，亦未嘗不可為一價值之標準。」

(71) 〈八經〉篇。《校釋》頁一七四。

(72) 同註六七。

對於耕戰有益之民，反而依世俗評價之誤斷而賤之害之。遂由世俗毀譽的顛倒，透過君王之手，而造成國家賞罰的顛倒。故「常貴其所以亂，而賤其所以治」[73]，使「名賞在乎私惡當罪之民，而毀害在乎公善宜賞之士」[74]，造成了「下之所欲，常與上之所以為治相詭」[75]的錯失現象。故曰：

「今有人於此，義不入危城，不處軍旅，不以天下大利，易其脛一毛，世主必從而禮之，貴其智而高其行，以為輕物重生之士也。夫上陳良田大宅，設爵祿，所以易民死命也，今上尊輕物重生之士，而索民之出死而重殉上事，不可得也。藏書策，習談說，聚徒役，服文學而議說，世主必從而禮之，曰：『敬賢士，先王之道也。』夫吏之所稅，耕者也，上之所養，學士也。耕者則重稅，學士則多賞，而索民之疾作而少言談，不可得也。立節參名，執操不侵，怨言過於耳，必隨之以劍，世主必從而禮之，以為自好之士。夫斬首之勞不賞，而家鬪之勇尊顯，而索民之疾

[73] 同註六七。

[74] 〈六反〉篇。《校釋》頁八九。

[75] 同註七四。

戰距敵，而無私鬪，不可得也。國平則用儒俠，難至則用介士，所養非所用，所用非所養，此所以亂也。且夫人主之聽於學也。若是其言，宜布之官而用其身，若非其言，宜去其身而息其端。今以為是也，而弗布於官；以為非也，而不息其端。是而不用，非而不息，亂亡之道也。」76

「今則不然，以其有功也爵之，而卑其士官也。以其耕作也賞之，而少其家業也。以其不收也外之，而高其輕世也。以其犯禁也罪之，而多其有勇也。毀譽賞罰之所加者，相與悖繆也，故法禁壞，而民愈亂。今兄弟被侵，必攻者，廉也。知友被辱，隨仇者，貞也。廉貞之行成，而君上之法犯矣。人主尊貞廉之行，而忘犯禁之罪，故民程於勇，而吏不能勝也。不事力而衣食，則謂之能。不戰功而尊，則謂之賢。賢能之行成，而兵弱地荒矣。人主說賢能之行，而忘兵弱地荒之禍，則私行立而公利滅矣。」77

「儒以文亂法，俠以武亂禁，而人主兼禮之，此所以亂也。夫離法者罪，而諸先生以文學取；犯罪者誅，而群俠以私劍養。故法之所非，君之所取；吏之所誅，

76 〈顯學〉篇。《校釋》頁一〇。

77 〈五蠹〉篇。《校釋》頁四一至四二。

上之所養也。法、取、上、下，四相反也，而無所定，雖有十黃帝，不能治也。故行仁義者非所譽，譽之則害功。工文學者非所用，用之則亂法。楚有『直躬』，其父竊羊而謁之吏。令尹曰：『殺之』，以直於君而曲於父，報而罪之。以是觀之，夫君之直臣，父之暴子也。魯人從君戰，三戰三北。仲尼問其故，對曰：『吾有老父，身死莫之養也。』仲尼以為孝，舉而上之。以是觀之，夫父之孝子，君之背臣也。故令尹誅而楚姦不上聞，仲尼賞而魯民易降北，上下之利若是其異也。……然則無功而受事，無爵而顯榮，為政如此，則國必亂，主必危矣。故不相容之事，不可兩立也。斬敵者受賞，而高慈惠之行；拔城者受爵祿，而信兼愛之說；堅甲厲兵以備難，而美薦紳之飾；富國以農，距敵恃卒，而貴文學之士。廢敬上畏法之民，而養遊俠私劍之屬。舉行如此，治強不可得也。國平養儒俠，難至用介士，所利非所用，所用非所利。是故服事者簡其業，而遊學者眾，是世之所以亂也。」[78]

「錯法，以道民也，而又貴文學，則民之師法也疑；賞功，以勸民也，而又尊行修，則民之產利也惰。」[79]

[78] 〈五蠹〉篇。《校釋》頁四三至四四。

[79] 〈八說〉篇。《校釋》頁一三六。

以上數節，分析君王自毀立場，而有「上之所貴，常與其所以為治相反」⑧⓪的矛盾與謬失，言之最為詳盡深切。

韓非功利主義的價值觀，不同於墨家。墨家兼愛交利之旨歸，乃為了天下人民之大利。韓非禁抑儒俠，獎勵農戰，卻僅為了君國之利。而君國之利，端在富民強兵；富民強兵的根基，又惟在農戰而已！故凡有背於農戰之國本者，均為韓非所否定。舉凡儒家之「學者」，縱橫家之「言談者」，墨家集團之「帶劍者」，游仕之「串御者」(近習)，及浮萌之「工商之民」，皆韓非所謂無用之學，或愚誣之學與雜反之行者，統稱曰國之「五蠹」⑧①，均在排除之列。在韓非的心目中，此輩之言行，一者本身遠離農戰，無利於國之富強，故曰：「博聞辯智如孔墨，孔墨不耕耨，則國何得焉？修孝寡欲如曾史，曾史不攻戰，則國何利焉？」⑧②；二者其形成之世俗價值之毀譽，與國法之賞罰相抗，而有害於法禁的威權；甚至以仁義之美名惑主，反使君王優禮之，有礙於耕戰政策的推動。故曰：「自愚誣之學，雜反之辭爭，而人

⑧⓪〈詭使〉篇。《校釋》頁一〇四。

⑧①〈五蠹〉篇。《校釋》頁五八至五九。

⑧②〈八說〉篇。《校釋》頁一三六。

主俱聽之，故海內之士，言無定術，行無常議。」[83]三者猶恐其流風所及，使原本安於農戰之耕夫士卒，其心亦為之浮動，反使舉國之民，皆從儒俠之「務為辯而不周於用」[84]，以致動搖了國本。故曰：「今境內之民皆言治，藏商、管之法者家有之，而國愈貧，言耕者眾，執耒者寡也。境內皆言兵，藏孫、吳之書者家有之，而兵愈弱，言戰者多，被甲者少也。……是以百人事智，而一人用力。事智者眾則法敗，用力者寡則國貧。此世之所以亂也。」[85]四者儒俠游仕為求其仕進之路，常托身私門，與重人相結，曰：「學士不因，則祿薄、禮卑，故學士為之談也。」[86]又曰：「蔽主上而趨于私門，……故主上愈卑，私門愈尊。」[87]如是則危及君國。基於以上數端，故韓非力斥儒俠、游仕、言談者之言行。

然探討其原因所在，就在於君王治國之不得其法，自陷於賞罰與毀譽的矛盾中，

---

83 〈顯學〉篇。《校釋》頁五至六。

84 〈五蠹〉篇。《校釋》頁五〇。

85 同註八四。

86 〈孤憤〉篇。《校釋》頁二八三。

87 〈孤憤〉篇。《校釋》頁二八六。

直接助長了儒俠，言談者，游仕與浮萌的氣勢，反而削弱了農戰的根基。故大事抨擊君王尊禮儒俠，而厚其養，高其行的謬誤，故曰：「非下之罪，上失其道也。」88在「耕者則重稅，學士則多賞」與「斬首之功不賞，而家鬭之勇尊顯」之下，而求民之疾作力耕，疾戰斬敵，實為完全不可得之數。君王「國平養儒俠，難至用介士」之自失立場，造成「所用非所養，所養非所用」，「所利非所用，所用非所利」的矛盾現象，而有「利」之賞罰，與「名」之毀譽的對反，「君」之賞罰與「世」之毀譽的背離，把不相容之兩套價值體系與行為規範，使其並立於同一群體社會之中，而有「君之直臣，父之暴子」與「父之孝子，君之背臣」的兩難，必破壞了「法」的價值基準，擾亂了「農戰」的行為模式，使民疑於師法，惰於產利，立私行而滅公利，誠如孔子所謂的「刑罰不中，則人民無所措手足」，其終必落為兵弱地荒的亂局。

韓非以為君之所是，必布之官而用之；君之所非，必息其端而去之。農戰有利於國，故君必是之而用其身，並布之官而賞之譽之；儒俠有害於國，故君必非之而去其身，並息其端而罰之毀之。禁抑儒俠，為獎勵農戰的必要條件；然禁抑儒俠，

88 〈詭使〉篇。《校釋》頁一〇五。

則非改變既有的尊貞廉，高慈惠的價值觀不可。以君國之利為法之賞罰的唯一根據，並以法之賞罰取代世之毀譽，使其成為群體社會共有的且是唯一的價值規範[89]。惟有「功名所生，必出官法」[90]，才能統合全民，使歸於農戰的本業，而合乎尊君重國的價值目標。

否則，若聽任世之毀譽，與國之賞罰，一直存有裂痕而兩造分歧的話，人民雖受國之刑罰，卻獲致世俗極高的評價；雖受國之賞利，卻為群體社會所貶抑，在所失者小所得者大，與所得者小所失者大之下，則國之賞罰必失去其勸禁的效力。故曰：「譽所罪，毀所賞，雖堯不治。」[91]「功外於法，而賞加焉，則上不能得所利於下；名外於法，而譽加焉，則士勸名而不畜於君。」[92]「賞者有誹焉，不足以勸；

[89] 唐君毅《中國哲學原論》原道篇第一卷頁五一八，云：「故必君主以政府之法令，統一一切是非毀譽之標準，而以法令之所在，即公義之所在。……然後為臣民者，不得以其所譽者為標準，不得以私術比周而相結，以傾君權害及國家之統一而亂政。」

[90] 〈八經〉篇。《校釋》頁一七六。

[91] 〈外儲左下〉篇。《校釋》頁五二二。

[92] 〈外儲左上〉篇。《校釋》頁四七三。

罰者有譽焉，不足以禁。」93補救之道，就在把世之毀譽的社會評價，統合於國之賞罰的法律規範之中，在「賞譽同軌，非誅俱行」94與「譽輔其賞，毀隨其罰」95之下，使「民重所以賞」、「民重所以禁」96，則「賢不肖俱盡其力矣」97。如是才能勸功畏禁，一民於農戰之列，而禁抑儒俠之風。

在此一偏狹的價值觀之下，其歸結必走上「無書簡之文，以法為教；無先生之語，以吏為師」的統一思想之路，以免上與下，公與私的價值產生分歧而相抗。為了君國之目的，韓非斷然的採取強硬的手段，以政治的權力，壓抑學術思想的自由伸展，並消除由道德文化所形成的社會價值體系，而直以賞罰之法取代，使成為尊君重國的新價值觀。

總之，韓非的價值觀，在人性論的自限下，流不出生命內存的價值根源，故所能呈顯浮現的價值，惟有來自外在現實的功利衡量。這一現實功利的價值，又只能

93 〈八經〉篇。《校釋》頁一七四。
94 〈八經〉篇。《校釋》頁一七四。
95 〈五蠹〉篇。《校釋》頁四〇。
96 〈八經〉篇。《校釋》頁一七四。
97 同註九五。

落在君國，去求其實現完成，而天下臣民僅成為實現君國功利的工具。基於此一實效的價值觀，韓非否定了道德與學術可能有的長遠價值，而僅計現前君國的農戰之利。他選擇的是「用法之相忍」之「前苦而長利」的法、術、勢結合兼運之法治，而棄「忍人之相憐」之「偷樂而後窮」的仁恩德化之人治[98]。人性之私，是無以轉化為善的；人心自為，也不足寄予信任。故功利之價值，內在已失其源，惟有向外尋求其依託。故轉出韓非政治哲學的另一根基，外在之物質條件，決定人類行為的歷史觀。

第三節　歷史觀

韓非的價值觀，由人性論推出，其歷史觀則由二者之統合而有。歷史的主體誠然是人，然人性皆好利自為，不免彼此衝突，兩相對抗，故功利之價值，由人之內在主體顯然開不出來，而只得取決於外在客體的自然環境，此說已近乎愼子「與物推移」之意。故歷史的演化，恆視外在之物質條件以為定。此一

[98] 〈六反〉篇。《校釋》頁九六。

歷史觀，已步入唯物論的領域。人在歷史的長流中，已失去其砥柱中流的應有地位，惟隨波逐浪，順應時代環境之流變而已！基於此一觀點，治國之道，理應隨著時空背景的不斷轉移，而有今古不同的應變對策，才能因時制宜，在外在客觀情勢的動變中，永立於不敗之地。

韓非之價值觀，旨在禁抑儒俠，獎勵農戰，以尊君重國為旨標，其歷史觀亦重在批駁儒墨法古之主張，以為其變古以治今的理論根據。

韓非這一歷史觀的形成，固是其偏頗的人性論與狹窄的價值觀，所必有的結論，然亦有其時代背景之逼進與其思想淵源之師承。他所面對的是一個史無前例的大變動時代，整個政治秩序，社會結構與經濟制度，均全面動搖崩潰，傳統的橋樑，到了他的時代，突告中斷。雖說諸子興起，皆思託古改制以救之，一時蔚為百家齊鳴的空前盛況；然各是其所是，各非其所非，為這一分崩離析的政局，更平添了無邊的困擾[99]。舊有的權威已倒下去了，新生的體制尚在孕育之中。這固然於學術思想

---

[99] 此從《荀子・非十二子》篇與《莊子・天下》篇之評述各家思想中，可見其時思想界各據一端以立說之偏頗與迷亂。荀子思以論正統一之，而有〈正論〉、〈解蔽〉之作；莊子思以消解超離之，而有〈齊物論〉之作。

飛揚的開放時代，也是傳統信仰解體的懷疑時代，置身在這一轉型期的過渡社會之中，新舊之間不免存在著矛盾，令人有不知該何去何從的迷惘。此中浮現著未來新生的光明，也激盪著現實幻滅的暗潮。傳統的價值體系與行為模式，已遙遙遠去，現代的卻遲遲不來，韓非在這樣思想迷亂，權威失落的時代背景下，針對現實的需求，意圖設計與建構一個新的秩序，傳統的遺留，先王的治道，似乎反成為他的負荷與障礙，很自然的走向拋離傳統的變古革新之路，他的歷史觀就在這一背景下而形成的。

至於此一歷史觀的思想淵源，則來自荀子與商君。荀子重認知師法，已有經驗主義的性格傾向[100]，故不推尊先王，而另主「法後王」之說，曰：「欲觀聖王之跡，則於其粲然者矣，後王是也。彼後王者，天下之君也。舍後王而道上古，譬之是猶舍己之君而事人之君也。」[101]蓋先王之政，傳世已久，久而略而不詳，終至滅絕不

[100] 徐復觀《中國人性論史》頁二三四，云：「欲了解荀子的思想，須先了解其經驗地性格。即是他一切的論據，皆立足於感官所能經驗得到的範圍之內。為感官經驗所不及的，便不寄與以信任。」

[101] 〈非相〉篇。《約注》頁五二至五三。

傳。故曰：「五帝之外無傳人，非無賢人也，久故也。五帝之中無傳政，非無善政也，久故也。禹湯有傳政，而不若周之察也，非無善政，久故也。傳者久則論略，近則論詳，……是以文久而滅，節族久而絕。」[102]其評子思孟軻之言曰：「略法先王而不知其統。」[103]荀子並不否定先王之足法，惟法先王只得其略，而不知其通貫古今之統。也就是說，古不與今接，則法亦無由而法，抑有進者，後王之道，藏有先王之跡，得上下古今粲然之大備。故曰：「百王之道，後王是也。」[104]以後王必積聚先王之治道，而集其統類之大成，不僅可知其詳，亦可得其統[105]。故法先王不僅不可能，亦屬不必要。韓非批判儒墨法先王之治道，其理由亦在傳世長久而無可證驗一端。足見其變古之治道的理論基礎承自師說。然精神大異，結論亦大有不同。而其唯物史觀則承自商君之說。《商君書》云：

[102] 〈非相〉篇。《約注》頁五四。

[103] 〈非十二子〉篇。《約注》頁六二。

[104] 〈不苟〉篇。《約注》頁三一。

[105] 陳大齊《荀子學說》頁一八〇，云：「所以後代的法度中，藏有前代法度的遺跡，後代的法度是前代法度的集大成。」中華文化出版事業社，五十五年八月三版。

「天地設而民生之。當此之時也，民知其母而不知其父。其道親親而愛私。親親則別，愛私則險，民眾而以別險為務，則民亂。當此時也，民務勝而力征。務勝則爭，力征則訟，訟而無正，則莫得其性也。故賢者主中正，設無私，而民說仁。當此時也，親親廢，上賢立矣。凡仁者以愛利為務，而賢者以相出為道。民眾而無制，久而相出為道，則有亂。故聖人承之，作為土地貨財男女之分。分定而無制，不可，故立禁。禁立而莫之司，不可，故立官。官設而莫之一，不可，故立君。既立君，則上賢廢，而貴貴立矣。然則上世親親而愛私，中世上賢而悅仁，下世貴貴而尊官。上賢者，以贏相出也；而立君者，使賢無用也。親親，以私為道也，而中正者使私無行也。此三者非事相反也，民道弊而所重易也，世事變而行道異也。」106

此節言天地是人類生命展露的客觀情境，而天地是變動的，人類之行為亦應因之而變動，才能適應。不同之世代，有不同之情境；既有不同的情境，則治民之法，亦當隨之而變革。故曰：「世事變而行道異。」然此中並未涵蘊社會進化之價值判斷的意義。故曰：「此三者非事相反也。」乃「民道弊而所重易也。」而民道之弊，

106　〈開塞〉篇。《新校正》頁一五至一六。

乃由於客觀情境已變，而人類一時尚未能充分適應所致。故歸根究柢，行道之所以必須異者，乃由於世事已變；世事所以會變者，乃由於民之所重已易；民之所重所以易者，則來自外在情境的變動。故外在情境的變動，實為此一歷史觀的樞紐。

馮友蘭先生以為此段歷史觀，實春秋戰國時代之寫照，他說：

「春秋之初期，為貴族政治時期，其時即『上世親親而愛私』之時也。及後平民階級得勢，儒墨皆主『尊賢使能』，『汎愛眾而親仁』，其時即『中世上賢，而悅仁』之時也。國君或國中之一二貴族，以尚賢之故，得賢能之輔，削異己而定一尊。而『賢者』又復以材智互爭雄長，『以相出為道』。『久而相出為道則有亂』，君王惡而又制裁之。戰國之末期，即『下世貴貴而尊官』之時也。『立君者，使賢無用也』，此為尚賢之弊之反動，而戰國末期之現實政治，即依此趨勢進行也。」[107]

此段解析，正顯示由周道親親之愛私，至儒墨尚賢之悅仁，而至法家貴貴之尊官，均順應外在情勢之變易，而治道不得不有因應的變革。

---

[107] 《中國哲學史》上冊頁三八七。

《商君書》又云：

「前世不同教，何古之法？帝王不相復，何禮之循？伏羲、神農，教而不誅；黃帝堯舜，誅而不怒；及至文武，各當時而立法，因事而制禮。禮法以時而定，制令各順其宜，兵甲器備，各便其用。臣故曰：『治世不一道，便國不必法古。』湯武之王也，不脩古而興；殷夏之滅也，不易禮而亡。然則反古者，未必可非，循禮者，未必多是也。」[108]

此一變古之主張，一掃自孔子以來各家託古立言之習慣[109]。前節所引，言世事既變，治道亦易，以外在情境不同故也。此節所引，則退一步言，伏羲、神農、黃帝、堯舜、文、武，皆各「當時而立法，因事而制禮」，治道不一，即使吾人欲法古循禮，亦難以取舍，不僅為事實上的不可能，且違反歷代聖王因時制宜的精神，而失去法古循禮的本意。由是，他提出「禮法以時而定，制令各順其宜」的主張，而

[108] 〈更法〉。篇《新校正》頁二。

[109] 馮友蘭《中國哲學史》上冊頁三八八。

獲致「治世不一道，便國不必法古」的結論。也就是說，法古以立治道，是不智的，也是不可能的。

韓非的歷史觀，雖師承荀子「法後王」之說，及其重經驗之性格；然大體上接受了商君的論點，而有其進一步的發揮。韓非云：

「上古之世，人民少而禽獸眾，人民不勝禽獸蟲蛇，有聖人作，構木為巢，以避群害，而人民悅之，使王天下，號之曰：『有巢氏』。民食果蓏蚌蛤腥臊惡臭，而傷害腹胃，民多疾病。有聖人作，鑽燧取火，以化腥臊，而民說之，使王天下，號之曰『燧人氏』。中古之世，天下大水，而鯀禹決瀆。近古之世，桀紂暴亂，而湯武征伐。今有構木鑽燧於夏后氏之世者，必為鯀禹笑矣，有決瀆於殷周之世者，必為湯武笑矣。然則今有美堯舜禹湯武之道於今之世者，必為新聖笑矣。是以聖人不期循古，不法常行，論世之事，因為之備。宋人有耕者，田中有株，兔走觸株，折頸而死，因釋其耒而守株，冀復得兔，兔不可復得，而身為宋國笑。今欲以先王之政，治當世之民，皆守株之類也。」110

110 〈五蠹〉篇。《校釋》頁二五至二六。

此言時代不同，自然情境亦隨之而異，每一代的君王，所面對的現實挑戰，也就不同。故治國之道，每代皆有所變革，以解決不同的時代問題。而問題之不同，卻由於外在環境的變化，此一說法，無異是商鞅之說的翻版。二者均由此一歷史觀而立其治道，而此一歷史觀的樞紐，僅在客觀情境的更移。故無古之可循，亦無常法之可法，惟「論世之事，因為之備」而已！蓋環境不斷變遷，問題亦時有不同，若「欲以先王之政，治當世之民」，必為歷代聖王所笑，亦屬宋人守株待兔一類之愚行。

再進而言之，「孔子墨子俱道堯舜，而取舍不同，皆自謂真堯舜。堯舜不復生，將使誰定儒墨之誠乎？殷周七百餘歲，虞夏二千餘歲，而不能定儒墨之真，今乃欲審堯舜之道於三千歲之前，意者其不可必乎？無參驗而必之者愚也，弗能必而據之者誣也。故明據先王，必定堯舜者，非愚即誣也。」[111]此節言儒墨各分支別派，取舍已自不同，何者為儒墨之真？而儒墨俱道堯舜，取舍亦不同，何者為堯舜之真？前者言儒墨之雜，後者言儒墨之反，是為「雜反之行」。而儒墨之年代距今不過數百年，尚不能定其真，況堯舜之年代距今已二千餘歲，又何能定其真乎？無可參驗而加以肯定者，是為愚，不能肯定而據之以為治者，是為誣，故稱道先王堯舜以言治

[111]〈顯學〉篇。《校釋》頁二。

者，非愚即誣也。此即謂「愚誣之學」。此批判儒墨法古之說，其實證路線，來自荀子，比商鞅之說理，更推進一步。破儒墨法先王之說，以為既不可必，當不足據。

韓非又泛論古今民情之異，云：

「古者，丈夫不耕，草木之實足食也；婦人不織，禽獸之皮足衣也。不事力而養足，人民少而財有餘，故民不爭。是以厚賞不行，重罰不用，而民自治。今人有五子不為多，子又有五子，大父未死而有二十五孫。是以人民眾而貨財寡，事力勞而供養薄，故民爭。雖倍賞累罰，而不免於亂。」112

民情之爭與不爭，世事之治與亂，均決定於財貨之餘與寡，與人民之多與少；而賞罰之用與不用，行與不行，亦視此而定。蓋人民少而養足，不必賞罰而民自治；反之，人民眾而養薄，倍賞累罰亦不免於亂。而其關鍵則在財貨之多寡。

「禹之王天下也，身執耒臿，以為民先，股無胈，脛不生毛，雖臣虜之勞，不

112 〈五蠹〉篇。《校釋》頁二八至二九。

苦於此矣。以是言之，夫古之讓天子者，是去監門之養，而離臣虜之勞也，故傳天下而不足多也。今之縣令，一日身死，子孫百世絜駕，故人重之，是以人之於讓也，輕辭古之天子，難去今之縣令者，薄厚之實異也。……故饑歲之春，幼弟不饟；穰歲之秋，疏客必食。非疏骨肉，愛過客也，多少之實異也。是以古之易財，非仁也，財多也；今之爭奪，非鄙也，財寡也。輕辭天子，非高也，勢薄也；重爭士橐，非下也，權重也。故聖人議多少，論厚薄而為之政。故罰薄不為慈，誅嚴不為戾，稱俗而行也。故事因於世，而備適於事。」[113]

人之行為或愛或疏的取舍，此中並未涵蘊仁鄙高下之道德意味，而完全由財貨與權勢之多少厚薄而定；聖人之為政，或嚴誅或薄罰的行廢，亦與君德之慈與戾無涉，而完全衡之於物質之多少與厚薄以為斷。把骨肉親情與道德人格完全摒棄在個人行為與治國之政的門外，人的主體性根本不顯，惟視外在物質條件的功利衡量，以為行事治國的判準。政之備為了適於事之變，此即所謂「事異則備變」，又事之變，亦由世之異而有，此即所謂「世異則事異」。而世之異即外在之客觀環境之變

[113] 〈五蠹〉篇。《校釋》頁二一九。

遷。故為政之道，依然落在外在情境之物質條件上。由此而主張變古易常以治今，故曰：「不知治者必曰『無變古，無易常』，……伊尹毋變殷，太公毋變周，則湯武不王矣。管仲勿易齊，郭偃勿更替，則桓文不霸矣。」114 又曰：「夫古今異俗，新故異備，如欲以寬緩之政，治急世之民，猶無轡策而御馯馬，此不知之患也。」115

時代已不同，物質條件既異，民情亦自不同，若仍以相應於昔日民情不爭競於道德之寬緩之政，以治今民情好亂爭於氣力的急世之民，乃決不可能之事。此即儒墨不知時移事易，以為行於古者，必可通於今之過，如是治國之道，必泥於古而失去其因應轉化之功。

依韓非之觀察，在歷史的演化上，各不同階段由於客觀情勢之變易，而有各當其時的治道。他的概括論斷是：「上古競於道德，中世逐於智謀，當今爭於氣力。」116 此一結論，與近代人類學社會學的觀點，恰恰相反117。人類之原始社會，

114 〈南面〉篇。《校釋》頁一二九。

115 〈五蠹〉篇。《校釋》頁三十六。

116 〈五蠹〉篇。《校釋》頁三三。另〈八說〉篇云：「古人亟於德，中世逐於智，當今爭於力。」

由於道德之光與心智之明，猶未展露，故爭於氣力乃不爭之事實，政權之升降，完全由戰力之多寡以為定，堯舜之禪讓，亦部落政治勢力消長之必然趨勢[118]，何可謂競於道德！當代前輩學者好以進化的歷史觀，來說明商韓對歷史的基本見解[119]。依個人之見，此一說法實大有商榷之餘地。事實上，韓非從未有「歷史是進化」一類之命題出現，而只是建立了歷史由外在物質條件所決定的觀點。也就是說，他以為外在的客觀情勢決定了歷史的步伐，而不是由人的主觀心態，選擇了歷史的動向。試看，由競於道德之仁恩，一落而為逐於智謀之險詐，再下降而為爭於氣力之搏殺，簡直是每況愈下，逐步退化，那能說是進化？更不幸的是，韓非之「當今爭於氣

[117] 馮友蘭《中國哲學史》上冊頁三八七，云：「此所說上世、中世、下世，自人類學及社會學之觀點觀之，雖不必盡當。」

[118] 錢穆《國史大綱》頁七，云：「大抵堯舜禹之禪讓，只是古代一種君位推選制，經後人之傳述而理想化。……當時尚未有國家之組織各部落間互推一酋長為諸部之共主。」

[119] 胡適《中國古代哲學史》第三冊頁九六，云：『韓非是一個極信歷史進化的人。」另研究法家之權威學者陳啓天先生在其《增訂韓非子校釋》頁九四二亦云：「又一大派以為歷史是進化的，要改革現狀，只有創新。這派以法家為代表。」另頁二六釋〈五蠹〉篇提要云：「本篇主旨乃由一種進化的歷史觀，推出一種法治論。」

力」，不僅泛指人之生存競爭，惟氣力是賴，且由對外的鬥爭，推至對內的統御上，而以威勢迫壓人民，曰：「仁義用於古而不用於今。」[120]排斥道德規範行於今的可能性。在人類有了才學智慧，有了道德自覺之後，尚言爭於氣力，簡直是學術的貶值，與道德的破產，此實為歷史的大悲觀，那有進化之可言？故韓非的歷史觀，無所謂進化與退化，而只言演化；而其演化，完全由於外在環境與物質條件所決定。此一說法，與馬克斯之生產工具的變易，決定社會型態與歷史動向的唯物史觀，已極為相近。故馬克斯的結論，在於鬥爭，與韓非之爭於氣力，亦無二致。

總之，韓非為了順應時代之政治趨勢，又志在解決現實的諸多問題，自不能一如儒墨道各家，託古改制，而自失其變法革新的立場。故其「世異則事異，事異則備變」，與「論世之事，因為之備」的主張，實為反駁守舊者之言論的利器[121]。這一「法與時轉則治，治與世宜則有功」[122]的變古觀點，在理論上應該是可以成立的，

[120] 〈五蠹〉篇。《校釋》頁三三一。

[121] 馮友蘭《中國哲學史》上冊頁三八九，云：「法家為當時現實政治趨勢加以理論的根據，其反駁當時守舊者之言論，多根據於此歷史觀也。」

[122] 〈心度〉篇。《校釋》頁八一四。

也是獨具眼光的。相當可以補救各家專談理想與現實苦亂人生距離太遠，而無力挽回頹局的弊端。問題在他的理論根基，竟然否定了人類在歷史舞臺上的主體性，而築基在物質環境的客體上，把親情、才智與道德，全盤否定，流為物質決定論的貧乏而不自知。時代不同，客觀情勢變易，人類所面對的問題自然不同，解決問題的方法亦當因之而異；然透過人類知識的運作，道德的自覺，與愛心的推擴，才是解決問題的根本之道，非僅爭於氣力，鬥於權謀而已：這該是一切變中之不變者。奈何韓非竟無視於人類親情的存在，摒棄仁義道德與學術才力，自陷絕望的深淵，而徒言爭於氣力，落於法禁高壓，韓非雖能自是，其奈天下人心何！

荀子法後王之說，並不是為了先王之法，因時而有，不適於今；而是基於先王之政，文久而滅，已不可考，無以知其詳，得其統。荀子反對「古今異情，其所以治亂者異道」[123]之說，以為此乃妄人之見，而以為「古今一也」，「雖久同理」[124]，韓非上承乃師之說，而反其道而行，由相同的論證出發，卻獲致相反的結論，失之遠矣。在這一方面韓非實近於商君而遠離荀子。

[123] 〈非相〉篇。《約注》頁五三。

[124] 〈非相〉篇。《約注》頁五四。

此一歷史觀，為韓非變古說之所本，為其變法革新的理論根基；亦由此一歷史觀抨擊儒墨兩家顯學。由「仁義用於古，而不用於今」之相對論點，推至「民固服於勢，寡能懷於義」的絕對論斷，毋寧是其歷史觀最不良的偏見。

總結全章，韓非政治哲學之體系，實築基於其人性論，價值觀與歷史觀的三大柱石上。此三者並非各自孤立，而是通貫為一的。有了各挾自為心的人性論，才有其功利主義的價值觀；有了功利主義的價值觀，才有其外在情勢與物質環境決定人類行為的歷史觀。也就是說，人各挾自為心，而落於利害的計量。故人間世所能浮顯的價值，僅有外在的功利；且人人異利，不相統屬，故此一功利價值的實現，在個人遂成為不可能。只有超乎個人利害的國家，與代表國家公利的君王，才是價值實現的可能對象。為了尊君重國的必然實效，將人人之異利，統合於超乎個人利害的國「法」之中，才能建構一套群體社會共有的價值基準與行為模式。為了劃一社會的價值體系與行為模式，消除存在於世之毀譽與法之賞罰之間的矛盾，禁抑儒俠與獎勵農戰，乃成為其根本前提。就由於人性恆趨利避害，故因人情之好惡，以賞罰之威利，一民於農戰以富國強兵，乃成為可能之事，且有其必然之功。以智士重人之虧法利私，耗國便家，故御之以術，以洞燭其陰情，制之以勢，以矯正其姦行；

以游士浮萌之禍國，故治之以法，而歸之於農戰：此三者實為尊君重國之必要條件。其次，有其專重實效的價值觀，自然也就有其「當今爭於氣力」的歷史觀了。同時，有了物質環境決定人類行為的歷史觀，才有其「仁義用於古而不用於今」，排斥道德學術於政治之外的變古之主張。由尊君重國的價值觀，加上當今爭於氣力的歷史觀，富國強兵自然成為其最迫切最直接的目標。

這三大理論根基，實已決定了韓非政治哲學的內容與指向。故以法為其標準，以勢為其推動的力量，以術為其運用之方法，以君國為其目的，以富國強兵為其最迫切的需求，皆可於其人性論，價值觀，與歷史觀之中，尋覓其推演之跡。而這三大根基，亦有其共通的精神，旨在對抗儒墨兩家的政治思想，消除兩家對戰國政局所形成的實際影響力，以建立一套新的價值基準與行為模式，為其自身政治哲學樹立堅實的理論根基。

總之，這三大柱石，是韓非政治哲學的大前提，其體系之建立，不過是此一大前提推演而得的結論而已。

第五章 韓非政治哲學體系之建立與其實際之發用

第一節 法勢術三者之界域與其性能

韓非政治哲學之大廈，乃由法、勢、術等三種基料，綜合疊架而成。吾人若試圖展示其哲學體系的整體結構，首先就要釐清此三者之界域與性能，以免個人主觀之見摻入其中，而扭曲了韓非政治哲學的本來面貌。故本節首就韓非書中有關法、勢與術之陳述，加以分析展露，以明其界域及其性能。

(一)法

韓非云：「治也者，治常者也。」❶立法之本義，即在建立一國上下臣民共守的法制，以為治國恆常之道。在群體社會之中，人人所扮演之角色不同，其利害立場亦因之而異，若不立齊一萬民之常法，以謀求群體價值之實現的可能，必然會導致人民步調不一，官吏私心自用的爭端亂禍。曰：「夫國事務先而一民心，專舉公而私不從，賞告而姦不生，明法而治不煩❷。」故治國之道，首在立法以為定準，以去公私之相背，與君臣之異利，使君王臣民有所遵循，將群體社會的每一個成員，具納入國法的同一軌道中，才能上下相結，統合眾人之私利，而歸於一國之公利。故曰：「息文學而明法度，塞私便而一功勞，此公利也。」❸

韓非之法治，主要針對儒家之人治而言。儒家政治哲學之理論根基，與韓非適為兩相對反。儒家主人性皆善，由是治國之道，重內發之道德自覺，而非外爍之法

❶〈忠孝〉篇。《校釋》頁八二三。

❷〈心度〉篇。《校釋》頁八一三。

❸〈八說〉篇。《校釋》頁一三六。

制規約，故「道之以德，齊之以禮」，在根本上即可致「有恥且格」之效。儒家之價值論，其根源在人心之仁，其主體在人之自身，其完成在於德性的呈顯與情志的安頓，由是而有「百姓足，君孰與不足？」❹與「民為貴，社稷次之，君為輕」❺之以人民為政治主體之說，肯定每一個人的生命本身，都是目的，而非國家權力或君主利益的工具。故「政者正也」。為政之道，首在君王之修己立德，樹立「克己復禮」之人格典範，則「子帥以正，孰敢不正？」❻「其身正，不令而行。」❼因而直趨「天下歸仁」❽之事功。此即倫理與政治合而不分之德化之人治，治國不必待政治權力的構作，惟德性之化育而已。儒家之歷史觀，惟在託古以改制，其「祖述堯舜，憲章文武」❾，皆透過前古治道之理想化，而言「吾從周」❿與「率由舊章，

❹《論語・顏淵》篇。《集註》頁一一二。

❺《孟子・盡心下》篇。《集註》頁三一〇。

❻同註四。

❼《論語・子路》篇。《集註》頁一一七。

❽《論語・顏淵》篇。《集註》頁一〇八。

❾《中庸》第二十章。《集註》頁三六。

遵先王之法」⓫。蓋人性之善千古如一，政治之目的，既在「富之、教之」⓬，使民有恆產而歸之於有恆心⓭，建構有助於道德實現的人文環境，故為政之道，端在以道德教化，去陶冶其性情，培養其人格。不在以智治事，以力治人，而在以德化人⓮，自然趨向「無變古，毋易常」之路。

韓非政治哲學之理論根基，則殊異於是。其立法之根據，亦在人性論、價值觀，與歷史觀之三大柱石上。韓非言人性，惟在自為之計算心，人際關係亦恆建立在利害原則上，而人人之利害基點，又彼此對立，故如何消除利害之衝突，乃成為絕對必要之舉。法因人情而定賞罰，利用人類趨利避害之心，故民易行，而足以勸功禁

⓾《論語八佾》篇。《集註》頁五七。又〈陽貨〉篇云：「如有用我者，吾其為東周乎？」《集註》頁一四二。

⓫《孟子・離婁上》篇。《集註》頁二二九。

⓬《論語・子路》篇。《集註》頁一一八。

⓭《孟子・梁惠王上》，云：「無恆產而有恆心者，惟士為能。若民，則無恆產，因無恆心。」

⓮蕭公權《中國政治思想史》頁六二，云：「近代論政之功用者不外治人與治事之二端。孔子則持『政者正也』之主張，認定政治之主要工作乃在化人，非以治人，更非治事。故政治與教育同功，……而政治社會之本身實不異一培養人格之偉大組織。」

邪。故曰：「喜利畏罪，人莫不然。將眾者不出乎莫不然之數，而道乎百無一人之行，行人未知用眾之道也。」⓯又曰：「凡治天下，必因人情。人情有好惡，故賞罰可用；賞罰可用，則禁令可立，而治道具矣。」⓰因人情之好惡，則賞罰可用，法可行，此謂法之不背人情。其價值觀以為人人皆挾自為心，出乎利害之計數，故利之價值不可能在個人身上完成，只有君國之利，才能成為功利價值實現的對象，而為了統合眾人之異利，使歸於一國之公利，惟有以代表一國公利之法，將世之毀譽之社會價值體系，歸屬於法之賞罰的新價值規範之中，成為治國唯一的客觀標準。故曰：「聖人之治也，審於法禁，法禁明著則官治；必於賞罰，賞罰不阿則民用。民用官治則國富，國富則兵強，而霸王之業成矣。」⓱法禁明，賞罰必，則官治民用，而國富兵強，此言法之效用。其歷史觀言歷史之演化，恆由外在情境而定。故時代不同，治道必因之而異。故曰：「夫仁義、辯智，非所以持國也。」⓲上古競

⓯〈難二〉篇。《校釋》頁三四四。
⓰〈八經〉篇。《校釋》頁一五〇。
⓱〈六反〉篇。《校釋》頁九二。
⓲〈五蠹〉篇。《校釋》頁三三。

於道德，故仁義可治；中世逐於智謀，故辯智可治；當今爭於氣力，則仁義辯智已失其治國之效能。故曰：「故治民無常，唯法為治。法與時轉則治，治與世宜則有功。故民樸而禁之以名則治，世智而維之以刑則從。時移而法不易者亂，世變而禁不變者削。故聖人之治民也，法與時移，而禁與世變。」⑲治國之法，因物質條件與時代問題之不同而異，才能適應環境，解決問題，此言法之時代性。

《韓非子》書中，關於法之性質與功能的陳述，其中最重要者有二：

「法者，憲令著於官府，刑罰必於民心，賞存乎慎法，而罰加乎姦令者也：此人臣之所師也。」⑳

「法者，編著之圖籍，設之於官府，而布之於百姓者也。」㉑

甚於這兩條的界定，吾人可藉以分析法所具備的性質。其一「憲令著於官府」、

---

⑲〈心度〉篇。《校釋》頁八一四至八一五。

⑳〈定法〉篇。《校釋》頁七八。

㉑〈難三〉篇。《校釋》頁三六四。

「編著之圖籍」，是為成文法，而具固定恆常性。法為明文之規章，為人臣之所師，以為執法之依據，不同於人治之出乎一己之私意，了無客觀之定準，不免有神秘獨斷的傾向。故曰：「釋法術而任心治，堯不能正一國。去規矩而妄意度，奚仲不能成一輪。廢尺寸而差長短，王爾不能半中。使中主守法術，拙匠執規矩尺寸，則萬不失矣。」㉒若容許人臣私心自用，實難期於公正，且無以服民之心，令民無所措手足。故曰：「立法令者，所以廢私也。法令行，則私道廢矣。私者，所以亂法也。……上無其道，則智者有私詞，賢者有私意，上有私惠，下有私欲。」㉓此言立法出於大公之精神，使賢智無私意私詞，上下無私惠私欲，皆廢私而從公，以法為最高之則。其二「設之於官府，而布之於百姓」，是為公布法，而具客觀性與普遍性。法不僅明文規定，且頒布天下，使民知所遵行適從。故曰：「明主立可為之賞，設可避之罰，……明主之表易見，故約立；其教易知，故言用；其法易為，故令行。三者立，而上無私心，則下得循法而治，望表而動，隨繩而斷，因攢而縫，如此則上無私威之毒，而下無愚拙之誅。」㉔法為成文，且遍告天下臣民，使其表易見，

㉒〈用人〉篇。《校釋》頁七九一至七九二。

㉓〈詭使〉篇。《校釋》頁一一一三至一一一四。

其教易知，其法易為，臣可循法而治，民可依法而行，則其賞可為，其罰可避。故上無私威之毒，下無愚拙之誅。韓非「以法為教，以吏為師」，固在統一思想，樹立法之權威，然仍深具教育之精神，使民先知而後行，且易知而易行，以免流為不教而殺之暴行。韓非立法，一者曰因人情，二者曰使民易知易行，皆立足於廣大人民的基礎上，因人情，故可能；民易知易行，故可為：二者為立法之根本前提。否則既不可能，又不可行，則失去立法以治國之本旨。故曰：「微妙之言，上智之所難知也。今為眾人法，而以上智之所難知，則民無從識之矣。……今所治之政，民間之事，夫婦所明知者不用，而慕上智之論，則其於治反矣。」㉕又曰：「察士然後能知之，不可以為令，夫民不盡察。賢者然後能行之，不可以為法，夫民不盡賢。」㉖此言法之平易性，人人可知可行，其客觀性與普遍性才能成立。其三「刑罰必於民心」，是為強制性，亦具權威性。立法因人情，使民易知而行，然民心不可必，故須樹立其權威性，以賞罰之強制力，使法不僅為可行之列，且為必行之數。

㉔〈用人〉篇。《校釋》頁七九二。

㉕〈五蠹〉篇。《校釋》頁四八。

㉖〈八說〉篇。《校釋》頁一三六。

故曰：「明主之治國也，眾其守而重其罪，使民以法禁，而不以廉止。」㉗又曰：「明其法禁，必其賞罰。」㉘法為成文公布之法，故法禁明，然仍有待賞罰之必，始有其必然之實效。蓋法為著於圖籍之條文，雖由君王頒布，若不藉著賞罰之威利，以求必於民心，使法之權威根植於人心深處，廣大人民皆承認法之權威，以為行為之準則，法始能成其為法。否則，法不過是一套虛文條款而已！故法之權威，端在民心之必，而民心之必，則非賞罰之強制推動不能建立。故曰：「聖王之立法也，其賞足以勸善，其威足以勝暴，其備足以完法。」㉙完法之備，則在賞罰之足以勸善勝暴。其四「賞存乎慎（守）法，而罰加乎姦（犯）令」，此為標準性，亦為規範性。前者言其權威性，係法以賞罰為強制之手段；此者言規範性，係賞罰以法為其依據之標準。故曰：「明主之國，令者，言最貴者也，法者，事最適者也。言無二貴，法不兩適，故言行而不軌於法者必禁。」㉚言無二貴，其貴唯在令，法不兩適，

㉗〈六反〉篇。《校釋》頁九四。
㉘〈五蠹〉篇。《校釋》頁五四。
㉙〈守道〉篇。《校釋》頁七九七。
㉚〈問辯〉篇。《校釋》頁八四。

其適僅在法，此言法令為治道之標準，為一國政事之最高法則，且為唯一的行為規範，舉凡言行有不軌於法者必禁，故曰：「明主之國，官不敢枉法，吏不敢為私，貨賂不行者，境內之事，盡如衡石也。」㉛法如衡石，其標準性高懸一國，即使官吏亦不得為私枉法，而行於貨賂。「以事遇於法則行，不遇於法則止。」㉜是以法為治道之標準，與行為之規範。故曰：「至治之國，有賞罰而無喜怒。」㉝「愛多者，則法不立。」㉞

上述之分析，前二者成文公布之恆常性與客觀性偏向形式之界定，後二者行以賞罰之權威性與規範性則偏向實質的探討。也可以說前二者重在其立法的精神，後二者則重在其行法之要道。

依個人之見，韓非之法的第一要義，在於其標準性與規範性。韓非對列國政情的分析，以為國亂政敗的原因，就在於君國之賞罰與世俗之毀譽的對反，故其哲學

㉛〈八說〉篇。《校釋》頁一三九。

㉜〈難二〉篇。《校釋》頁三三八。

㉝〈用人〉篇。《校釋》頁七九五。

㉞〈內儲說上〉篇。《校釋》頁三八二。

問題，首要在如何消除二者之矛盾，加以統一，使毀譽出乎賞罰，而賞罰皆依於法。故法之第一功能，在於其標準性與規範性，使國家固著在一定的軌道上運行，使法成為群體社會的唯一規範。故曰：「明主使其群臣，不遊意於法之外，不為惠於法之內，動無非法。」㉟又曰：「一民之軌，莫如法。」㊱賞罰依乎法之標準而定，使群臣無私意私惠，人民亦必隨之，循法之軌道而行，故無分上下，動無非法。韓非之法的第二要義，在於其強制性與權威性。法之標準性與規範性，有待於賞罰之制裁力，始能確立其無上之權威性，而在實際政治上展開其應有的效能，故曰：「賞罰不信，則禁令不行。」㊲又曰：「法不阿貴，繩不撓曲。法之所加，智者弗能辭，勇者弗能爭。」㊳此即言其權威性與強制性。韓非之法的第三要義，在於其為公布法之普遍性與客觀性。法之權威性與強制性，必涵概全體，使君臣上下具在法的制約之中，不有逃離於法的規範之外，成為普遍性的客觀法則，否則容許少數特權存

㉟〈有度〉篇。《校釋》頁二六一。

㊱〈有度〉篇。《校釋》頁二六二。

㊲〈外儲左上〉篇。《校釋》頁四七七。

㊳同註三六。

在，則其標準規範性與強制權威性，必同歸消失不存。蓋執法者官吏也，守法者人民也，故法必設之於官府，使人臣有所師，有其客觀的依據；亦布之於百姓，使人民明其所必守，知其所必禁，而有普遍的規範效能。故曰：「明主言法，則境內卑賤莫不聞知也。」❸❾如是，則法始有其普遍性與客觀性。韓非之法的第四要義，在於其為成文法之恆常不變性。法必設之於官府，布之於百姓，使治者與被治者之間，皆以法為定準，然法之公布，必以「憲令著於官府」之成文法典的編著為其前提。成文法之產生，固當因時制宜，切合時代之社會結構與政治體制之要求。故曰：「法與時轉則治，治與世宜則有功。」❹⓿然法一經編定而公布之後，法之標準性即告生效，其權威性亦隨之而建立了，即使君王亦不宜隨意更改。故曰：「法莫如一而固，使民知之。」❹❶一而固，上下臣民之間，才能依法而治，循法而行；否則立法等於無法，官吏固失去其治民的標準，百姓亦將逸出法之行為規範的軌道，官吏固得以私心自用，人民亦無所措手足。故曰：「好以智矯法，時以私心雜公，法禁變易，

---

❸❾〈難三〉篇。《校釋》頁三六四。

❹⓿〈心度〉篇。《校釋》頁八一四。

❹❶〈五蠹〉篇。《校釋》頁四〇。

號令數下者可亡也。」㊷

綜上言之，可知韓非之法理，幾乎全出於功利主義的實用觀點。法之產生，基於君王治理臣民的現實需求，在公私相背，君臣異利之下，實有制定一上下共守之標準法的必要，以為政治運作的準繩，與社會行為的規範，使國有定向，上下相結。而標準法之規範效能，必先樹立其強制的權威性，始有其必然之功。法之強制的權威性，亦必先為臣民所共知共行，才能產生普遍的強制力，與客觀的權威性，故須設之於官府，布之於百姓，使成為客觀而普遍的存在。為了法之公布，以明示天下，成文法之編定，乃成為其首要之舉，如是法始為定常之法，足以為治國之最高準則。反之，法之發用，則始於成文法的編著。其次再設之於官府，使官吏執法，有其客觀的標準；布之於百姓，使人人知之行之，成為普遍的行為規範。為了求法治之貫澈，再以賞罰為其後盾，以強制力建立法之無上權威。權威一受承認，則上下莫不遵法。如是，以法為社會行為的唯一規範，與政治運作的唯一標準，才可望達成。

㊷〈亡徵〉篇，《校釋》頁一一七。〈解老〉篇亦云：「凡法令更，則利害易；利害易，則民務變，謂之變業。故以理觀之，……治大國而數變法，則民苦之。是以有道之君，貴虛靜而重變法。」《校釋》頁七四〇至七四一。

由以上法之四類性質與功能的結合，就顯現法之公正與平等的實質精神。試看，法既為成文明定之法，既為普遍客觀之法，既為強制權威之法，既為標準規範之法，則人人皆知所當為，行所能為，賞罰功罪在乎己，是為公正，亦為平等。儒家「禮不下庶人，刑不上大夫」[43]，尚存有周文遺留的階級色彩，是為上下的分歧向，治道的不平一。韓非「刑過不避大臣，賞善不遺匹夫」[44]，上下臣民同在法的制約之中。百姓之所行在法，人臣之所師在法，而君王之所重亦在法。不僅「人主使人臣雖有智能，不得背法而專制」[45]，且「明主使法擇人，不自舉也；使法量功，不自度也」[46]，「人主者，守法責成以立功者也。」[47]法代表君國之公，任法即在廢私，故不容私意私惠存於其中，君王亦不例外。故曰：「明主之道，必明公私之分，明

[43] 《小戴禮記．曲禮上》篇。《十三經注疏》第七冊《禮記》卷三頁六。藝文印書館，四十九年一月再版。
[44] 〈有度〉篇。《校釋》頁二六二。
[45] 〈南面〉篇。《校釋》頁一二六。
[46] 〈有度〉篇。《校釋》頁二五三。
[47] 〈外儲右下〉篇。《校釋》頁五九〇。

法制，去私恩。」㊽由是觀之，君王亦在法的規範之中，其為公正與平等，實至為明顯。

故《韓非子》書中，對君王背法以治國之悖謬，屢加責難。曰：

「聖人之所以為治道者三：一曰利，二曰威，三曰名。夫利者所以得民也；威者所以行令也；名者上下之所同道也。非此三者，雖有，不急矣。今利非無有也，而民不化上；威非不存也，而下不聽從；官非無法也，而治不當名。三者，非不存也，而世一治一亂者何也？夫上之所貴，常與其所以為治相反也。」㊾

「聖智成群，造作言辭，以非法措於上。上不禁塞，又從而尊之，是教下不聽上，不從法也。」㊿

威利即賞罰，名即法之規範而非世之毀譽，法定之賞罰及其毀譽，皆為人類行

㊽〈飾邪〉篇。《校釋》頁二一一。
㊾〈詭使〉篇。《校釋》頁一〇四。
㊿〈詭使〉篇。《校釋》頁一一四。

為的驅策力。君王自失立場，其所貴之名，常與所以為治之法相反，而不知循法之名以責其實，是為治不當名。如此無異是教下不聽上，民不從法。卒使賞罰與毀譽不同軌，不從法令者，反而尊貴之，法即失去其行為規範的權威性，故利非無有，威非不存，而民不化上，下不聽從，此實君王背法而治之過也。法之效能不顯，國政亦因之陷於一治一亂之不可必之局。故曰：「民之重名，與其重利也均。賞者有誹焉，不足以勸；罰者有譽焉，不足以禁。」51 曰：「夫賞所以勸之，而毀存焉；罰所以禁之，而譽加焉。民中立而不知所由，此亦聖人之所為泣也。」52 故法之勸禁的效能，能否達成，其關鍵端在君王一身，只有君王不尊禮抗法拒令之賢智，令賞罰毀譽同軌，人民始不致中立於二者之間，徘徊猶疑而不知所從。

君王治國以法，除抑制儒俠求其賞罰毀譽同軌之外，由於人民莫不喜利畏罪趨利避害，故一者在內容上宜厚賞重罰，以強化其趨避之心，二者在執行上宜信賞必罰，以堅定其喜畏之行，如是權威性才能確立。故曰：

51 〈八經〉篇。《校釋》頁一七四。

52 〈外儲右下〉篇。《校釋》頁六一一。

「惠之為政，無功者受賞，而有罪者免，此法之所以敗也。法敗而亂政，以亂政治敗民，未見其可也。」53

「賞莫如厚而信，使民利之；罰莫如重而必，使民畏之；法莫如一而固，使民知之。故主施賞不遷，行誅無赦。譽輔其賞，毀隨其罰，則賢不肖俱盡其力矣。」54

「凡賞罰之必者，勸禁也。賞厚則所欲之得也疾，罰重則所惡之禁也急。……是故欲治甚者，其賞必厚矣；惡亂甚者，其罰必重矣。今取於輕刑者，其惡亂不甚也，其欲治又不甚也。此非特無術也，又乃無行。是故決賢不肖，愚智之筴，在賞罰之輕重。」55

信賞必罰，即賞罰完全依乎法之衡定，凡有利於君國而合乎法者，必賞；凡有害於君國而反乎法者，必罰。法為決定賞罰輕重的唯一標準與最高原則，不容許有無功者受賞，有罪者得免之是非顛倒的事象發生，否則法敗而亂政，國無以為治矣。

53 〈難三〉篇。《校釋》頁三五三。

54 〈五蠹〉篇。《校釋》頁四〇。

55 〈六反〉篇。《校釋》頁九六。

賞罰之必，固在維護法之權威，然若賞薄罰輕，猶不足以勸善禁暴，故賞先厚而後求其信，使民利之；罰先重而後求其必，使民畏之。「信賞以盡能，必罰以禁邪」56，天下臣民在趨利避害之心的驅使下，自會循法而行，同趨君國之公利。故欲治甚者，其賞必厚，惡亂甚者，其罰必重。取輕刑之說者，其惡亂固不甚，其欲治亦不甚。故信賞必罰，惟於「厚賞重罰」之下，始有其勸禁之效能。厚賞重罰由法之明文規定，信賞必罰則由勢之強制執行。此二者之分野，不可不辨。故此下專分析其主張厚賞重罰之理由。

「且夫重刑者，非為罪人也，明主之法也。殺賊，非治所殺也。治所殺也者，是治死人也。刑盜，非治所刑也，治所刑也者，是治胥靡也，故曰重一姦之罪，而止境內之邪，此所以為治也。重罰者，盜賊也，而悼懼者良民也，欲治者奚疑於重刑？若夫厚賞者，非獨賞功也，又勸一國，受賞者甘利，未賞者慕業，是報一人之功，而勸境內之民也，欲治者奚疑於厚賞。」57

---

56 〈外儲左下〉篇。《校釋》頁五二一。

57 同註五五。

足見韓非之重罰厚賞，並非針對賞功罰罪之本身，僅重一姦之罪，報一人之功，而是重在止境內之邪，勸一國之功。韓非之重刑，非報復罪者之所應得，而在恐嚇足以止姦。故韓非之法理，建立在功利主義的基礎上，由此又得一證。

重罰重刑之說，並非刻薄寡恩以傷民，實寓「以刑去刑」之教育性，韓非子曰：

「公孫鞅之法也，重輕罪。重罪者，人之所難犯也。而小過者，人人之所易去也。使人去其所易，而無離其難，此治之道，夫小過不生，大罪不至，是人無罪，而亂不生也。」58

「且夫重罰人之所惡也，而無棄灰人之所易也，使人行之所易，而無離（犯）其所難，此治之道也。」59

「今不知治者，皆曰『重刑傷民，輕刑可以止姦，何必於重哉！』此不察於治者也。夫以重止者，未必輕止也，以輕止者，必以重止矣。是以上設重刑而姦盡止，姦盡止，則此奚傷於民也。所以重刑者，姦之所利者細，而上之所加焉者大也。民

58 〈內儲說上〉篇。《校釋》頁四〇二。

59 〈內儲說上〉篇。《校釋》頁四〇〇。

不以小利蒙大害，故姦必止也。所謂輕刑者，姦之所利者大，上之所加焉者小也；民慕其利而傲其罪，故姦不止也。故先賢有諺曰：『不躓於山，而躓於垤。』山者大，故人慎之，垤微小，故人易之也。今輕刑罰，民必易之，犯而不誅，是驅國而棄之也；犯而誅之，是為民設陷也。是故輕罪者，民之垤也。是以輕罪之為道也，非亂國也，則設民陷也，此則可謂傷民矣。」[60]

此言在利害之計量下，重刑則姦偽者之所害者大，所利者小，輕刑則其所害者小，所利者大，故重刑足以止姦，輕刑反而傲罪。重刑之殘忍，足以有姦盡止之結果；而姦既已盡止，又於民何傷，此即所謂「前苦而長利」。輕刑之仁慈，必有姦不止之終局；姦既不止，無異為民設陷，此即所謂「偷樂而後窮」。故重刑者始為愛民，輕刑者反為傷民。由是可知。法雖禁於已然之後，若用之得當，刑罰必於民心，亦有其防範未然之功。重輕罪，則小過易去；小過不生，則大罪不至。是以重刑之後效，乃人無罪，亂亦不生。此即「以刑去刑」的教育功能。

韓非立法，一曰因人情，二曰使民易知易行，皆以廣大人民為基底。而法之社

60 同註五五。

會功能，亦在利民萌，便眾庶。韓非云：

「今天下無一伯夷，而姦人不絕世，故立法度量。度量信，則伯夷不失是，而盜跖不得非。法分明，則賢不得奪不肖，強不得凌弱，眾不得暴寡。」61

「而聖人者，審於是非之實，察於治亂之情也。故其治國也，正明法，陳嚴刑，將以救群生之亂，去天下之禍，使強不凌弱，眾不暴寡，耆老得遂，幼孤得長，邊境不侵，君臣相親，父子相保，而無死亡繫虜之患，此亦功之至厚者也。」62

「立法術，設度數，所以利民萌，便眾庶之道也。故不憚亂主闇上之患禍，而必思以齊民萌之資利者，仁智之行也。」63

韓非之法，固為現實政治之需求，以法為治國之定準以求國之治強；然此中亦開出其法治的理想精神。以法裁制重人，並制約君主，以限定統治者的權勢，求得

61 〈守道〉篇。《校釋》頁七九八。

62 〈姦劫殺臣〉篇。《校釋》頁二一九。

63 〈問田〉篇。《校釋》頁三一〇。

百姓眾民在法律上的平等地位，使強不得凌弱，眾不得暴寡，故立法術，設度數，是為人民立法，為弱者立法，此即利民萌，便眾庶之道。正明法，陳嚴刑，亦用以救群生之亂，去天下之禍，是為功之至厚，仁智之行。問題在此一理想，在實際之發用，能否一如預期，得以付諸實現。此實為韓非政治哲學是否成立的大問題。

總結本節。其一韓非之法理：一在於好利自為之人性論，因人情之好惡，而以賞罰誘導人民；二在於以君國為首要的價值觀，使天下臣民俱在法的規範之中，而求君國之公利；三在於變古以治今的歷史觀，當今爭於氣力，才智與道德只有適然之善，而無必然之功，故不尚賢智之行，而治之以法，以強制力繩治臣民，以求因時制宜，窮變求通。由是以法治國，始有其可能，有其必要，亦有其實效。其二法之性能：一必為成文之法典，有其恆常不變性；二必須布天下，有其客觀普遍性；三必施之以賞罰，有其強制權威性；四必為治國之唯一基準，有其標準規範性：由是而呈顯出其公正平等之實質精神。其三法之內容，在厚賞重罰，求以刑止刑，寓有防範未然之教育功能。其四法之理想，在便眾庶，利民萌，以限定統治者之權勢。

綜上言之，法是韓非政治哲學的中心，在順人情之好惡，與尊君重國之價值觀間，搭建溝通的橋樑，從天下臣民好利自為心出發，透過法之賞罰的誘導，使直趨君國之公利。法亦為其政治理想之所在，在「禮」隨宗法大壞而失去其效能之時，客觀平等之標準法，遂應運而生，取代禮維繫政治秩序之地位。蕭公權先生云：「韓非綜合三家，以君勢為體，以法術為用，參以黃老之無為，遂創成法家思想最完備之系統。」64依個人之見，韓非乃以君國為目的，以法為體，以勢、術為用，而將黃老之無為，融入其術治之內。因韓非之勢，乃與法相結之法勢，固以勢助長法之標準權威性，同時亦受法之制約限定；且韓非恆以君王代表國家之利益，故以君國為目的，以法為體，以勢、術為用，較為切當。問題在法代表君國之公利，然法為君所立，亦為勢所執運，遂造成其法理想的墮落，而勢為之抬頭，此當即蕭公權先生「以君勢為體，以法術為用」之說的由來。然吾人研究其政治哲學之體系架構，當就其原有之理想而言，至於其實際發用，法之地位不得不有的下落，乃其政治哲學最大的困局。

(二)勢

韓非政治思想，以尊君重國為其最大特徵，然君國之公利，常為臣民之私利所

64　蕭公權《中國政治思想史》頁三二九。

拒斥，故以賞罰之威利，來勸善禁暴，使臣民上下之所為，在法之規範中，合於君國公利之要求。法即代表君國之公利，為賞罰之標準，亦為臣民行為之規範。惟韓非亦深知「徒法不能以自行」，故以勢為其強制的力量，以術為其運用的方法。惟君若失勢，則君術之運用亦成為不可能，故先言其勢。

韓非之勢治說，主要亦針對儒家之德治而言，而主張任賢不如任勢。云：

「夫有材而無勢，雖賢不能制不肖，故立尺材於高山之上，而下臨千仞之谿，材非長也，位高也。桀為天子，能制天下，非賢也，勢重也。堯為匹夫，不能正三家，非不肖也，位卑也。千鈞得船則浮，錙銖失船則沉，非千鈞輕而錙銖重也，有勢之與無勢也。故短之臨高也以位，不肖之制賢也以勢。……聖人德若堯舜，行若伯夷，而位不載於勢，則功不立，名不遂。」[65]

此言政治之樞紐，在權力而不在道德。此一權力之所本，在於君之位，故桀為天子，能制天下；堯為匹夫，不能正三家，桀非賢，堯非不肖，在於位之尊，勢之

[65] 〈功名〉篇。《校釋》頁八〇五至八〇六。

重也。勢位為權力之源，故主乘勢。其勢治說，實主張「權力政治」。故曰：

「夫堯舜生而在上位，雖有十桀紂不能亂者，則勢治也。桀紂亦生而在上位，雖有十堯舜而亦不能治者，則勢亂也。」[66]

此亦言國之治亂，亦由統治權力而定，人之賢德完全無能為力。堯舜在位，十桀紂固不能亂；反之，桀紂在位，十堯舜亦不能治。又曰：

「仲尼天下聖人也，修行明道以遊海內，海內說其仁，美其義；而為服役者七十人。蓋貴仁者寡，能義者難也。故以天下之大，而為服役者七十人，而仁義者一人。魯哀公，下主也，南面君國，境內之民，莫敢不臣。民者固服於勢，勢誠易以服人。故仲尼反為臣，哀公顧為君，仲尼非懷其義，服其勢也。故以義，則仲尼不服於哀公；乘勢則哀公臣仲尼。」[67]以仲尼之聖明，海內悅服者不過七十弟子而已；而哀公一下主，境內之民，莫敢不從。一賢一勢，仲尼反為臣，哀公顧為君，由是

[66]〈難勢〉篇。《校釋》頁六九。

[67]〈五蠹〉篇。《校釋》頁三六。

可知，勢誠易以服人，而貴仁能義者實寡，德治之不如勢治，明顯可見。其抨擊儒家之德治，仍出乎自利之人性論，實效之價值觀與治道因時而變易的歷史觀，亦由此而建立其勢治說。

蓋人性既自私，行為完全出乎利害之計量，仁恩慈惠之德治，實不足以治民。韓非云：

「夫嚴家無悍虜，而慈母有敗子，吾以此知威勢之可以禁暴，而德厚之不足以止亂也。夫聖人之治國，不恃人之為吾善也，而用其不得為非也。恃人之為吾善也，境內不什數，用人不得為非，一國可使齊。為治者用眾而舍寡，故不務德而務法。夫必恃自直之箭，百世無矢，恃自圜之木，千世無輪矣。自直之箭，自圜之木，百世無有一；然而世皆乘車射禽者何也？隱栝之道用也。雖有不恃隱栝而有自直之箭，自圜之木，良工弗貴也，何則？乘者非一人，射者非一發也。不恃賞罰而恃自善之民，明主弗貴也，何則？國法不可失，而所治非一人也。故有術之君，不隨適然之善，而行必然之道。」68

68 〈顯學〉篇。《校釋》頁一六。

人性皆趨利自為，恃民之自善，一如恃自直之箭，自圜之木，皆百世無有一。即使偶有之，亦不足貴。蓋為政之道，在用眾而舍寡，所治非一人之故。恃賞罰之威勢，用隱栝之道，才足以使人不得為非，且一國可使齊；若恃德厚仁恩，則不足以止暴。故曰：「民者固服於勢，寡能懷於義。」69就人性之自私而言，德治是違人情之好惡，實不足打動人心，而失去其以利害制衡或矯正人性之效力，有如藥不對症，難起治病之功，故曰：「明主知之，故不養恩愛之心，而增威嚴之勢。」70而就實效論說來，德治惟適然之善，不如勢治有必然之功。韓非又云：

「明主之治國也，眾其守而重其罪，使民以法禁，而不以廉止。母之愛子也倍父，父令之行於子者十母，吏之於民無愛，令之行於民也萬父。母積愛而令窮，吏威嚴而民聽從，嚴愛之筴，亦可決矣。」71

「今有不才之子，父母怒之弗為改，鄉人譙之弗為動，師長教之弗為變。夫以

69 同註六七。

70 〈六反〉篇。《校釋》頁九四。

71 同註七〇。

父母之愛，鄉人之行，師長之智，三美加焉而終不動其脛毛。州部之吏，操官兵，推公法，而求索奸人，然後恐懼，變其節，易其行矣。故父母之愛，不足以教子，必待州郡之嚴刑者，民固驕於愛，聽於威矣。」[72]

「慈母之於弱子也，愛不可為前。然而弱子有僻行，使之隨師；有惡病，使之事醫。不隨師，則陷於刑；不事醫，則疑於死。慈母雖愛，無益於振刑救死；則存子者非愛也。子母之性，愛也；臣主之權，筴也。母不能以愛存家，君安能以愛持國？」[73]

母之愛子倍於父之愛，而父令行於子者卻十倍於母；吏之於民無所愛，而其令行於民者卻萬倍於父。人子不才，父母之慈愛，鄉人之美行，師長之才智，三者匯聚加乎其身，終不足以改變其不肖之行；而在州吏嚴刑求索之下，始感恐懼，立即變其節改其行。由是可知，慈母不可為前之愛，不僅無力矯正其子私為自利之行，且適足以助長其驕狂恃恩之念。故曰：「民固驕於愛，聽於威矣。」又曰：「母不

[72] 〈五蠹〉篇。《校釋》頁三九。

[73] 〈八說〉篇。《校釋》頁一四四。

能以愛存家，君安能以愛持國？」故嚴與愛之間的權衡，基於實效論而言，自然傾向嚴刑以治民之道。曰：

「夫施與貧困者，此世之所謂仁義；哀憐百姓，不忍誅罰者，此世之所謂惠愛也。夫施與貧困，則無功者得賞；不忍誅罰，則暴亂者不止。國有無功得賞者，則民外不務當敵斬首，內不急力田疾作，皆欲行貨財，事富貴，為私善，立名譽，以取尊官厚俸。故姦私之臣愈眾，而暴亂之徒愈勝，不亡何待？夫嚴刑者，民之所畏也；重罰者，民之所惡也。故聖人陳其所畏，以禁其衺；設其所惡，以防其奸。是以國安，而暴亂不起。吾是以明仁義愛惠之不足用，而嚴刑重罰之可以治國也。」74

「仁者，慈惠而輕財者也；暴者，心毅而易誅也。慈惠，則不忍，輕財，則好與；心毅，則憎心見於下，易誅，則妄殺加於人。不忍，則罰多宥赦，好與，則賞多無功；憎心見，則下怨其上，妄誅，則民將背叛。故仁人在位，下肆而輕犯禁法，偷幸而望於上；暴人在位，則法令妄而臣主乖，民怨而亂心生。故曰：仁暴者，皆亡國者也。」75

---

74 〈姦劫弑臣〉篇。《校釋》頁二二四。

此言以仁恩治民，不僅不足以服民之心，反而引發人民妄圖僥倖之想，是以輕犯禁法，而陷民於刑。不如臨民以威刑，則民聽從，反足以振刑救死，才是存子持國之道。且仁義惠愛以治國，破壞了國法之標準性，使其規範效能與權威地位，同歸消失。故仁人在位之背法濫赦，與暴人在位之乖法妄誅，其害等同，皆所以自陷敗亡之道。故曰：

「無威嚴之勢，賞罰之法，雖堯舜不能以為治。……故善為主者，明賞設利以勸之，使民以功賞，而不以仁義賜；嚴刑重罰以禁之，使民以罰誅，而不以愛惠免。是以無功者不望，而有罪者不幸矣。」76

法明賞設利以勸善，嚴刑重罰以禁暴，然仍待勢之強制力，依法以行賞罰，始足以有其勸禁之效。賞誅惟來自功罪，而非仁義之所得賜，與愛惠之所得免，人民才不會有驕狂恃恩之心，與妄圖僥倖之想，如是，以法治國始能成立。故曰：

---

75 〈八說〉篇。《校釋》頁一四五。

76 同註七四。

「今學者之說人主也，不乘必勝之勢，而曰『務行仁義，則可以王』，是求人主之必及仲尼，而以世之凡民皆如列徒，此必不得之數也。」77

人主既非仲尼，世之凡民亦不及列徒，空說仁義，不乘必勝之勢，由是以論治國，實為完全不可得之數。又曰：

「法之為道，前苦而長利；仁之為道，偷樂而後窮。聖人權其輕重，出其大利，故用法之相忍，而棄仁人之相憐也。」78

「夫垂泣不欲刑者，仁也；然而不可不刑者，法也。先王勝其法，不聽其泣，則仁之不可為治亦明矣。」79

此處法當指刑罰而言，蓋法以刑罰為其制裁力，藉君勢之威，以強制執行，當

77 〈五蠹〉篇。《校釋》頁三六至三七。

78 〈六反〉篇。《校釋》頁九五至九六。

79 同註六七。

刑者不可不刑，此即法之相忍。仁者垂泣，當刑而不刑，此仁人之相憐，勢必違反治國之常法。以實效言之，勢之信賞必罰，相忍以刑，雖前苦而有長利；仁之慈恩惠愛，垂泣不欲刑，雖偷樂而後必窮。故權其輕重，而出其大利，自當用法之相忍，而棄仁人之相憐。韓非是實效論者，故其言治，自然以結果之利害輕重，來衡定其治國之道的確當與否。為了獲致出其大利的實效，相忍之前苦是必要的，可收「禁姦於未萌」80之效，以免「威寡者，則下侵上」81；而不願求相憐一時之偷樂，而自陷於往後無盡之困窮。以治道言之，儒家仁治之不欲刑，固出乎愛，然以結果之陷民於刑而論，則適為不愛，以其「賞繁而姦生」82，及「愛多者，則法不立」83之故。法家反之，由勢治必刑之治道言之，似為不愛，而由其期於無刑之結果而論，則適為愛。故曰：「其與之刑，非所以惡民，愛之本也。」84

80 〈心度〉篇。《校釋》頁八一三。

81 〈內儲上〉篇。《校釋》頁三八二。

82 同註八〇。

83 同註八一。

84 同註八〇。

再就其歷史觀而言，今古情境不同，治道亦當因之而異。韓非曰：

「古者，丈夫不耕，草木之實足食也；婦人不織，禽獸之皮足衣也。不事力而養足，人民少而財有餘，故民不爭。是以厚賞不行，重罰不用，而民自治。今人有五子不為多，子又有五子，大父未死而有二十五孫。是以人民眾而財貨寡，事力勞而供養薄，故民爭。雖倍賞累罰，而不免於亂。」[85]

「處多事之時，用寡事之器，非智者之備也。當大爭之世，而循揖讓之軌，非聖人之治也。」[86]

時移世易，物質條件之多寡既不同，民情反應之爭與不爭亦不同，故治國之道亦當有異。上古競於道德，時勢使然也；當今爭於氣力，亦客觀環境之必然趨勢。處天下多事之秋，民情大爭之世，仍持寡事之器，循揖讓之軌，不知因時應變，自不免於亂，是仁義用於古而不用於今。故仁恩慈惠之治，對今世而言，已失去其時

[85] 〈五蠹〉篇。《校釋》頁二八至二九。

[86] 〈八說〉篇。《校釋》頁一三八。

效，而難期有功。

上述之人性論，價值觀與歷史觀所言任賢之不如任勢，皆就被統治之人民而言，而就統治者本身言之，若必行仁政，雖聖賢如堯舜，亦身苦而難為。曰：

「且舜救敗，期年已一過，三年已三過。舜壽有盡，天下過無已者，以有盡逐無已，所止者寡矣。賞罰使天下必行之，令曰：『中程者賞，弗中程者誅。』令朝至暮變，暮至朝變，十日而海內畢矣，奚待期年？舜猶不以此說堯令從己，乃躬親，不亦無術乎？且夫以身為苦而後化民者，堯舜之所難也；處勢而矯下者，庸主之所易也。將治天下，釋庸主之所易，道堯舜之所難，未可與為政也。」87

仁治即使聖人自苦而為，亦難以有成，不如勢治，雖庸主亦可使天下畢行之，而易於有成。抑有進者，堯舜之聖德，亦非每代皆有。以政治之常軌而言，聖人不常有，而言仁治必落於人亡政息之困局。故曰：

87 〈難一〉篇。《校釋》頁三一七。

「且夫堯舜桀紂，千世而一出，是比肩隨踵而生也。世之治者，不絕於中，吾所以為言勢者，中也。中者，上不及堯舜，而下亦不為桀紂，抱法處勢則治，背法去勢則亂。今廢勢背法而待堯舜，堯舜至乃治，是千世亂而一治也。抱法處勢而待桀紂，桀紂至乃亂，是千世治而一亂也。」[88]

韓非之勢，不同於慎子自然之勢，非單指勢位的承襲而言，亦非赤裸裸的政治權力，其人設之勢，乃指威勢的運用，必與國法相結，在法有定制常軌之下，對絕大多數的中主而言，勢不可亂而可治，此即所謂「抱法處勢則治」的法勢。「賢者在位」之人治，實為不可待；抱法處勢，則中主亦可治，自不必待賢。故韓非所言治，乃中人之治。至若堯舜之聖，或可不待法勢相結，即可化民國治，然聖德不可待，千世而一出，惟適然之善，乏必然之功；桀紂之暴，即使抱法處勢，亦不免於亂，然賢者寡，不肖者亦寡，亦千世而一出，故自歷史之全局而言，實不足構成大害。由是而觀，儒家之仁政，非中主之所能，惟聖人可為，而聖人千世而一出，故仁政待賢之結果，必千世亂而一治；韓非法勢之治，為中主之所能，惟暴人可亂，而暴

[88] 〈難勢〉篇。《校釋》頁七〇。

人亦千世而一出，故法勢之治不必待賢之結果，為千世治而一亂。故就統治者而言，權其輕重，取其大利，則仍以法勢之治，才是可行之治道。

《韓非子》書中，言勢之性能，其要有二：

「君執柄以處勢，故令行禁止。柄者殺生之制也，勢者，勝眾之資也。」89

「夫國之所以強者，政也；主之所以尊者，權也。……故明君操權而上重，一政而國治。」90

勢為勝眾之資，故勢為統治權力。法家思想以尊君重國為目的，而尊君所以重國，故統治權力完全操之於君王的手中，故曰：「主之所以尊者，權也。」權即勢重之因，勢之威在於操權，始能上重。君王之處勢，操權就是執柄，柄即生殺予奪之權，故操權即執賞罰刑德之二柄。云：

89 〈八經〉篇。《校釋》頁一五〇。

90 〈心度〉篇。《校釋》頁八一三。

「明主之所道制其臣者，二柄而已矣。二柄者，刑德也。何謂刑德？曰殺戮之謂刑，慶賞之謂德。為人臣者，畏誅罰而利慶賞，故人主自用其刑德，則群臣畏其威而歸其利矣。」⑨①

故勢之威權，重在君王自用其刑德，執賞罰生殺之二柄，此即君王實有之統治權力。此一權力的掌握與運用，才能令行禁止，使群臣畏其威而歸其利。又曰：

「國者，君之車也，勢者，君之馬也。夫不處勢以禁誅擅愛之臣，而必德厚以與下齊行以爭民，是皆不乘君之車，不因馬之利，舍車而下走者也。」⑨②

「彼民之所以為我用者，非以吾愛之為我用者也，以吾勢之為我用者也。」⑨③

國為君之車，即國為君之本；勢為君之馬，即勢為君之威。君乘勢以治國，始

⑨① 〈二柄〉篇。《校釋》頁一七九。

⑨② 〈外儲右上〉篇。《校釋》頁五六二。

⑨③ 〈外儲右下〉篇。《校釋》頁五九七。

具勝眾之資，若舍車下馬而走，則失去其不可亂之憑藉，而不足以用天下之民。

惟君勢賞罰之執持，必有其根據之標準，才能賞罰無私，使民盡死力，以免「用賞過者失民，用刑過者民不畏，有賞不足以勸，有刑不足以禁。」[94]故必依法行之，使民知所遵循。《韓非子》書中，賞罰時與法並論，亦時與勢兼言，非其觀念不明晰，蓋勢之用，在執賞罰之二柄，行使統治的權力；而賞罰之基準則在法，以法為人主治國的唯一標準。法為厚賞重罰，勢則求其信賞必罰，以是之故，法與勢，在賞罰之運用下，實為不可離。此即韓非之人設之勢，處勢尚須抱法的原因。

「一政而國治」，一政即法之齊萬民，在共同的行為規範與價值旨標之下，國始能趨於治強；然亦必待「君操權而上重」，執持權柄以賞罰制御群臣與驅使眾民，國之常法始可必可行。故曰：「勢之為道也，無不禁。」[95]

由上觀之，韓非言勢，其性質有二：其一勢本為一君位，必執柄操權，運用賞罰之威利，才足以形成強制的統治權力，故曰：「君執柄以處勢」。其二勢本為一中性之權力，便治而利亂，必與法結合，始成可治而不可亂。故曰：「抱法處勢則

[94]〈飾邪〉篇。《校釋》頁二〇七。

[95]〈難勢〉篇。《校釋》頁七〇。

治。」在執柄與抱法之後，勢所呈現之功能則為無不禁，足為禁眾之資，亦為行法之強制力。

然君勢之患，在於旁落，賞罰之二柄一轉於大臣之手，則君之尊勢之威亦失而不存。韓非曰：

「權勢不可借人，上失其一，下以為百。故臣得借則力多，力多則內外為用，內外為用則人主壅。」96

「萬乘之主，千乘之君，所以制天下而征諸侯者，以其威勢也。威勢者，人主之筋力也。今大臣得威，左右擅勢，是人主失力；人主失力，而能有國者，千無一人。」97

「有主名而無實，臣專法而行之，周天子是也。偏借其權勢，則上下易位矣。」此言人臣之不可借權勢也。98

96 〈內儲下〉篇。《校釋》頁四二七。

97 〈人主〉篇。《校釋》頁七八八。

98 〈備內〉篇。《校釋》頁一九八至一九九。

勢之重，端在權力的掌握。故大權一旁落，則君必失去其上重之尊位。處勢而失其權柄，即有主之名，而無主之實，則勢在權臣，上下易位矣。勢為統治的權力，賞罰是其權力的外發，賞罰二柄轉於重人臣下之手，其統治權力必隨之轉移，而君勢頓成無實權之虛位。蓋當今爭於氣力，民固服於勢，臣亦縛於勢，威勢即人主之筋力，人主失力，大臣得威，則失國矣。故曰：「凡人主之國小而家大，權輕而臣重者，可亡也。」[99]又曰：

「賞罰下共，則威分。」[100]

「賞罰共，則令不行。」[101]

「夫賞罰之為道，利器也。君固握之，不可以示人。」[102]

「人主者，以刑德制臣者也，今君人者，釋其刑德而使臣用之，則君反制於臣

---

[99] 〈亡徵〉篇。《校釋》頁一一六。

[100] 〈八經〉篇。《校釋》頁一五〇。

[101] 〈外儲右下〉篇。《校釋》頁五八八。

[102] 〈內儲上〉篇。《校釋》頁四〇八。

矣。」[103]

> 「其於德施也，縱禁財，發墳倉，利於民者，必出於君，不使人臣私其德。」[104]

> 「司城子罕謂宋君曰：『慶賞賜予者，民之所好也，君自行；誅罰殺戮者，民之所惡也，臣請當之。』於是戮細民而誅大臣，君曰：『與子罕議之。』居期年，民知殺生之命制於子罕也，故一國歸焉。故子罕劫宋君而奪其政，法不能禁也。」[105]

賞罰為治國之利器，君自當固握之，不可下共，以免群臣分其威，私其德，而構成其私門之勢力。不論利民之德施，或誅民之威罰，若旁落於人臣之手，則大臣畏之，細民歸之，君必失位而國亂。蓋一國之統治權力，只能集中於君王一元之領導，不可散落於群臣手中，以免形成多頭之馬車，相互抗拒，彼此牽制。如是則國無定向，其害不僅在權臣淩主，大夫執國命，終必落於暴亂分裂之局。

至若如何固握君勢，以防備重人近習之竊柄奪權，則有賴君王御臣之術的運用。

---

103 〈二柄〉篇。《校釋》頁一七九。

104 〈八姦〉篇。《校釋》頁一九〇。

105 〈外儲右下〉篇。《校釋》頁五九五。

總之，韓非主勢治，其根基有三：一為人性自利之不可化；二為政治實效之講求；三為時移事易之應變。其歸結之論點，亦有三：一曰為政用眾而舍寡，民者固服於勢，寡能懷於義，故任賢不如任勢；二曰抱法處勢，則中主可治，賢聖不可待亦不必待，是仁治不如勢治之能期有功；三曰君執柄以處勢，操權而上重，由賞罰二柄之執持運用，勢之威權才能確立。由是才能構成強固的統治權力，足以君臨天下，制群臣而統萬民。

㈢術

韓非之政治哲學，法以定賞罰，順人情之好惡，使民易知易行，從而導入君國之公利。惟法仍有待君勢之強固，執柄操權，藉其強制力，始得貫澈以行。問題在法之標準性，與勢之強制力，皆必須透過一套治術的運作，始能付之實現，與求其強固。故術成為韓非政治哲學中，極為重要的一環，且為後世學人垢病的焦點所在。

韓非云：

「萬乘之患，大臣太重，千乘之患，左右太信。此人主之公患也。」[106]

「治國是非不以術斷，而決於寵人，則臣下輕君而重於寵人矣。」[107]

「人主者，不操術，則威勢輕，而臣擅名。」[108]

萬乘之君，不得不有大臣而委以重任，千乘之君亦不得不有左右而信之以分勞。此大臣左右太重太信之患，端在君王御臣之無術，以致威勢下移，而重人近習遂得以擅權專斷，危及人主。故曰：

「明主之國，有貴臣，無重臣。貴臣者，爵尊而官大也，重臣者，言聽而力多者也。」[109]

明君治國，是非以術而斷，不聽決於重人，群臣可因功而榮貴，決不可因寵而

[106] 〈孤憤〉篇。《校釋》頁二九〇。

[107] 〈八說〉篇。《校釋》頁一四七。

[108] 〈外儲右下〉篇。《校釋》頁六〇八。

[109] 同註一〇七。

重信，以免君勢落在重人之身，而獨擅主威之名。

韓非言術，其理論根基出乎智士不足信之人性論，實效主義與君國為重的價值觀，而其運用仍在「用眾而舍寡」與「中主可治」之治道。韓非曰：

「君臣之利異，故人臣莫忠。故臣利立，而主利滅。是以姦臣者，召敵兵以內除，舉外事以眩主，苟成其私利，不顧國患。」110

「臣主之利，與相異者也，何以明之哉？曰：主利在有能而任官，臣利在無能而得事；主利在有勞而爵祿，臣利在無功而富貴；主利在豪傑使能，臣利在朋黨用私。是以國地削而私家富，主上卑而大臣重。故主失勢而臣得國，主更稱蕃臣，而相室剖符，此人臣之所以譎主便私也。」111

「桓公，五霸之上也，爭國而殺其兄，其利大也。臣主之間，非兄弟之親也。劫殺之功，制萬乘而享大利，則群臣孰非陽虎也。」112

---

110 〈內儲下〉篇。《校釋》頁四二八。

111 同註一〇六。

112 〈難四〉篇。《校釋》頁三六八。

「舜偪堯，禹偪舜，湯放桀，武王伐紂。此四王者，人臣弑其君者也，而天下譽之。察四王之情，貪得之意也；度其行，暴亂之兵也。」[113]

在人性各挾利以自為之下，君臣之間，利害殊別，形成最尖銳的對立。以人君之位乃天下利之最大者，故群臣內則朋黨譎主以便私，外則召敵舉外以犯主，以求取而代之，皆屬陽虎之徒。即使兄弟之間，為了萬乘君位之大利，亦可相互劫殺，傷害手足之親情。尤以堯、舜、禹之禪讓，湯、武之征伐，為儒家推尊之聖王，在韓非的筆下，卻貶之為出乎貪得之意，以臣弑君的暴亂之行。這真是歷史的大翻案，也是人性的大否定，剝落了父子之情，君臣之義的外衣，遺留於人間的惟有赤裸裸的利害計量與暴力對抗。如是，「上下一日百戰」[114]的政治風暴，無日或已，君主既在群臣窺伺之下，而又不得不用臣吏，在「臣利立，而主利滅」之下，故術乃謀以救君國之必危，並用以消解此一存在的矛盾。否則，無術以御下，勢不固，法亦不行。惟有用術御臣，始得以固勢而法行，法行而國趨治強，此仍出於以君國為目的

---

[113] 〈說疑〉篇。《校釋》頁二四一。

[114] 〈揚搉〉篇。《校釋》頁七〇九。

的價值觀。故曰：「故有術之君，不隨適然之善，而行必然之道。」[115]蓋用術對尊君重國之價值觀說來，始有其必然之實效。故曰：

「今貞信之士，不盈於十，而境內之官以百數，必任貞信之士，則人不足官；人不足官，則治道寡，而亂者眾矣。」[116]

儘管君臣異利，真正貞信之士，微乎其微，然為政之道，端在「用眾而舍寡」，必待貞信之士始用之，則人不足官，國無可治矣。故其基點，乃從貞信之士不可待出發，以謀求不必待之道。故曰：

「今人主處制人之勢，有一國之厚，重賞嚴誅得操其柄，以修明術之所燭，雖有田常、子罕之臣，不敢欺也，奚待於不欺之士。」[117]

---

[115] 〈顯學〉篇。《校釋》頁一一六。

[116] 〈五蠹〉篇。《校釋》頁四八。

[117] 同註一一六。

臣莫不欺主，主挾其無不禁之勢，修明術之所燭，以洞察臣下之姦詐，而可自立於不可欺之地。故曰：

「故明主之道，一法而不求智，固術而不慕信，故法不敗，而群官無姦詐矣。」[118]

法可立可循，而上智難求，術可固可用，而貞信少有。若舍法則「人君不明乎公私之利」，不用術則「人君不察當否之言」，而「誅罰不必其後」[119]，則法必不行，而群臣姦偽生矣。法以定賞罰，術即依法之名，以求其實的督責求功，使臣下無所逃於法之既定規範之中。

且公私相背，不用臣吏以治民，則國法不能下落以規範眾民，民亦私利自為，而亂者日眾矣。故曰：

---

118 同註一一六。

119 〈五蠹〉篇。《校釋》頁五四。

「善張網者，引其綱。若一一攝萬目而後得，則是勞而難；引其綱，而魚已囊矣。故吏者，民之本綱也，故聖人治吏不治民。」120

「聞有吏雖亂而有獨善之民，不聞有民亂而有獨治之吏，故明主治吏不治民。」121

「力不敵眾，智不盡物，與其用一人，不如用一國，故智力敵，而群物勝，揣中則私勞，不中則任過。下君盡己之能，中君盡人之力，上君盡人之智。……事成，則君收其功，規敗，則臣任其罪。」122

一君治萬民，若躬親自為，由於「力不敵眾，智不盡物」，乃事所不能，必陷於「揣中則私勞，不中則任過」之兩難。惟用吏以治民，始得引其綱，而攝萬目，囊括全民於其中，且吏雖不法，民不必趨亂，而民亂必由吏治不明而起，故治國之道，在治吏不治民。君用術以御臣下，令臣吏依法以治民，則法行而國治。由此，自有

120 〈外儲右下〉篇。《校釋》頁六〇六。

121 〈外儲右下〉篇。《校釋》頁五九〇至五九一。

122 〈八經〉篇。《校釋》頁一五二至一五三。

君無為於上，而臣無不為於下之效。故曰：

「故國者，君之車也，勢者，君之馬也。無術以御臣，身雖勞，猶不免於亂。有術以御之，身處佚樂之地，又致帝王之功。」[123]

國為其體，勢為其力，君為駕車、御馬者，法為其前進之方向，術則為駕御之方法。又曰：

「明主之國，官不敢枉法，吏不敢為私，貨賂不行者，境內之事，盡如衡石也。此其臣有姦者必知，知者必誅，是以有道之主，不求清潔之吏，而務必知之術也。」[124]

此謂明主，或曰有道之主，皆知術用術之君主，不待臣之品清德潔，以其不可

[123] 〈外儲右下〉篇。《校釋》頁六〇七。

[124] 〈八說〉篇。《校釋》頁一三九。

待亦不必待之故。蓋貞信之士，境內不盈十，是為不可待；君有術以御臣，則臣有姦者皆在必知必誅之列，是為不必待。如是則天下之士，君皆可借重其才智，而不用計其賢德。故曰：「與其用一人，不如用一國。」又曰：「上君盡人之智。」如此君上不親細民，不躬小事，身處佚樂之地，而臣下之功無不舉矣。自不必如下君盡己之能，中君盡人之力之困窮與有限，且事成，則君王收知人善任之功，規敗則臣下任智能未盡之罪。此始為治國上上之策。

《韓非子》書中，言術之性能其要有二：

「術者，因任而授官，循名而責實，操生殺之權，課群臣之能者也：此人主之所執也。」125

「術者，藏之於胸中，以偶眾端，而潛御群臣者也。」126

此一界定，言「操生殺之權」，似與勢之「執柄」「操權」，混而不分。事實上，

125 〈定法〉篇。《校釋》頁七六。

126 〈難三〉篇。《校釋》頁三六四。

權柄本因勢而有，而權柄之操執，則屬於術之功能。故曰操生殺之權，以課群臣之能，此一如厚賞重罰，因法而立，而信賞必罰，則屬勢之威權。此言術之性能，與法適為一對反。蕭公權先生論法術之別有三：「法治之對象為民，術則專為臣設，此其一。法者君臣所共守，術則君主所獨用，此其二。法者公布眾知之律文，術則中心暗運之機智，此其三。」[127]

法為君臣上下共守，故必成文明定天下，術為君王所獨運，故莫如神秘不可測。韓非曰：

「凡術也者。主之所以執也；法也者，官之所以師也。」[128]

「法莫如顯，而術不欲見。」[129]

此一比論最足以表現二者性能之不同。法為治國之明法，術為御臣之秘術，一

[127] 《中國政治思想史》頁二四二。

[128] 〈說疑〉篇。《校釋》頁二三二。

[129] 同註一二六。

明一暗，一可知一不可知，兩者交合運用，則天下臣民均在勢之籠罩中矣。故曰：

「君無術則弊於上，臣無法則亂於下。此不可一無，皆帝王之具也。」130

「人主之大物，非法則術也。」131

依個人之見，「術不欲見」，僅限於君王之心意，不為臣下所預知，不予臣下有逢迎窺伺之機，先自立不敗之地，再求用人之明，督責之功。故曰：

「是以好惡見，則下有因，而人主惑矣。」132

左右近習，若得伺機窺知君王之好惡，則必矯飾其能，隱匿其姦，而人主對於人臣必智愚難分，忠姦莫辨矣。故曰：

130 〈定法〉篇。《校釋》頁七七。

131 〈難三〉篇。《校釋》頁三六三至三六四。

132 〈外儲右上〉篇。《校釋》頁五五六。

「用術，則親愛近習，莫之得聞也。」[133]

此一義實為韓非術治說，最消極的一面，至於〈主道〉篇所謂：「明君無為於上，群臣竦懼乎下。」[131]流為神秘專斷，無異恐怖統治之說，實為韓非後學之誤解，已失去韓非用術以止姦，以求賞罰得宜之本有精神，韓非術治說所以為後人垢病者就在此。熊十力先生曰：「韓非之書，千言萬語，壹歸於任術而嚴法，雖法術兼持，而究以術為先。（先者扼重義，非時間義。）術之神變無窮也，揭其宗要，則卷十六，〈難四〉篇，術不欲見一語盡之矣。卷十七，〈說疑〉篇曰凡術也者，主之所以執也。此一執字，甚吃緊。執有執持，持藏二義……天下莫逃於其所藏之外，亦眩且困於其所藏之內，而無可自擇自動也，是謂執藏。持之堅，可以百變而不離其宗；持之妙，有宗而不妨百變，是謂執持。不了執義，則不知韓非所謂術也。」[135]《韓非子》書中，言術最詳，也最為具體，蓋韓非政治哲學法之標準規範與勢之統治權

---

133 同註一二六。

134 《校釋》頁六八六。

135 〈韓非子評論〉，《學原》三卷一期，頁七。

力，若不透過治術的執持運用，都將失去其本有的功能，故熊十力先生言韓非思想究以術為先，實為最得真相之見，問題在熊先生附加之按語，以為「先」非時間義，而為扼重義，故由此一端而謂韓非非法家正統[136]。依個人之見，韓非思想，仍以法為重，術之運用，乃法治不得不有的手段。又曰：「韓非蓋嘗用致虛守靜之功，以養其神，棲神於靜，而不妄費，是謂無為。無為也，則意欲不形於外，而天下莫得窺其藏，是謂無見，無見則天下不得竊窺以制我，而我守靜以制動，而識其幾，乃以靜制動，不患無術矣。故韓非之術，終不免出於陰深，流於險忍。」[137]熊十力先生這一番論析，誠然為透闢之論，問題在〈解老〉、〈喻老〉與〈主道〉、〈揚搉〉等篇，已被懷疑為韓非後學晚期作品中雜揉黃老思想者[138]，實不足以代表韓非學派的思想，熊先生卻據此立論，可能有欠客觀而失真。

而術治說之積極一面，實在於「因任而授官」與「循名而責實」二端。此二者

[136] 〈韓非子評論〉，《學原》三卷一期，頁一。

[137] 〈韓非子評論〉，《學原》三卷一期，頁一四。

[138] 楊日然先生〈韓非法思想的特色及其歷史意義〉，《臺灣大學法學論叢》第一卷第二期，頁二六七。

為政治運作之常軌，而一無神秘獨斷之意味。「因任而授官」，亦即「程能而授事，察端而觀失」139，是為參驗之術，以求知人與用人之明，人主任使群臣，首要前提在知其材能，而授予與其材能相稱之職責，此則人主必有知人之術，知下之明，毋使群臣飾能以自進，而任命強毅勁直，遠見明察之能法知術之士，「不能以枉法為治」，「不能以貨賂事人」140，始能循令而從事，案法而治官，以燭重人之陰情，矯重人之姦行，以免重人之危害人主，敗壞國政。「循名而責實」，亦即「計功而行賞」141，是為督責之術，以考核群臣施政之績效，求其名實相副，職位與事功相合。「上必采其言而責其實，言當則有大利，言不當則有重罪。」142而以賞罰生殺之威權，以督責群臣戮力本職，求其必然之績效表現。

如此，君王先求不可知，以免為臣下所乘，再「因任而授官」之知人用人在先，「循名而責實」之督導責求在後，使人能盡其材，事能致其功，再根據其職責之績

139 〈八說〉篇。《校釋》頁一三四。

140 〈孤憤〉篇。《校釋》頁二八八。

141 同註一三九。

142 〈問辯〉篇。《校釋》頁八四。

效表現，而予以應有之賞罰，則人臣不得有姦詐，國政亦將步上常軌。故曰：「見知不悖於前，賞罰不弊於後，安有不葬之患？」[143]

此下即就這三方面，分別說明其術之運用。

1. 不可知之無為術

君主自有制人之勢，然若暴露己之好惡，則為臣下所乘，此實為君權旁落，法敗國亂的根本原因，故韓非言術，其第一義在君王之不可知。治國惟循法而行，而不依己之好惡以為斷。如是，君無為，臣下亦詐偽不生，法行而國治矣。韓非曰：「凡姦臣皆欲順人主之心，以取信幸之勢也。是以主有所善，臣從而譽之；主有所惡，臣因而毀之。凡人之大體，取舍同者，則相是也；取舍異者，則相非也。今人臣之所譽者，人主之所是也，此之謂同取；人臣之所毀者，人主之所非也，此之謂同舍。夫取舍同，而相與逆者未嘗聞也。此人臣之所以取信幸之道也。」[144]

「人主有二患：任賢，則臣將乘於賢，以劫其君；妄舉，則事沮不勝。故人主好賢，則群臣飾行以要君欲，則是群臣之情不效；群臣之情不效，則人主無以異其

[143] 〈難一〉篇。《校釋》頁三二〇。

[144] 〈姦劫弒臣〉篇。《校釋》頁二一三。

臣矣。……故君見惡，則群臣匿端；君見好，則群臣誣能，人主欲見，則群臣之情態得其資矣。……人臣之情，非必能愛其君也，為重利之故也。今人主不掩其情，不匿其端，而使人臣有緣以侵其主，則群臣為子之田常不難矣。故曰去好去惡，群臣見素，則人君不蔽矣。」145

「且君上者，臣下之所為飾也。好惡在所見，臣下之飾姦物以愚其君必也。明不能燭遠姦，見隱微，而待以觀飾行，定罰賞，不亦弊乎！」146

「夫為人主而身察百官，則目不足，力不給。且上用目，則下飾觀；上用耳，則下飾聲；上用慮，則下繁辭。先王以三者為不足，故舍己能，而因法數，審賞罰。」147

人主操賞罰之二柄，臣下不愛君而重己利，惟因人主之好惡，以匿其端，誣其能。如是群臣之情不顯，君又何以能明燭遠姦，細見隱微？所觀惟臣下之飾行，真偽不分，知人難明，賞罰不得其當，治國失其常法，則政亂國敗矣。順人主之心，

145 〈二柄〉篇。《校釋》頁一八三至一八四。
146 〈難三〉篇。《校釋》頁三六三。
147 〈有度〉篇。《校釋》頁二五九。

取舍與之同，以取得信幸之勢。故惟有去好去惡，使群臣無所巧飾其偽觀虛聲；而呈顯其真實面貌，人主不蔽於上，賞罰始有其定準，故曰「舍己能，因法數，審賞罰」。此非君主之陰深險忍，而是以法定賞罰，而不出以一己之好惡，正是舍己能重法治之精神，以消除臣下飾觀誣能之姦詐。由是可知，不可知之術，實為以法治國，以求賞罰得當之必要條件，重在行法，而非權術執藏。故曰：

「賞罰者，利器也。君操之以制臣，臣得之以壅主。故君先見所賞，則臣鬻之以為德；君先見所罰，則臣鬻之以為威。」[148]

賞罰為君勢之利器，若君將賞罰先示於臣下，臣下即得以外售，據為己之德威。若此，君上不僅不足以制臣，反為臣所制矣。故君上先為不可知，既可賞罰依乎法之明定，國法之權威始得維繫，且賞罰不為臣下所資藉，君勢始不致旁落。故曰：

「明主，其務在周密，是以喜見則德償，怒見則威分，故明主之言，隔塞而不

---

148 〈內儲下〉篇。《校釋》頁四三四至四三五。

通，周密而不見。」[149]

「明主之行制也天，其用人也鬼，天則不非，鬼則不因。」[150]

君上自為周密，臣下不得因其喜怒以償其德分其威，此言術之周密，乃用以固君勢之德威；行制也天，言賞罰依乎法，如天之清明無私，用人也鬼，言知人用人之術，如鬼之密藏難測，此言術之密藏，乃用以行國法之正軌。故求勢固法行，必先求君上不可知。

「盡思慮，揣得失，智者之所難也。無思無慮，挈前言而責後功，愚者之所易也。明主操愚者之所易，不責智者之所難，故智慮不用而國治也。」[151]下君盡己之智能，不僅事所不能，且反為臣下所因，為飾觀繁辭所惑，不如絕思慮，去智者之所難；挈前言而責其後功，取愚者之所易，則君智慮不用，而臣自竭其智能，國必治矣，如是中主可治，何待君之材智？

---

[149] 〈八經〉篇。《校釋》頁一六八。

[150] 〈八經〉篇。《校釋》頁一五〇至一五一。

[151] 〈八說〉篇。《校釋》頁一四七。

由上述可知，君上先為不可知，正是知人用人的必要條件，也是治國以常法而不以私意的首要前提。君之好惡不見，惟依常法行之，以斷臣下自飾迎合之念，是則臣下可知可用，而常法可行矣。故曰：「夫舍常法而從私意，則臣下飾於智能；臣下飾於智能，則法禁不立矣。是妄意之道行，治國之道廢矣。」[152]

熊十力先生無見於此，不從君上之不可知，正是重國法舍己能之方法運用，來了解韓非之術，而僅言其陰深險忍，失之遠矣。

2. 因任授官之參驗術

術之第一義在君上不可知之無為，以求有知人之明，而用人當能；然不可知僅為知人用人之必要條件，而非充分條件，故術之第二義在於因任授官之參驗術。

韓非論政，每感於重人近習之危害人主，而法術之士反而不得進用。韓非曰：

「今守度奉量之士，欲以忠嬰上而不得見；巧言利辨，行姦軌以倖偷世者數御。據法直言，名形相當，循繩墨，誅姦人，所以為上治也，而愈疏遠；諂施順意從欲以危世者近習。」[153]

[152]〈飾邪〉篇。《校釋》頁二〇九。

此用人授官之顛倒，乃出乎君上不知人不因能之過。君上不知人，不僅重臣在位，足以危害君國，而有「犯法為逆以成大姦者，未嘗不從尊貴之臣也」[154]之患。而法之禁姦，亦常由於重人之阻隔其中，而失去其禁姦之效能。韓非設喻曰：

「今夫水之勝火亦明矣，然而釜鬵間之，水煎沸竭盡其上，而火得熾盛焚其下，水失所以勝者矣。」[155]

君勢之水，本足以禁熄臣姦之火，奈何釜阻其間，水空居上位，反為其下熾盛之火所煎熬矣。故曰：

「有擅主之臣，則君令不下究，君情不上通，一人之力能隔君臣之間，使善敗不聞，禍福不通，故有不葬之患也。明主之道，一人不兼官，一官不兼事。卑賤不

[153] 〈詭使〉篇。《校釋》頁一〇八至一〇九。

[154] 〈備內〉篇。《校釋》頁一九八。

[155] 同註一五四。

待尊貴而進，大臣不因左右而見。」[156]

君上知人用人，因其能而授之官，一者先為不可知，二者剷除重人近習之阻隔，如此，始能用人惟材，職能相當。又曰：

「任人以事，存亡治亂之機也。無術以任人，無所任而不敗。人君之所任，非辯智，則修潔也。任人者，使有勢也。智士者，未必信也；為多其智，因惑其信也。以智士之計，處乘勢之資，而為其私急，則君必欺焉。為智者之不可信也，故任修士。任人者，使斷事也。修士者，未必智也；為潔其身，因惑其智也。以愚人曰之惛，處治事之官，而為其所以然，則事必亂矣。故無術以任人，任智則君欺，任修則事亂：此無術之患也。明君之道，賤得議貴，下必坐上，決誠以參，聽無門戶，故智者不得詐欺。計功而行賞，程能而授事，察端而觀失，有過者罪，有能者得，故愚者不得任事。智者不敢欺，愚者不得斷，則事無失矣。」[157]

---

156 〈難一〉篇。《校釋》頁三二〇。

157 同註一三九。

君主治國，不能獨治，而必得委任官吏，分以治民。將斷事與執法之權，交在臣下之手。故知人用人，因任而授官，成為政治成敗之關鍵。韓非以為臣下非辯智，即修潔，而智士不必可信，修士未必明智。不可信而任之，君必見欺；未必智而任之，國事必亂：終陷入兩難之局。此乃君上知人用人無術之結果。惟有以參驗之術，不專聽重人之言，使智者不得詐欺；惟有程能而授事，察端而觀失，使愚者不得任事。如是則國事不失。

此一知人之術，在聽無門戶；用人之術，在不因左右而見：則參伍之術，乃事實之所必要。韓非曰：

「參伍之道，行參以謀多，揆伍以責失。行參必折，揆伍必怒。不折則瀆上，不怒則相和。折之微，足以知多寡；怒之前，不及其眾。」[158]

陳啓天先生釋之曰：「所謂參伍，蓋指詳細錯綜以考察群臣之術也。行參，猶言多方諮詢意見也；多方諮詢意見，則群下之有材與否可以知之，故曰謀多。……

158 〈八經〉篇。《校釋》頁一六二一。

揆伍，猶言多方考察情偽也；多方考察情偽，則群下之有姦與否可以知之，故曰責失。」[159]

行參，即「參之以人」，揆伍則「驗之以物」[160]，是即所謂參驗術。行參必入微，揆伍必嚴厲，則可知臣下之智愚與忠姦，並可計量其得失之多寡，而臣下自不敢以浮詞應上，朋比為姦矣。又曰：

「夫姦臣得乘信幸之勢，以毀譽進退群臣者，人主非有術數以御之也。故主必蔽於上，而臣必重於下矣，此之謂擅主之臣。國有擅主之臣，則臣下不得盡其智力以陳其忠，百官之吏不得奉法令以致其功矣。」[161]

知人用人，意在使群臣得以盡智奉法，以陳其忠致其功；然君王若不以參驗審言辭，定是非，而專聽重人之言，則主蔽於上，而臣重於下矣。如此君上無以知下，

---

[159]《校釋》頁一六三，註二條。

[160] 同註一五八。

[161]〈姦劫弒臣〉篇。《校釋》頁二一四。

亦不能用人。故曰：「不以參伍審罪過，而聽左右近習之言，則無能之士在廷，而愚污之吏處官矣。」[162]由知人不明，而國事日壞，君位日危。故參驗之術不可不有。又曰：

「不任典成之吏，不察參伍之政，不明度量，恃盡聰明，勞思慮，而以知姦，不亦無術乎？且夫物眾而智寡，寡不勝眾，故因物以制物；下眾而上寡，寡不敵眾，故因人以制人。是以形體不勞而事治，智慮不用而姦得。」[163]

參伍之術，即「眾端參觀」[164]，綜合各方之言，「因參驗而審言辭」[165]，故曰：「偶參伍之驗，以責陳言之實，執後以應前，按法以治眾，眾端以參觀。」[166]蓋「觀

[162]〈孤憤〉篇。《校釋》頁二八八。
[163]〈難三〉篇。《校釋》頁三五八。
[164]〈內儲上〉篇。《校釋》頁三七八。
[165]〈姦劫弒臣〉篇。《校釋》頁二一六。
[166]〈備內〉篇。《校釋》頁一九六。

聽不參，則誠不聞；聽有門戶，則臣壅塞。」167又曰：「不以眾言參驗，用人為門戶者，可亡也。」168驗之以物，故因物以制物；參之以人，故因人以制人。蓋物眾而智寡，下眾而上寡，惟有以參驗之術，因人制人，因物制物，人主始能形體不勞而事治，智慮不用而姦得。又曰：「使人臣有言之責，又有不言之責。言無端末，辯無所驗者，此言之責也。以不言避責，持重位者，此不言之責也，人主使人臣言者，必知其端末，以責其實；不言者，必問其取舍，以為之責，則人臣莫敢妄言矣，又不敢默然矣，言默皆有責也。」169術之運用，言者固責其實，不言者亦問其取舍，以為之責，當使群臣莫敢無端妄言，又不敢默然不言。言默皆有責，如是始能以一國為君之耳目，亦始得以術責臣，以求其功。其終極則在：「明主者，使天下不得不為己視，使天下不得不為己聽。故身在深宮之中，而明照四海之內。」170又曰：「故設利害之道，以示天下而已矣。夫是以人主雖不口教百官，不目索姦衰，而國

167〈內儲上〉篇。《校釋》頁三八〇。

168〈亡徵〉篇。《校釋》頁一一六。

169〈南面〉篇。《校釋》頁一二七。

170同註一六四。

已治矣。」[171]

是故，韓非之無為，乃謂君王「舍己能，因法數」，不預斷，不逞能，則天下臣吏皆為王之耳目手足，國自歸於治。此說實寓有限定君權，不使妄斷政事之一義在。蓋君若無為，惟因任而授官，程能而授事，百官自能各竭其智能。歷代政局，皆君王大有為，好逞能，以己之愚否定天下才士之智能，國事遂落於無可為之境。韓非主君不必賢智，故其治道曰中主可治。中主之所以可治，即在循法持柄，勉其無為，而任用天下高才睿智，能法知術之士，才有意義，也才有可能。

3. 循名責實之督責術

術之運用，消極方面，使臣下不得虧法利私，擅令自為，故先為不可知，不使臣下有因得乘。積極方面，則求知下之明，用人確當，再進一步求其事功之表現。故循名而責實之督責術，主要在完成其實效主義的價值觀。韓非曰：

「有術之君，不隨適然之善，而行必然之道。」[172]

---

[171] 同註一六四。

[172] 〈顯學〉篇。《校釋》頁一六。

實效之講求，在行其必然之道，而不隨適然之善，以求中主不必智能而可治，人臣不必賢德而可用。此惟有任術以輔成之。韓非曰：

「夫言行者，以功用為的彀者也。夫砥礪殺矢，而以妄發，其端未未嘗不中秋毫也。然而不可謂善射者，無常儀的也。設五寸之的，引百步之遠，非羿、逄蒙不能必中者，有常儀的也。故有常，則羿、逄蒙以五寸的為巧；無常，則以妄發之中秋毫為拙。今聽言觀行，不以功用為之的彀，言雖至察，行雖至堅，則妄發之說也。」[173]

韓非之法，屬於實證法，出乎功利實效的觀點，法為一國之常儀，而功利則為其衡量法之存廢的價值基準。凡人臣之言行，亦當以功用加以考察。惟「不苟世俗之言，循名實而定是非。」[174]故曰：

---

173 〈問辯〉篇。《校釋》頁八五。

174 〈姦劫弒臣〉篇。《校釋》頁二一六。

「明主聽其言，必責其用，觀其行，必求其功。然則虛舊之學不談，矜誣之行不飾矣。」175

「今人主之於言也，說其辯，而不求其當焉；其於行也，美其聲，而不責其功焉。是以天下之眾，其言談者，務為辯而不周於用，故舉先王言仁義者盈廷，而政不免於亂。行身者，競於為高而不合於功，故智士退處巖穴，歸祿不受，而兵不免於弱。」176

言說必求其當，美聲必責其功，使周於用，合於功，一者可闢儒道無用之言行，而一歸於法；二者可「挈前言而責後功」177，以求賞罰得當，事功得成。故曰：

「有道之主，聽言督其用，課其功；功課，而賞罰生焉。」178

175 〈六反〉篇。《校釋》頁一〇二。

176 〈五蠹〉篇。《校釋》頁五〇。

177 〈八說〉篇。《校釋》頁一四七。

178 〈八經〉篇。《校釋》頁一七〇。

「夫刑當無多，不當無少，無以不當聞，而以太多說，無術之患也。」[179]

聽其言，必督其用，課其功，功當其言則賞，功不當其言則罰。君有術以功用考其言行，則賞罰俱得其當，刑何嫌多？故刑賞之用，不在多與少，而在當與不當，有術之觀測考核，刑賞自得其當，刑賞得當，則法之標準性與規範性，才得以發揮其功能。

以功用考臣下之言行，即為循名而責實之督責術。蓋一人不兼官，一官不兼事，人主令臣下專任一職一事，而責求其克盡本職之功。故曰：

「人主將欲禁姦，則審合形名，形名者，言與事也。為人臣者陳其言，君以其言授之事，專以其事責其功。功當其事，事當其言則賞；功不當其事，事不當其言則罰。故群臣其言大而功小者則罰，非罰小功也，罰功不當名也。群臣其言小而功大者亦罰，非不說於大功也，以為不當名也，害甚於有大功，故罰。」[180]

---

179 〈難二〉篇。《校釋》頁三三一。

180 〈二柄〉篇。《校釋》頁一八一至一八二。

審合形名，即責求臣下依法而行，不得越職自為，亦不得失職不為。故韓昭侯醉寢，典冠為之加衣，君兼罪典衣與典冠，即一者越其職，一者失其事。故人臣各有專職，各盡一己之職責，君王惟以其職之名，而責其職之實。故曰：「人主者守法責成以立功者也。」

陳啓天先生釋形名之術曰：

「形名，又作刑名，或名實。一切事物，有形有名。名以形稱，形依名定，形名二者，必求其合，是謂『循名責實』，『綜覈名實』，『形名參同』，『審合形名』。以言為名，則事為形，後事必求其與前言相合，形名也。以法為名，則事為形，事件必求其與法文相合，形名也。以官為名，則職為形，職務必求與官位相合，形名也。」181

此一形名術之運用，當以國法為最高基準。惟法之明文，實難期周遍。故曰：「若其無法令，而可以接詐、應變、生利、揣事者，上必采其言，而責其實。言當

181 〈韓非及其政治哲學〉篇。《校釋》頁九六三。

則有大利，言不當則有大罪。」[182]故以法為名，事為形為主；次而官為名，職為形；三為言為名，事為形。君以其言授之事，以其事責其功，乃用以補成文法之不足。否則，功雖當其言，若有背於法，亦不足取。故曰：

「釋規而任巧，釋法而任智，惑亂之道也。」[183]

「人主雖使人，必以度量準之，以形名參之。事遇於法則行，不遇於行則止；功當其言則賞，不當其言則誅。以形名收臣，以度量準下，此不可釋也。」[184]

故韓非之術用，並未超出法之規範之外，而實為貫徹法之不得不有的行政程序。由上觀之，韓非之術治，君王先為不可知，不使臣下有因，再求知人之明，用人得當，最後更責求其實效事功的達成，在三者交合運用，呈顯而出的理想，即在於禁姦於未萌，而可無為而治。蓋「人主循名實而定是非，因參驗而審言辭」，是以

[182] 〈問辯〉篇。《校釋》頁八四。
[183] 〈飾邪〉篇。《校釋》頁二〇九。
[184] 〈難二〉篇。《校釋》頁三三八。

「左右近習之臣，知偽詐之不可以得安也」，「百官之吏，亦知姦利之不可以得安也」[185]，而自歸於國法之軌道中。故曰：

「賞有功，罰有罪，而不失其人，方在於人者也，非能生功止過者也，是故禁姦之法，太上禁其心，其次禁其言，其次禁其事。」[186]

法之厚賞重罰與勢之信賞必罰，僅能禁其言，禁其事；若有一套嚴密的治術，可資運用，則百官臣吏俱知詐偽姦利之不可得安，則可以禁其心，使其在無可窺伺巧飾之下，根本不萌其姦心。故曰：

「上設其法，而下無姦詐之心，如此則可謂善賞罰矣。」[187]

---

[185]〈姦劫弒臣〉篇。《校釋》頁二一六。

[186]〈說疑〉篇。《校釋》頁二三一。

[187]〈難一〉篇。《校釋》頁三二一。

君上設法而令臣下不萌姦詐之心，必用術而後可。否則法雖明文之規章，然知法者正足以犯法，臣下自可緣法以為姦。故曰：「聖人之治國也，固有使人不得不為我之道，而不恃人之以愛為我也。」(188)

此「使人不得不為我之道」，即以勢之強制力，與術之參驗督責，使天下臣吏必依法而治，天下人民必依法而行。故曰：「論之於任，試之於官，課之於功，故群臣公正而無私，不隱賢，不進不肖；然則人主奚勞於選賢？」(189)如是在術之統御下，君無為而法行國治矣。

總之，韓非言術，其根基在於智士不足信之人性論，功利實效之價值觀，而其運用則在「用眾而舍寡」、「中主可治」之治道。術之性能有三：一為不可知之無為術，人主先求自我潛藏，不為臣下所乘；二為因任而授官之參驗術，再求知人有明，用人當能；三為循名而責實之督責術，最後依言責實，依事責功，以有效之行政步驟，督導臣吏，遵行國法，以固立君勢。其理想則一在舍己而任法，二在禁姦於未萌，如是君王不必待其賢智，雖屬中人之主，亦可無為而治。

(188) 同註一八四。

(189)〈難三〉篇。《校釋》頁三五三。

第二節　法勢術三者相互補足與彼此助長之三角關聯性

韓非政治哲學的基料，為法、勢與術，三者誠然各有其界域，亦各具其性能；然三者並非各自孤離，獨立為功的，而是相互補足，彼此助長的統合與運用，以形成其三角平衡的關聯性，與多邊的政治效能。也由此三者之疊合，而架構成其法家政治哲學的大廈。

今試繪一簡圖，以明示其相對等的地位，而形成其相互補足，與彼此助長的平衡關係，此類同於儒家智仁勇三達德之關聯性[190]：

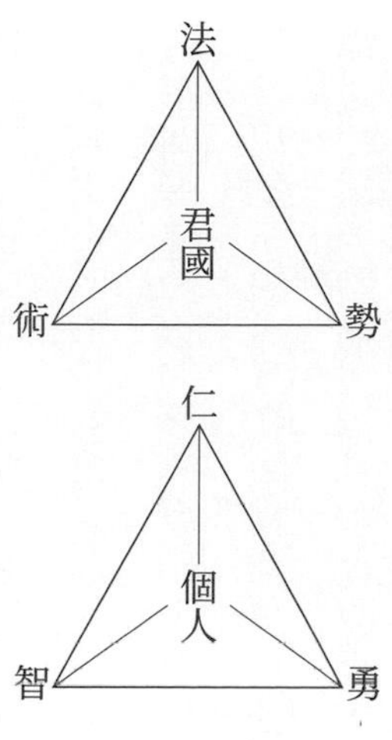

[190]《中庸》第二十章，云：「知仁勇三者，天下之達德也。」《集註》頁二八。

在這一等邊三角形之中，法、勢、術各踞一端，成鼎足之勢。每一頂角，皆伸開雙臂，指向其他二端，投射出其助長的功能；同時，每一頂角也在其他二端之擁抱合圍之下，獲致補足其自身之能量。而其整體之重心，則在君國之公利上，三者皆指向國之治強的終極目標；也在此一整體重心的引力圈中，維繫彼此間的平衡。

也就是說，三者因其本有之界域與性能，各有偏向，無以自成，故有待其他二端之補足，始能發揮其潛存設定的功能；也由於三者各具獨有專重的性能，對於其他二者，亦有其強化助長之功。在三者之相互補足與彼此助長之下，始能共趨於國之治強的重心指標。

今即就這兩方面去加以探討，以展示三者之間的平衡關係與多邊的政治效能。

(一)一者之性能，築基於其他二者之上，而有待於其他二者之補足，始能完成其自身應有之效能。

1. 國法之標準規範性能，必以君勢之操權執柄，為其強制之力量，以治術之參驗督責，為其運作之方法，始能信賞必罰，功罪得當，因而御臣服民，使一國上下皆在法之制約中，共趨君國之公利。

「法，所以為國也。」[191]故法為治國之常軌。成文明定之法，即在使「國有常法」[192]，為一國上下共遵共守之客觀的標準與普遍的規範。法一者因人情之好惡，「立可為之賞，設可避之罰」[193]，使民易知易行，二者賞厚而罰重，使人人皆知奉公去私則有大利，背法徇私則有大害，以誘導人民趨利避害之心，趨向國法之公利。然厚賞重罰之法，仍有待於勢之信賞必罰的強制執行，「言行而不軌於法令者，必禁」[194]，始能樹立其權威性，而具有實際規範之效能。蓋「民者固服於勢，寡能懷於義」，而「人臣之於其君，非有骨肉之親也，縛於勢而不得不事也」[195]，故若僅有法之制定與公布，而無君勢之威權的操持執行，則法之條文，形同虛設，完全發揮不了一民於常軌的效能，是勢為行法的必要條件。惟有強固君勢，執賞罰之二柄，操生殺之大權，為其勝眾禁下之強制力，迫使人民循法而行，臣吏依法而治，上下

[191]〈安危〉篇。《校釋》頁八〇九。
[192]〈飾邪〉篇。《校釋》頁二〇八。
[193]〈用人〉篇。《校釋》頁七九二。
[194]〈問辯〉篇。《校釋》頁八四。
[195]〈備內〉篇。《校釋》頁一九五。

動無非法。故曰：「主施賞不遷，行誅無赦，譽輔其賞，毀隨其罰，則賢不肖俱盡其力矣。」[196]是勢之固立，權柄之操執，即在為法之標準規範性能，建立其推動力，以免臣民逸出國法之常軌。故曰：「使吾法之無赦，猶入澗之必死也，則人莫之敢犯也，何為不治？」[197]

另一方面，法之功能，在君勢之強制執行下，固可建立其權威性；然求法之貫澈以行，關鍵仍在百官之身上，蓋師法以治民者仍為臣吏，而非君王之自身。若無一套御臣之術可資運用，以責百官臣吏之依法而治，則臣下自可出以私惠私意，歪曲法令，緣法以為姦；亦可起用私人，相與比周，虧法以利私。如是賞罰不得其當，是非亦為之顛倒，則法之公利未成，而私門之勢已就，是利在權臣，君反為臣下所制。故曰：「君無術則弊於上，臣無法則亂於下。」[198]故君用術以御臣，始不致為臣下所欺蔽，而孤立於上，臣亦不得悖法自為，而結黨於下，故術亦為行法的必要條件。惟有因任而授官，循名而責實，「中程者賞，弗中程者誅」[199]，賞罰依乎法定

[196]〈五蠹〉篇。《校釋》頁四〇。

[197]〈內儲上〉篇。《校釋》頁三九七。

[198]〈定法〉篇。《校釋》頁七七。

之功罪，而不得出乎臣下之私意私惠，是術之用即在責成法之行，以防私門勢力之長成。

由上述可知，法之標準規範性能，實築基於君勢之力量的強制與治術之方法的運用，在任勢與用術的補足下，才能建立國法的權威性，而具必然之效。蓋「大臣苦法而細民惡治也。當今之世，大臣貪重，細民安亂。」[200]惟有以勢禁眾，以術御臣，始能因法而治。又曰：「君明而嚴，而群臣忠，君懦而闇，則群臣詐。知微之謂明，無赦之謂嚴。」[201]法之行，實有賴於君王知微之明，與無赦之嚴，使法之賞罰得術之明與勢之嚴二者之輔成，嚴求其必，明求其當，而得以嚴明必當。

2. 君勢之禁眾抑下的功能，必以法之明文規定，為其依據之最高準則，以術之執持運作，為其發用之推動方法，始能處勢抱法，操權上重，因而勝眾禁下，使天下臣民俱在君勢的統制中，以求君權固立而國趨治強。

勢為統治的權力，因君位的傳承而有，是為自然之勢；然繼國之君難期賢聖，

---

[199] 〈難一〉篇。《校釋》頁三二七。

[200] 〈和氏〉篇。《校釋》頁二九七。

[201] 〈難四〉篇。《校釋》頁三六八。

是以此一勝眾之資，既便治又利亂，此為君主世襲制度下之最大困局。韓非有識於此，惟無意改變君主世襲的既有秩序，而是另謀補救之道。其政治哲學的出發點，實以穩固君權為其首要，再進而求國之治強。以法與勢結合，而成人設之勢，以救人主之不必賢；以術為勢之用，以救君王之不必智。使中人之主，有常法可循，有治術可用，則國可治而不亂。自不必一如儒家，必待可望而不可求之聖賢乃得治，遂成千世亂而一治之適然之善；不如法術兼用，則無待君之材德，即可成千世治而一亂之必然之功。治國而無法，則君勢失去其依據之標準，賞罰不足以勸禁，國可治亦可亂；御臣而無術，則君無以知臣下之姦，權勢旁落於重人近習之手，而危及人主，且無以責成臣下必致之功。故有法，則君勢之用，可無待人君之賢德；有術，則君勢之用，可無待人君之材智。故曰：「此不可一無，皆帝王之具也。」202又曰：「人主之大物，非法即術也。」203是法術皆旨在救君勢之不足，法為其統治權力的標準，術為其統治權力的運用。

法為治國之客觀普遍的基準，設之於官府，布之於百姓，使君王有其常軌可循，

202 〈定法〉篇。《校釋》頁七七。

203 〈難三〉篇。《校釋》頁三六三至三六四。

用以繩治天下。有勢而無法，則統治權力的行使，失去其標準規範，不免濫用權力而敗壞國事，如是政治僅成君王權威的外發與君王勢位的固著而已，實缺乏一政治之理想在。故一治一亂相循，歷史的悲劇遂永遠重演。故韓非之勢，必與法並稱相結，曰：「抱法處勢則治，背法去勢則亂。」[204]蓋勢若孤立，無法之規範，則君勢之威，反成不必要之罪惡。故立法以補君勢之不足，使賞罰之執行，有其客觀之基準。故曰：「一政而國治。」[205]

另一方面，勢之威權不必能固著於君王之手，若無術以操持賞罰二柄，則臣下自可分君之威，竊君之權，威權為之旁落，則君危而國亂。故曰：「峻法所以禁過外私也，嚴刑所以遂令懲下也。威不貸錯，制不共門。威制共，則眾邪彰矣。法不信，則君行危矣。刑不斷，則邪不勝矣。」[206]法之求必信，刑之求必斷，使威不分，制不共，這一君勢的固握，則必求治術之運用。故因任而授官之參驗，與循名而責實之督責，使君王統御臣下有其實際運作之可能，以知人用人，責效求功。故術之

[204]〈難勢〉篇。《校釋》頁七〇。

[205]〈心度〉篇。《校釋》頁八一三。

[206]〈有度〉篇。《校釋》頁二六一。

操持，以補君勢之不足，否則，「偏借其權勢，則上下易位矣。」207故曰：「君執柄以處勢。」208

韓非分析戰國之政情，其病在五蠹浮萌之禍國，使國無定法，與重人近習之危害人主，使君勢不立，故以法抑制儒俠，獎勵農戰，以求富國強兵；以術知重人之陰情，矯重人之姦行，以求強固君勢。從而達成尊君重國的目的。故曰：「主用術，則大臣不得擅斷，近習不敢賣重；官行法，則浮萌趨於耕農，而游士危於戰陣。」209

由上述可知，勢之無不禁之威，在賞罰之信必，惟無法則失其判準，無術則難求其允當。故君勢之勝眾禁下之性能，實築基於法之標準與術之運用上，在尚法與用術之補足下，才能穩固君勢，而國趨治強。

3.治術之參驗督責性能，必以國法之標準，為其運作之規範，以君勢之威權，為其力量之後盾，始能知人用人，責效求功，因而統御群臣，使得百官之吏，俱在治術的觀測推動之中，依法以治民，忠心以事主，由是而完成君尊而國強的目標。

207〈備內〉篇。《校釋》頁一九九。

208〈八經〉篇。《校釋》頁一五〇。

209〈和氏〉篇。《校釋》頁二九五至二九六。

術為統治的方法，乃一手段之運用，其本身實乏明確之目的。有了國法的標準，治術的運作，才有其歸依，用以禁臣下之姦行，責求臣下依法而治之事功表現。否則，用術而無法，則治術即成心機權謀，不過神秘獨斷的恐怖政治而已。熊十力先生以為韓非之術，乃為陰深險忍，即未見法對於治術之操作，有其規範性能之效。蓋韓非言術，除君王先為不可知，不為臣下所因，乃出於君臣權勢之對抗而外；其因任授官與循名責實之用人求功的運用，皆以法為其根據。若無法定之規制，即無臣能可因，亦無官職可授；無法之名，即無名可循，亦無實可責。有了法的標準，術之用始有其依憑，以統御臣下：使有其能者，必授其位；有其位者，必盡其責；有其責者，必致其功。如是則臣固不得背法自為，且必得竭盡其材智，為君國之用。故曰：「人主雖使人，必以度量準之，以形名參之，事遇於法則行，不遇於法則止；功當其言則賞，不當則誅。以形名收臣，以度量準下，此不可釋也。」[210]人主任使群臣，固準之以度量，參之以形名；而一國政事，亦合於法則行，不合於法則止。若無法之明定規章，則無以準下，亦無以斷事矣。故國法之標準規範，正足以補治術本身之不足。故曰：「因法數，審賞罰。」[211]

---

[210]〈難二〉篇。《校釋》頁三三八。

另一方面，治術之眾端參觀，參之以人，驗之以物，必在君勢之威重下始得展開。法設利害之道，以示天下，君勢之賞罰又信必其後，一國之臣民，自能為君之耳目，而參驗督責之治術，始有其資藉而得順次推動。若無君勢可資，則治術頓成一空殼，雖有其運作之程序，卻無推動之力量。故曰：「人主者，非目若離婁，乃為明也；非耳若師曠，乃為聰也。不任其數，而待目以為明，所見者少矣，非不弊之術也。不因其勢，而待耳以為聰，所聞者寡矣，非不欺之道也。明主者，使天下不得不為己視，使天下不得不為己聽。故身在深宮之中，而明照四海之內，而天下弗能蔽，弗能欺者，何也？闇亂之道廢，而聰明之勢興也。故善任勢者國安，不知因其勢者國危。」[212]人主不可蔽，弗能欺之道，端在其自身視聽之明；而其視聽之明，則在以一國臣民為其一己之耳目。欲求一國臣民不得不為己之耳目，則非任勢不為功。故任勢之威權，正足以補治術自身之不足。故曰：「操生殺之柄，課群臣之能。」[213]

[211]〈有度〉篇。《校釋》頁二五九。

[212]〈姦劫弒臣〉篇。《校釋》頁二一六至二一七。

[213]〈定法〉篇。《校釋》頁七六。

由上述可知，治術之參驗督責性能，實築基於國法之規範與君勢之威權上。在尚法與任勢之補足下，才能有其法定之根據，與執運之力量，而逐漸推展，以責國法之必行，求君勢之固立。

概括言之，此三者之相互補足，類同於儒家三達德之關聯性。仁為內在於人心之道德主體，為完成人之價值性的根源，有其普遍性，亦有其標準性，其功能近於法家之法；智為仁心之自覺，面對外界之自然與人文的環境，而自求其充分展現與圓融完成所開出的由內而外之率性之道與由修己而安人之修道之教[214]，其功能近於法家之術；勇為透過仁心之存養擴充，在面對現實政治之迫壓下，外發而為「自反而縮，雖千萬人，吾往矣。」[215]之承擔道義的氣魄，其功能近於法家之勢。惟儒家三達德之三角平衡之重心在每一存在的個人，而不在整體之君國。仁心之價值主體的完成，有待於智之擇善，與勇之固執[216]；而智之擇善，亦有待於仁心之價值自覺

[214] 《中庸》第一章，云：「天命之謂性，率性之謂道，修道之謂教。」《集註》頁一七。

[215] 《孟子．公孫丑上》篇。《集註》頁一八六。

[216] 《中庸》第二十章，云：「知仁勇三者，天下之達德也，所以行之者，一也。」《集註》曰：「一，則誠而已矣。」此章又云：「誠者，天之道也，誠之者，人之道也。……誠

為其內在之主體，勇之固執為其外現之支撐力；而勇之固執，亦有待仁之道德主體為其內在存養之本根，智之擇善為其外發承擔之動向。三者相互補足，始能完成各自本有之性能。

(二)一者之性能，為其他二者之憑依，足以助長其他二者之性能，因而形成其三角多邊之政治效能。

1. 法為治國之無上大法，君臣上下唯一之行為規範，勢、術之發用，必以法為其標準衡石，而助長其禁眾御臣，趨於君國公利之功能。

法之性能，主要在其客觀之標準性，普遍之規範性，強制之權威性，與不變之恆常性，是為治國之根本大法。君王操賞罰二柄，執生殺大權之威勢，與因任而授官，循名而責實之治術，必以法為其最高之準則。蓋君勢之威權，與治術之操作，其本身所外現的惟一赤裸裸的統治權力，與一套政治作業的程序方法而已，若無法之標準性的引導，與規範性的制約，則勢之力與術之智，具失去其明確之指向，可

之者，擇善而固執之也。」是仁近天之道之體，知之擇善，與勇之固執，則近人之道之用。《集註》頁三〇。

能流為高壓與險忍之弊，有了恆常不變之法，為權勢之下落與治術之發用的準則，「明法制，去私恩。夫令必行，禁必止。」[217]與「奉公法，廢私術，專意一行，具以待任。」[218]勢依法制而行賞罰，而不以私恩私意，則令行而禁止；術依法而用人督效，而不以私術暗運，則人人專意一行以待君之任使。如是始得以助長而完成二者本有之性能。

在法之明文規制中，「一人不兼官，一官不兼事」，臣吏之職責已規畫分明；人民之本務惟在「力田疾作」之農與「當敵斬首」之戰[219]，亦已明告天下，且「以法為教，以吏為師」，使民易知而易行。如是，勢之治民，惟依法而強制執行之，術之御臣，惟循法而參驗督責之。在法之定軌中，二者之發用，易舉而有功，足以一民於農戰，盡臣下之智能，「大臣有行則尊君，百姓有功則利上」[220]，廢私以從公，國趨治強矣。

[217]〈飾邪〉篇。《校釋》頁二一一。

[218]〈有度〉篇。《校釋》頁二五七。

[219]〈姦劫弒臣〉篇，云：「民外不務當敵斬首；內不急力田疾作。」《校釋》頁二二四。

[220]〈八經〉篇。《校釋》頁一七六。

由是可知，法之性能，實為勢與術所應依循之標準，足以助長二者之性能，令統治的權力，與統治的方法，在法之統治標準的衡定下，得以制御臣民，趨於君國之公利，而形成其三角多邊之政治效能。

2. 勢為統治之權力，勝眾抑下之威權，法術之執行，必以勢為其憑藉後盾，而助長其一民於法，御臣責功，歸於君國公利之功能。

勢之性能，主要在其操執賞罰生殺之權柄，而有無不禁之威，足為勝眾之資，是君主統治一國臣民不可或缺的利器。治國之常法，與御臣之治術，必以勢之賞罰為其憑藉，在強制力之推動下，始得展開而必行，助長二者以法規範全民與以術控御群臣的性能。法術為人主之大物，一為治國之標準，一為行政之方法，釋法術之規作，則不足以治國。問題在二者之性能，必在君勢信賞必罰與生殺之制之統治權力的下落之中，法之標準規範，始可繩治人民，建立其絕對之權威性，術之用人責功，始可以一國為耳目，而有其必然之實效。也就是說，「明其法禁」之法，有待於「必其賞罰」之勢，始得以收「令行禁止」之效；「循名實而定是非，因參驗而審言辭」之術，亦有待於「賞罰必用其後」之勢，始得以收「陳其忠」與「守其職」之功[221]。

勢之禁眾之威的強化，以及獨操於君王一人之手，亦為後世學人所垢病。不知此一統治權力的集中，並非僅為君王一身，實為政治作業中治民以法，御臣以術不得不有的推動力。在勢之威重下，足以勝眾禁下，驅使人民皆歸於農戰之本業，控御群臣皆守職盡責以求功，以君國之公利為重。

由是可知，勢之性能，實為法與術所必憑藉之力量，足以助長二者之性能，令治國之常法，與御臣之治術，在勢之強力推助下，始得以制御臣民，歸於君國之公利，而形成其三角多邊之政治效能。

3.術是統治的方法，為人主任用群臣，與督責百吏的施政原則。法勢之固立，必以術為其手段之運用，而助長其一民禁下，進於君國公利之功能。

術之性能，主要在人主透過因任而授官，與循名而責實之參驗督責的行政步驟，以求知人能明，用人得當，並在人有專職，事有專功之規制下，以求名實相副，職功相稱，是君王選拔人材與考核臣吏的原則運用。治國之常法，與賞罰之威勢，必以術為其手段之運用，在多方驗證與事功責求之下，法的標準自能循序推開，而為臣民之行為規範；勢的威權也得以漸次下落，而為臣民所遵從。是由治術之運作，

221 〈姦劫弒臣〉篇。《校釋》頁二一六。

足以助長二者一民於法之常軌，制之於賞罰之威利的性能。

術為君王所獨運，乃君王繫一國安危於一身，若無術以知臣姦，則人臣反得以緣法以行私惠，擅權以利私家。故法之厚賞重罰，與勢之信賞必罰，欲求其嚴明公正，術之運用實屬必要。「明其法禁，而察其謀計」[222]，在術之核驗判定下，「賞不加於無功，而誅必行於有罪」[223]，賞罰完全依乎功罪，而俱得其當，法之標準始不致錯失誤倒，勢之威權亦不致妄誅濫赦。如是，法勢之固立，有其實際運作之步驟，足以行法操權，令天下臣民皆納入國法之軌道中，以賞罰為毀譽，百姓之力作疾戰，人臣之盡能致功，皆同進於君國之公利。

由是可知，術之性能，實為法與勢所不得不運用之手段，足以助長二者之性能，令代表君國公利之法，與掌握一國主權之勢，在術之有效執運下，得以法行而君固，而形成其三角多邊之政治效能。

約略言之，此三者之彼此助長，亦類同於儒家三達德之一體性。有仁之愛心，智之學術外發與勇之道義承擔，始有其理想之歸趨；有智之擇善，仁之價值理想與

---

[222] 〈八說〉篇。《校釋》頁一四四。

[223] 〈姦劫弒臣〉篇。《校釋》頁二三二。

勇之道義承擔，始有其推進之可能；有勇之固執，仁之價值理想與智之學術外發，始有其支撐之力量。在三者的彼此助長之下，才能完成由內聖之修養，而致外王之事功。

總之，無勢則法失威，形同虛文；無術則法不行，利在權臣。無法則勢掛空，流為專斷；無術則勢虛懸，無以自固。無法則術失根，流為權詐；無勢則術失用，無以自行。反之，有法，則勢術之發用，始有其根據之標準；有勢，則法術之執行，始有其推動之力量；有術，則法術之固立，始有其運用之方法。三者合，則具三角多邊之政治效能，三者離，則失去其三角平衡之功能，不僅無以相互補足與彼此助長；相反的，必陷於相互對立，與彼此抗拒之勢，而打消其本有之性能。也就是說，法勢術，三者分則不足，合則助長。韓非曰：

「無捶策之威，銜橛之備，雖造父不能以服馬；無規矩之法，繩墨之端，雖王爾不能以成方圓；無威嚴之勢，賞罰之法，雖堯舜不能以為治。今世主皆輕釋重罰嚴誅，行愛惠，而欲霸王之功，亦不可幾也。故善為主者，明賞設利以勸之，使民以功賞，而不以仁義賜；嚴刑重罰以禁之，使民以罪誅，而不以愛惠免。是以無功者不望，而有罪者不幸矣。託於犀車良馬之上，則可以陸犯阪阻之患；乘舟之安，操檝之利，則可以水絕江河之難；操法術之數，行重罰嚴誅，則可以致霸王之功。治國之有法術賞罰，猶若陸行之有犀車良馬也，水行之有輕舟便檝也，乘之者遂得其成。」[224]

此言人主治國之道，在明賞設利以勸之，以立法之規矩，繩墨之端；嚴刑重罰以禁之，以固捶策之威，銜橛之備。有賞罰之法，威嚴之勢，而「明其法禁，必其賞罰」[225]，依法施政以禁私，執勢用事以遂令，此即為術之執運。人君治國，必求「其任官者當能，其賞罰無私」[226]，以責求臣下之功；並「信賞以盡能，必罰以禁邪」[227]以齊一臣民之步調。三者統合運用，操法、術之數，行重罰嚴誅之勢，則可以致霸王之功。故曰：

---

[224] 〈姦劫弒臣〉篇。《校釋》頁二二四。
[225] 〈五蠹〉篇。《校釋》頁五四。
[226] 〈六反〉篇。《校釋》頁九二。
[227] 〈外儲左下〉篇。《校釋》頁五二一。

「聖人之所以為治道者三：一曰利，二曰威，三曰名。夫利者，所以得民也；威者，所以行令也；名者上下之所同道也。」[228]

利之所以得民，此即法之因人情之好利，而導人於整體君國之公利；威之所以行令，此即勢之無不禁，以禁姦止邪，以求法之必行；名之上下所同道，此即術之循其名而責其實，使臣民有其名，必有其實[229]，以求法行之必當。由是可見，法勢術正是聖人用以治國之三要道，法以利得民，勢以威行令，術以名責上下之同道。

又曰：

「故破國亡主，以聽言談者之浮說。此其故何也？是人君不明乎公私之利，不察當否之言，而誅罰不必其後也。」[230]

---

[228] 〈詭使〉篇。《校釋》頁一〇四。

[229] 陳啓天《校釋》，云：「又官爵，其名；官職，其實。有官爵之名，而未盡官爵之實，亦可謂『治不當名』。」此謂聖人所以治道者三，依筆者之見，必與法、勢、術三者貼合而言較能表現法家一貫之精神，若解為賞譽之名號，則術之功能不顯。頁一〇四。

[230] 〈五蠹〉篇。《校釋》頁五四。

人主不立法以明乎公私之利，不用術以察當否之言，不任勢以誅罰必其後，則國必破，主必亡。故三者之於人主之治國，實缺一而不可。也就是說，三者只能合而不可離，離則有害，合則有功。在等邊三角之鼎足而立中，相互補足，彼此助長，在君國公利之整體重心的引力下，維繫三者之平衡；也在三者之平衡統合下，共同指向君國公利之重心旨標。

第三節 「法」之中心思想及其體系之建立

前兩節已就法、勢、術三者之界域與性能，予以詳盡之分析，並展露其相互補足與彼此助長之關聯性，以表明韓非之政治哲學，雖法、勢、術三者分立，各有其本身之界域與其性能，然三者實合而不可分，合則有補足助長之功，分則有相抗對消之弊。抑有進者，此三者亦不僅互補相長之關聯而已，實有其中心思想之理論體系，而形成其上下貫串之整體架構。

此節即重在陳述其法思想之一貫脈絡，以嘗試建立韓非政治哲學之體系。韓非之哲學，以政治為主題，亦因政治而展開，故其哲學之範疇，實在於政治哲學。同時，其政治哲學，以法為中心，亦因法之中心思想而展開，故其政治哲學之體系，實在於法之中心思想。此一法中心思想之體系，建立於法之目的性及其價值理想，與法之標準性及其規範效能之兩大支柱之上。前者由下而上，表其上下歸屬之靜態結構；後者由上而下，明其上下制衡之動態發用。底下即分別加以探討，並展示其整體之架構。

㈠法之目的性及其價值理想

韓非政治哲學之體系，係以法為其目的，以國之治強為其理想歸趨，以勢與術為其輔翼而展開與建構完成的。今試繪一簡圖以明之：

國之治強 ← 法 ← 勢 ← 執賞罰二柄、操生殺之制 — 行法之力量

國之治強 ← 法 ← 術 ← 因任而授官、循名而責實 — 行法之方法

韓非子曰：

「故先王以道為常，以法為本。」231

「治國無常，惟法為治。」232

「一民於軌莫如法。」233

道為宇宙自然之常道，法為治國理民之常法。在宇宙萬象流變之中，道為其中不變之律則，在國事萬端雜陳之中，法為其中不變之規範。故曰「以法為本」，「惟法為治」。立法以為治，即志在使天下臣民皆定著在一而固之國法的軌道上運行，則「國有常法」，而事功可致，故曰「一民於軌莫如法」。又曰：

「夫國事務先而一民心，專舉公而私不從，賞告而姦不生，明法而治不煩。」234

231 〈飾邪〉篇。《校釋》頁二〇九。

232 〈心度〉篇。《校釋》頁八一四。

233 〈有度〉篇。《校釋》頁二六二。

234 〈心度〉篇。《校釋》頁八一三。

國事之首要在頒定一民心之常法，以統合眾人之私，而趨向君國之公。法禁一明，則臣下之姦心不生，君王之治道不煩。故法之思想，實為韓非政治哲學的命脈所在。曰：

「國法不可失，所治非一人也。」235

法非出乎君王一己之私意，而代表一國之公利，故謂之國法。所治又非一人，故以客觀不變之法，為一國上下共守之行為基準，以結合君臣上下一體之力量，而為富強之資，故曰國法不可失。又曰：

「有道之主，遠仁義，去智能，服之以法。」236

此一反儒墨尚賢任智之人治，而主以勢禁眾以術御臣之法治。蓋賢者不可待，

235 〈顯學〉篇。《校釋》頁一六。

236 〈說疑〉篇。《校釋》頁二三一。

智者不可必，且尚賢不足以止暴，任智反足以成私。故曰：「廢常尚賢則亂，舍法任智者危。」237賢智不足恃，以人皆有己而多變，實不如法之無私而有常，不待賢智，而抱法處勢，依法用術，皆可循而行之。故又曰：「夫治法之至明者，任數不任人。」238法有定數，不隨人智而移，故法足以為普遍客觀之行為基準。以治國之常軌而言，法之地位在人之上，而君王亦人，故君王亦在法之規範中。此韓非承接慎到之說，而有重法抑人之思想，實涵蘊限定君權之一義於其中，最值得吾人深思玩味。

是韓非政治哲學之中心，實在於法。其目的則在國之治強。曰：

「聖人之治也，審於法禁，法禁明著則官治；必於賞罰，賞罰不阿則民用。民用官治則國富，國富則兵強，而霸王之業成矣。」239

「強則能攻人者也，而治則不可攻也。治強不可責於外，內政之有也。今不行

237〈忠孝〉篇。《校釋》頁八一九。

238〈制分〉篇。《校釋》頁八三四。

239〈六反〉篇。《校釋》頁九二一。

法術於內，事智於外，則不至於治強矣。」[240]

人主治國，求富強之功，其本在內政，不在外事。而內政之本，則在審於法禁，法禁明，則官治於盡能，賞罰不阿，則民用於農戰。惟依法以任勢用術，勢嚴則民用力，術明則官盡能，官盡能則國治，民用力則國強，國治則不可攻，國強則能攻人，由內政之國趨治強，再外事霸王之業。足見韓非政治哲學之目的，乃在於國之治強。然國之治強，實有待於法制之固一，與法行之嚴明。韓非以法定賞罰，使「民重所以賞也，則國治。……民畏所以禁，則國治。」[241]而法之求其必行，則在於賞罰之嚴明。賞罰之嚴必在勢，賞罰之明當在術，如是始能實現法以賞罰勸禁的效能。故韓非之法治，亦主任勢用術。曰：「勢足以行法。」[242]又曰：「循名實而定是非。」[243]君勢之威權與治術之運用，皆指向行法嚴明之目的而有。

---

[240] 〈五蠹〉篇。《校釋》頁五四。

[241] 〈八經〉篇。《校釋》頁一七四。

[242] 同註二四一。

[243] 〈姦劫弒臣〉篇。《校釋》頁二一六。

韓非為了國之治強的終極目標，故立法以求必行；而欲求達成法之必行嚴明的目的，又非勢之操權與術之執運不為功。也就是說法之目的性及其理想，必因君勢之嚴，與治術之明，始能實現完成。君勢為行法之力，治術為行法之智，力智兼具則法行，法行則眾民盡力，百官盡能，而國趨治強，霸王之業亦可成矣。故法為君勢與治術之目的，勢與術皆為法之目的而存在，皆屬於實現法之理想的必要條件。故曰：「人主雖使人，必以度量準之，以形名參之。事遇於法則行，不遇於法則止；功當其言則賞，不當其言則誅。」[244]勢之操權執柄以信賞必罰，與術之參驗督責以定功罪，皆指向法之必行嚴明。由是可見，法在韓非政治哲學之體系中，實屬於通貫上下之中心地位。

此一結構亦如儒家之哲學，智仁勇三達德，鼎足而立，分而言之，各有其性能與界域，故子曰：「君子道者三，我無能焉，仁者不憂，智者不惑，勇者不懼。」[245]朱子註之曰：「明足以燭理，故不惑；理足以勝私，故不憂；氣足以配道義，故不懼。」[246]知之明理之不惑，由好學而得；仁之勝私之不憂，由力行而致；勇之擔道

[244]〈難二〉篇。《校釋》頁三三八。

[245]〈論語・憲問〉篇。《集註》頁一一二七。

義之不懼，由知恥而發。故《中庸》云：「好學近乎知，力行近乎仁，知恥近乎勇。」[247]又曰：「知斯三者，則知所以修身；知所以修身，則知所以治人；知所以治人，則知所以治天下國家矣。」[248]由斯三者，可修己身，亦可治國平天下，由個人之達德，開出天下之達道。故曰：「知仁勇三者，天下之達德也。」[249]

至若合而言之，成德究以仁為其根源，亦以仁為其理想，故三達德之中心，則在仁。子曰：「仁遠乎哉？我欲仁，斯仁至矣。」[250]又曰：「為仁由己，而由乎人哉！」[251]仁是內在於人性的普遍存在，也是求其展現於外的價值根源與客觀理想。而仁之實現，則有待智之利仁與勇之行仁，子曰：「知及之，仁不能守之，雖得之，必失之。」[252]又曰：「里仁為美，擇不處仁，焉得知？」[253]足見知以仁為其體，知

[246]《集註》頁九六。

[247]《集註》頁二八。

[248]同註二四七。

[249]同註二四七。

[250]《論語・述而》篇。《集註》頁八四。

[251]《論語・顏淵》篇。《集註》頁一〇八。

之用即在擇仁利仁，故曰：「仁者安仁，知者利仁。」254無知，則仁不足以自成，故曰：「忠矣，……未知，焉得仁？」又曰：「清矣，……未知，焉得仁？」255子曰：「有能一日用其力於仁矣乎？我未見力不足者。」256又曰：「志士仁人，無求生以害仁，有殺身以成仁。」257足見勇之用力，甚至殺身，其目的實在於行仁與成仁。無勇，則仁亦不足以自行。故於造次顛沛之突變流離之中，亦必守住此仁258。子曰：「有德者必有言，有言者不必有德。仁者必有勇，勇者不必有仁。」259內在之仁，外發必有其利仁之知與行仁之勇，而知與勇不必能返歸於仁。故仁在智勇之

252 《論語・衛靈公》篇。《集註》頁一三五。
253 《論語・里仁》篇。《集註》頁六〇。
254 同註二五三。
255 《論語・公冶長》篇。《集註》頁六九。
256 《論語・里仁》篇。《集註》頁六一。
257 《論語・衛靈公》篇。《集註》頁一三二。
258 《論語・里仁》篇，云：「君子無終食之間違仁，造次必於是，顛沛必於是。」《集註》頁六一。
259 〈憲問〉篇。《集註》頁一二二。

上，足以涵概二者，而二者不足以涵概仁。由上述，足見智與勇均不能離仁而自存，而以仁為其歸趨，二者之發用，均依乎仁而展開。

子曰：「篤信好學，守死善道。」260《中庸》云：「誠之者，擇善而固執之也。」261篤信好學，為智之擇善；守死善道，為勇之固執。好學在篤信仁，守死在善行仁。智以知仁，先明乎善而知所擇之；勇以行仁，進而固執而力行之。子曰：「不知命，無以為君子也；不知禮，無以立也；不知言，無以知人也。」262又曰：「知者不失人，亦不失言。」263知命，知禮與知言知人之知，皆所以知仁擇善的工夫，以求可與立，亦可與權264。《中庸》亦云：「故君子和而不流，強哉矯；中立而不倚，強哉矯；國有道，不變塞焉，強哉矯；國無道，至死不變，強哉矯！」265此

260 《論語・泰伯》篇。《集註》頁八八。
261 《中庸》第二十章。《集註》頁三〇。
262 《論語・堯曰》篇。《集註》頁一五六。
263 同註二五七。
264 《論語・子罕》篇，云：「可與共學，未可與適道；可與適道，未可與立；可與立，未可與權。」《集註》頁九六。

立足於中道而至死不變之勇，亦所以行仁固執的工夫以求其「言必信，行必果」266，智與勇皆為仁之內在目的性而存在，同屬實現仁之價值理想的必要條件。

孟子曰：「我知言，我善養吾浩然之氣。」267知言為智，養氣為勇。知言所以能擇善，而有義的判斷；養氣所以能固執，而有義的承擔。二者兼有，「持其志，無暴其氣。」268仁之內存善端，才能透過主體與客體的溝通，與心志與生命力的結合，外發而求其實現，仁政之理想也才能透過不忍人之心的存養擴充，而發為不忍人之政的實現完成。

綜上言之，仁為儒家三達德之中心，為智與勇的價值歸趨，智與勇亦以實現仁之理想為其目的。此亦可繪一簡圖以明之，以與韓非之法中心思想之體系，作一對照，以求得較為切近的了解。

265 《中庸》第十章。《集註》頁二一。

266 《論語・子路》篇。《集註》頁一二〇。

267 〈公孫丑上〉篇。《集註》頁一八七。

268 同註二六七。

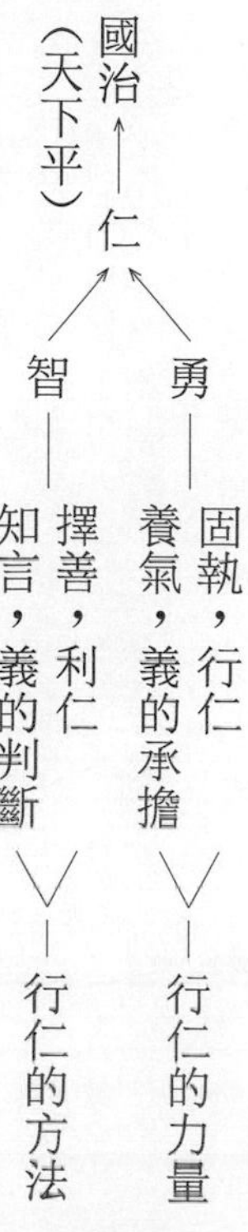

儒法兩家在此一架構之中，其不同有三：其一在於二者之中心思想殊異，儒為內在自覺之仁，以仁為目的，以人為主體，重在成德盡倫；法為外在規範之法，以法為目的，以國為主體，重在立法盡制。前者為由內而外，為仁心之顯發，後者為由上而下，為權力之下落。其二在於其終極目標有別，儒為由修身而至國治，進而求天下平，法為由法行而至國之治強，進而圖霸王之業。前者求其治平，後者圖其強霸。其三在於二者之手段亦迥然不同，儒行仁之力量在勇，為集義而有，是道義的承擔；法行法之力量在勢，乃因勢而生，為威權之操執。儒行仁之方法在智，智為明智，由明澈之心而照顯；術為秘術，由不可知之機而潛運。是二者理論之架構，甚為接近，而其思想之實質，則大相背反。

此一對照之說，並非以類比而強證其說，乃在對韓非政治哲學之體系，作一權宜譬喻之說明。歷來治韓非之學者，言韓非哲學，僅將法、勢、術三者，排比分列，割離而言之，把握不住韓非政治哲學三者互補助長之平衡性，與其法中心思想所開出之理想。事實上，「言有宗，事有君。」[269]一家之哲學，必有其理論之中心，與價值之歸趨，故法之主體地位與其價值理想，姑且以儒家之「仁」以顯示之。歷來治韓非之學者，又專粘著於君勢之威，與治術之用，來批判韓非，以為是君主專制之理論化的始作俑者，而根本不以法之中心地位與其理想，來衡定勢與術之附屬地位，不免誤解了韓非，而抹殺其立法以為執運君勢與君術之標準的本有精神。故勢與術之用，亦姑且以儒之「勇」與「智」以明示之。如此，或有助於吾人對韓非之法中心思想，作一整體全面的把握；對韓非的政治理想，有一同情正面的了解。

也就是說，在韓非政治哲學之體系中，實以法為其思想之中心，亦以法為其政治之理想。勢之操權與術之執運，其本身實非目的，僅為實現法之目的性與其理想之手段；而立法以求其嚴明必行，其終極目標，則指向國之治強，與霸王之業。故法在韓非政治哲學之整體架構中，實為貫通上下之樞紐。

吾人研究宗教家的教義，與政治思想家的思想，應有一根本的了解：那就是宗教家與政治思想家，都是向世俗發言，向君王說法的。為了取信於一般世俗與在位

269 《老子》七十章。《王弼注本》下篇頁二〇。

之君王，只有跳出自身本有的修養境界與價值理想，而貶抑自我的格調，以世俗的價值與語言，或出以君王的立場，去陳述自己的理想。如此，必造成其向世俗發言，為君王說法，與其本有之價值理想間的差距與分歧。依個人之見，吾人不可僅抓住彼等向世俗發言，為君王說法的這一端地平線，而無視於其潛存本有之價值理想的另一端高峰。試想宗教家不言原罪與救贖，不言最後審判與永生，又怎能打動人心，宣揚愛之福音，為世俗大眾所接受？墨家不言交相利的實效，不言天志的權威，那能獲致其兼相愛的理想，完成其為勞苦大眾請命的苦心？韓非的政治思想，只有透過君王的接納，才能付之於實施，故其政治哲學，幾乎完全站在君王的立場發言，乃有其不得不有的苦衷。否則，又何能為君王所賞識，而實現其法之標準性、平等性之理想，與國之治強的終極目標？且勢與術之強化，一方面乃法之嚴明必行的必要條件；另一方面也是針對現實政治之病情而發，以求消解政局混亂的困結。否則在君權旁落，重人近習擅事要之下，平等與客觀的法，又怎能成為君臣上下共守共行的行為規範，而在實際政治上發揮它應有的效力？在游士浮萌之風大行之下，破壞了國法的權威性與規範性，農戰之根本為之動搖，國家又何由治強？以是之故，韓非法之目的性與其價值理想，不得不以勢之威與術之用，為其手段。勢之威，乃依法以行賞罰；術之用，乃依法以定功罪，而確立法之權威性與標準性，勢術兼運交用，法始得嚴明必行，國亦始能趨於治強。

(二)法之標準性及其規範效能

韓非之政治哲學，以法為中心而展開，亦以法之實現為其理想。從靜態之結構而言，君王威勢的操持固立，與君王治術的執運推展，其目的均在求法之貫澈必行。此一法之中心思想，實為其政治哲學通貫上下之樞紐。從動態之運作而言，法對於勢與術的發用，具有其規範制衡的效能，限定勢之執持與術之運用的範圍與步驟，不使逸出國法的常軌之外，以免勢與術單方面的過度擴張與運用，破壞了三者統合的多邊效能，與以法為中心的政治體制。

韓非法中心思想之體系，能否成立，完全繫於君王一身，法之規範性能，首在將君王禁眾之勢與御臣之術，納入於國法之制衡限定中，以法為其最高之準則，順次展開推出，以責求一國上下皆循法而行，如此法之中心地位及其理想，才能建立與實現。

韓非勢以禁眾，術以御臣，前者為統治的權力，旨在統攝萬民；後者為統治的方法，旨在抑制權臣。然此一權勢的力量與治術的執運，只是禁眾抑下之政治權力的固結，與御臣責下之政治運作的形式而已，其本身實乏實質的內涵，與明確的指向。若無法之明文的標準可循，以為其操執的依據與運行的軌道，則統治權力的掌握，又何能依法以下落萬民？統治方法的運作，又何能依法以督責百官？故法之地位，實居於勢與術之上，一方面為勢與術的目的所在，一方面對於二者有其制衡規範的效能。今試繪一簡圖如下：

國之治強——→法
- 勢
  - 明法制去私恩
  - 抱法處勢之人設之勢
  - ——法勢
- 術
  - 奉公法廢私術
  - 循法之名以責其實功之術
  - ——法術

國之治強，既為韓非政治哲學的首要目標，故法之制定，除因好利自為之人情，以厚賞重罰為其基本原則之外，實以國之治強的要求，為其立法的惟一根據。基於此一目標，而有明文公布之法，以為治國之惟一標準，勢之威，以求法之必行；術之用，以求行法之必當，由是而展開其政治運作的規範效能。韓非曰：

「鏡執清而無事，美惡從而比焉；衡執正而無事，輕重從而載焉。夫搖鏡則不得為明，搖衡則不得為正，法之謂也。」270

法之標準性只有建立其一而固之絕對權威，以為君臣眾民之行為規範，始足以發揮其統合一國上下之政治效能。一如鏡之清始能比美惡，衡之正始能載輕重，若君王破壞法之權威性，則鏡搖不得以明照，衡搖不得以正量，法失其標準性，則法已失其為法矣。故曰：「言行而不軌於法者必禁。」271又曰：「明主之國，官不敢枉法，吏不敢為私，貨賂不行者，境內之事，盡如衡石也。」272言行不軌於法者必禁，此言其權威性，境內之事盡如衡石，此言其標準性。

韓非對於人性的考察，以為在政治心理上，人皆挾私心以自為，而君王亦難期為賢聖，故如何防範中主之君的私心自用，乃成為其政治哲學之一大課題。法之標準性與其規範效能，能否成立與展現，實決定於君王自身能否依法以執勢與用術。

270 〈飾邪〉篇。《校釋》頁二〇九。
271 〈問辯〉篇。《校釋》頁八四。
272 〈八說〉篇。《校釋》頁一三九。

蓋一國上下可能樹立法之權威性與其強制效能者，首在君王；而最可能破壞法之標準性與其規範效能者，亦在君王。君王挾其無不禁之勢，與不可知之術，若悖法自為，則天下臣民盡在其宰制之中，勢與術的固立與運用，適成助長君王敗國亂政之工具。故韓非政治哲學法之中心思想的建立與展開，實築基於君王守法的前提上。曰：「仁人在位，下肆而輕犯禁法，偷幸而望於上；暴人在位，則法令妄而臣主乖，民怨而亂心生。故曰：仁、暴者，皆亡國者也。」[273]仁人之慈惠不忍，與暴人之易誅妄殺，以其動機而言，一仁一暴誠然大異；若就其結果而言，則二者之悖法私為，自陷敗亡則等同。故韓非責求君王依法以任勢用術之意，實至為明顯。

由上述可知，韓非之法，並非侷限於君王私人之狹窄立場，僅為君王一己之利而存在，而是出乎國之治強的基本要求，代表一國之公利。然有且只有君王以法為治國之唯一標準，「法不阿貴，繩不撓曲」[274]，尊崇法之權威，以自我約束限定君勢與君術的操執與運用，法之中心地位始能成立，其價值理想也始能實現。

故韓非談勢，不日自然之勢，而必曰人設之勢，不以勢之威權獨自落現，迫壓

---

[273] 〈八說〉篇。《校釋》頁一四五。

[274] 〈有度〉篇。《校釋》頁二六二。

臣民，而必與法結合。其旨固在救人君不必賢之弊，令中主之君，亦得以依法之常軌以治一國之政。實者其本旨乃在以法限定君之權勢，以免難期賢聖之中主，悖法亂政。故曰：「吾所以言勢者，中也。……抱法處勢則治，背法去勢則亂。」[275]處勢必以抱法為其前提，勢操權執柄以行賞罰之威利，必根據法之定準，故曰：「明法制，去私恩。」[276]以去君王之私心，「賞不加於無功，罰不加於無罪」[277]，依法以繩治天下臣民。如此君勢無不禁之威權，始不致逸出國法之常軌，而流為專制獨斷，橫暴高壓之局。

此一說法，胡洪琪先生論之曰：「惟勢者乃自然之勢。而自然之勢，乃無限之權力。明主得之則治，昏君得之則亂。故法雖藉勢始能為治，而勢離法則非能必治。所以韓非言勢曰：『人之所得設。』人之所得設者，法也。在法律未定之前，權力為無限的，法律既定之後，權力為有限的。明主可用以為治，而昏君則不得藉以為非，故抱法處勢，可以必治。所以說：勢者，法之推動力也。法者，人為之規律，

[275]〈難勢〉篇。《校釋》頁七〇。
[276]〈有度〉篇。《校釋》頁二五三。
[277]〈難一〉篇。《校釋》頁三三二。

以為權力之依據者也。」[278]此說可與筆者之見相互印證，以明韓非之勢，乃在法之制衡下，始為人設之勢，而非赤裸裸的統治權力，毫無標準規約的自然之勢。

韓非言術，一曰先為不可知，以求秘藏難測；再則曰因任而授官，循名而責實，在君無為之下，以求臣下之大有為。此一人主所執之術，既先為不可知；而求為不可知，則君王必以無為自守，惟因任授官，循名責實，凡官吏之任用，與事功之責求，必依國法之規準以為定，以免君王離法自為，隨意妄斷，反而自壞體制，為臣下所因乘。故曰：「人主之大物，非法則術也。」[279]又曰：「操法術之數，行重罰嚴誅，則可以致霸王之功。」[280]「立法術，設度數。」[281]韓非常以法術並稱，即旨在救人君之不必智。官之任與職之責，均由法規畫分明，人君御臣，惟依法責群臣百吏之治而有功，如是中主之君亦可為治矣。韓非曰：「奉公法，廢私術。」[282]又

---

[278] 胡洪琪先生〈述韓非子對於法之觀念〉。《民主憲政》卷十二，第五、六期，頁一九。

[279] 〈難三〉篇。《校釋》頁三六三至三六四。

[280] 〈姦劫弒臣〉篇。《校釋》頁二二四。

[281] 〈問田〉篇。《校釋》頁三一〇。

[282] 〈有度〉篇。《校釋》頁二五七。

曰：「舍己能，而因法數，審賞罰。」[283]正是以法限定君術之流為陰私自用，離法自行，而以公法之定數，為其制衡之標準。故曰：「釋規而任巧，釋法而任智，惑亂之道也。」[284]術之用，不任巧智，而以法規為斷，合法則行，背法則止，人主惟「守法責成以立功者也。」[285]。

此一見解，胡洪琪先生亦論之曰：「所謂私術，乃人臣為謀一己之私利，背法而為之陰謀，與此之所謂術，迥不相同。且所謂『因任而授官，循名而責實』，則公正嚴明之精神，仍以法為依據。惟其功用，在課群臣之能，而潛御之。固不能因其無形，而謂之與法不能相容，更不能因其與私術用語相類而混為一談，此豈韓非子言術之本旨？故術者實所以補法之不足，而佐以達法之目的者也。」[286]此說亦可與筆者之見作一印證。以明韓非之術，乃在法之制衡下，始可謂為行法之術，而非私心密用之權術，逸出法之規範的陰謀險詐。

[283] 〈有度〉篇。《校釋》頁二五九。

[284] 〈飾邪〉篇。《校釋》頁二〇九。

[285] 〈外儲右下〉篇。《校釋》頁五九〇。

[286] 同註二七八。

綜上言之，法對於勢與術的固立與運用，有其限定與制衡的效能。韓非並非以法為君王統治的工具，而是以法為君王統治的標準。表面上法與術似乎同為君王之大物，法以制民，術以御臣；實質上乃以法來限定君勢的迫壓，以法來制衡君術的私用，使君王亦在法的規範之中。也惟有君王承認法之標準性與權威性，韓非的政治哲學，才能上下貫通，往下展開。故曰：「聖人之治也，審於法禁。」[287]法禁一明，則官治而民用，國趨治強矣。故法往下落，旨在限制勢與術之發用；勢與術往上推，則旨在求法之必行，與行之必當。是法為其政治哲學之中心思想，為其理想之歸趨；法亦為其制衡勢與術之標準，有其規範之效能。

此亦如儒家之三達德，由靜態的結構而言，智之知言擇善，與勇之養氣固執，均為了展現內在之仁的理想；從動態的發用而言，仁心之自覺，對於智與勇之顯用外發，亦具有其制衡規範之效能。蓋人有絕高之才智，若夫其愛心之本，以求「明明德於天下」，必不免傲視群倫，而予智自雄，故子曰：「使有周公之才之美，使驕且吝，其餘不足觀也已！」[288]人有強固之生命力，若不由愛心流出，以與義結合，

[287] 同註二三九。

[288] 《論語・泰伯》篇。《集註》頁八九。

必落於血氣相暴之局。故孟子曰：「持其志，無暴其氣。」[289]在仁心之存養擴充下，勇配乎道義，以成就其「富貴不能淫，貧賤不能移，威武不能屈」之大丈夫的人格[290]，而發為「朝聞道，夕死可矣。」[291]之胸懷氣魄，以完成此心中之仁。是儒家之仁，固為其生命價值的根源與理想，智與勇同以仁為其歸依之主體；而仁之價值標準，亦有以限定智與勇之顯用外發，以免陷於「好知不好學，其蔽也蕩」[292]之汪洋自恣，流蕩無所歸，與「好勇不好學，其蔽也亂」[293]之是非不明，暴虎馮河，血氣浮動之偏頗。此學即在學做人之道，以率性修道，使內在仁心呈顯，故曰：「唯仁者能好人，能惡人。」[294]有仁心之根，始能知所好惡，行所好惡，而當其理，得其正。以免落於「愛之欲其生，惡之欲其死，既欲其生，又欲其死」[295]之惑。智與

---

[289] 同註二六七。

[290] 《孟子・滕文公下》篇。《集註》頁二二〇。

[291] 《論語・里仁》篇。《集註》頁六一。

[292] 《論語・陽貨》篇。《集註》頁一四三。

[293] 同註二九二。

[294] 《論語・里仁》篇。《集註》頁六〇。

勇，若無仁之根源的流注與導引，則「不知禮，無以立。」[296]與「勇而無禮則亂。」[297]亦無以「居天下之廣居，立天下之正位，行天下之大道」[298]。是為才智的誤用，與生命力的錯失。此亦可繪一簡圖以明示之：

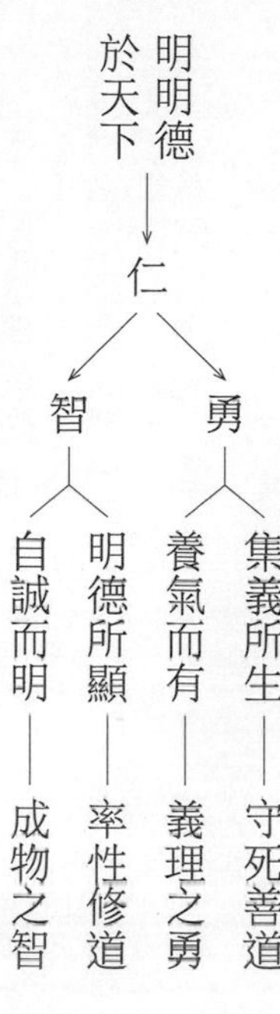

綜括上述，儒家智、仁、勇三達德，實以仁為體，以智與勇為用；而韓非之政治哲學，乃以法為體，以勢與術為用。無智與勇，則仁之內在根源及其價值，不能體現完成；無勢與術，則法之外在規範及其理想，也不能貫徹實現。從靜態之體系結構而言，下歸屬於上，智勇歸屬於仁，勢術亦歸屬於法，仁與法為其中心思想，

---

295 《論語・顏淵》篇。《集註》頁一一二。

296 《論語・堯曰》篇。《集註》頁一五四。

297 《論語・泰伯》篇。《集註》頁八六。

298 同註二九〇。

亦為其價值理想之所在；從動態之發用運作而言，則上制衡其下，仁與法之價值標準，正用以限定或制衡智與勇的顯發，或勢與術的執運。此即韓非政治哲學之體系，與儒家在形式組合上，有其相近之類型，與將近等同之結構；惟其根本精神，則彼此有異，兩相背反。

總之，韓非政治哲學之整體架構，雖由法勢術等三種基料結合搭建而成，然其根本精神，實以法為其中心。一者在以法為其目的性，勢與術皆以法之實現為其目的，而指向國之治強的價值理想，勢與術成為行法的兩大輔翼，其本身並非目的；二者在以法為其標準性，法由國之治強的目標而定，往下規範勢與術的執運，在法的制衡之下，以求勢與術不得逸出國法的常軌之外，以限定君王之統治權力與統治方法的悖法自為，與私心密用。此二者，皆以法為其中心，而形成韓非政治哲學的理論架構，其體系由是而建立。

第四節　勢之抬頭及其實際之發用

韓非政治哲學之體系，從靜態之結構而言，乃以法為其中心而建立，勢與術的執運，皆指向法之理想的實現；從動態之發用而言，亦以法為其中心而展開，勢與術的發用，同在法之標準性的規範之下，以推動一民於法，責臣以功的政治效能。如是法之中心地位才能凸顯，法之標準性才能樹立。

問題在，這一法中心思想之體系架構，在實際政治的運作發用上，由於「法出乎君」而君又不必有才德之死結，始終解不開，終造成君勢之抬頭，與國法之下落，是為法之理想的顛倒。法不僅不足以制衡君王之權勢與治術，反而成為君王專制獨斷，迫壓臣民的工具。

據個人之見，韓非法之中心思想，實建立在兩大預設之上：其一為君王必以國之治強為其目的，且君與國之利是必然兩相疊合而互不衝突的，故曰：「霸王者，人主之大利也。」[299]又曰：「匹夫有私便，人主有公利。」[300]其二中主之君所立之法，必能代表君國之公利，而為一國上下，君臣眾民所認同共有之價值歸趨，故曰：「夫立法令者，所以廢私也；法令行，則私道廢矣。」[301]又曰：「息文學而明法度，

[299] 〈六反〉篇。《校釋》頁九二。

[300] 〈八說〉篇。《校釋》頁一三六。

[301] 〈詭使〉篇。《校釋》頁一一三。

塞私便而一功勞，此公利也。」[302]韓非政治哲學法中心思想之體系及其價值理想能否建立與完成，實維繫在這兩大預設是否成立的基礎上。法之中心思想，依是始立，法之價值理想亦依是始有其實現的可能。

《韓非子》書中，有關法之性質及其功能，與立法之根據及其原則，尚時有論及，至於法為何者所立之根本問題，則似乎有意閃避，不願直接觸及。韓非似乎覺識到其法中心思想之體系，與其理想歸趨，一碰觸「何者立法」這一根本問題時，必陷入難以兩全的困局，故一直閃避此一困結的探討。惟曰：

「君之立法，以為是也。」[303]

「聖人為法於國者，必逆於世，而行於道德。」[304]

「聖人之立法也，其賞足以勸善，其威足以勝暴，其備足以完法。」[305]

---

[302] 同註三〇〇。

[303] 〈飾邪〉篇。《校釋》頁二〇九。

[304] 〈姦劫弒臣〉篇。《校釋》頁二一九。

[305] 〈守道〉篇。《校釋》頁七九七。

「聖人之為法也，所以平不夷，矯不直也。」306

此明言法立於君，立法權操之於人君之手。問題在，韓非言治，必曰中主之君可治；中主之君又上不及堯舜之賢智。如是，不待賢智之中主，所立之法，能否拋離其私心，代表一國之公利，而趨於國之治強的目標？又能否約束其自身尊重法之權威性，以為任勢用術之標準？這兩個疑難，若不能消解，則韓非法中心思想之標準規範性能，以及其法目的性之價值理想，必難成立而告落空。

據吾人之了解，治國之法若由君所立，則非德慧兼備之上上之君，實不足以為之。周公制禮作樂，「以周公之才之美」，始足以為天下之共法。蓋君若無德，則亦挾己利以自為，如智士之不足信，不免私心為用，窮奢極欲，如此其所立之法，必不足以代表一國之公利，而造成君與國兩利不相容之局；君若無才，亦不知犯小苦而計大利，似民智之如嬰兒，眼光短淺，無視長久之計，如此其所立之法，又何足以勸善禁暴達成國之治強的目標？凡此皆與韓非政治哲學之兩大預設扞格不合。

韓非為了消解這一存在的困結，故明示「君之立法」之外，又倡言「聖人之立

306 〈外儲右下〉篇。《校釋》頁六〇八。

法」，「聖人之為法」之說以救之。問題在，此所謂之聖人，有無特殊之涵義，是否專指德慧兼具之人主而言？若是，則人君固可立法而行；然聖賢又千世而一出，豈非反落於彼所抨擊儒家待賢乃治之「千世亂而一治」之局！此即韓非政治哲學無以兩可之困結。

且《韓非子》書中，治國之君皆稱之曰「人主」與「君人者」，若君王知「立法術，設度數」，以禁眾抑下者，則號之曰「明主」、「明王」、「明君」、或稱為「有術之主」、「有道之主」、「有道之君」，然間亦有名之為「聖人」、「聖君」者，除前引聖人之立法為法者而外，亦兼指「審於是非之實，察於治亂之情」[307]者，或直指為「聖人之術」[308]者。且聖人亦有與明主比列並論者，甚至有結合並稱而不分者，曰：

「聖人之書必著論，明主之法必詳事。」[309]

「夫聖人之治國，不恃人之為吾善也，而用其不得為非也。」[310]

[307] 同註三〇四。

[308] 〈姦劫弒臣〉篇。《校釋》頁二一六。

[309] 〈八說〉篇。《校釋》頁一四六。

「明主者，不恃其不我叛也，恃吾不可叛也。不恃其不我欺也，恃吾不可欺也。」[311]

「彼聖主明君不適疑（擬）物以闚其臣也。」[312]

「古之所謂聖君明主者，非長幼世及以次序也，以其搆黨與，聚巷族，偪上弒君，而求其利也。」[313]

吾人今試就韓非聖人明主或同條之並論、或異條之比照而觀之下，可以發現其所謂聖人明主二者之所指，幾無以互異，至於二者之複合疊用，更可謂名異而實同矣[314]。又曰：

---

310 〈顯學〉篇。《校釋》頁一六。

311 〈外儲左下〉篇。《校釋》頁五三〇。

312 〈說疑〉篇。《校釋》頁二四六。

313 〈說疑〉篇。《校釋》頁二四一。

314 唐君毅先生《中國哲學原論》原道篇卷一頁五三二：「韓非善用明君、明主、霸王之名。其言聖人聖主，亦言其智不言其德，故或言明君聖主，如在《外儲說右上》篇（筆者按：

「賞無功之人，罰不辜之民，非所謂明也。」[315]

此所謂「明」，乃指能用術，以使賞罰當乎功罪之人主而言，故言明主即專重其智之明，而未及德之美；甚而直謂古之聖君明主偪上弒君，足見所謂聖人聖君，亦僅言其明智，而實未涵有聖德於其中。

由是可知，韓非言「法立於君」，又言「聖人之立法」，然聖人亦指依法用術之明智之君，並未具其賢德，如是，其所立之法，能否舍離其自為之心，以全一國之公利，仍屬韓非政治哲學潛在之大問題。然依據上引各條，言人君立法皆不曰「明主」，而轉稱「聖人」，此當非一時偶然之巧合。是否在韓非心目中，已意識到立法必待有德之君，始足以代表一國之公利，而把握國之治強的目標？且或許此數條所謂之聖人，於人主明智之外，亦兼指其必具美德而言。惟此一推想亦屬臆測之辭，

---

[315] 〈說疑〉篇。《校釋》頁一三三一。

聖主明君疊用者，見於〈說疑〉篇〉；或前言聖人，後則言明君明王，如在〈姦劫弒臣〉及〈安危〉二篇。然未見其用荀子聖王名，以指德智兼具者。故其所謂明君聖主，即只有一理智上之明，而其目標則在成霸王之功者。」

一時尚難以遽下論定，姑且存疑。依個人之見，韓非有關立法權問題所持之理論，乃為「法之先定主義」。韓非言法，既強調其恆常不變性，又力主其因時制宜之可變性，此中之矛盾，亦只有透過法之先定主義，始得解開。

蓋法為人君治國之唯一標準，時代一變，客觀情勢有異，為了適應新的挑戰，法必因之而變，始能因時制宜，窮變求通，故曰：「法與時轉則治，治與世宜則有功。」[316]此法之可變性，乃基於立法者而言，當由才德絕高之聖人之君，針對現實需求而制定，以為後世中人之主所承受遵行，故曰：「人主者，守法責成以立功者也。」[317]又曰：「法莫如一而固，使民知之。」[318]此法之恆常性，乃基於行法者而言，使得中主之君，有先定之法可循，得以依法而治，以免因其才德不足而陷於立法不善而自壞其法之難局。

如上述之解說不假的話，不僅韓非法之可變性與不可變性之間的歧義，可得消解，且可逃離中主立法，其法實不足以代表一國公利之難題。也就是說，韓非言法，

[316] 〈心度〉篇。《校釋》頁八一四。

[317] 〈外儲右下〉篇。《校釋》頁五九〇。

[318] 〈五蠹〉篇。《校釋》頁四〇。

似乎把立法與行法，畫開為兩相不同的界域，即上君有才有德，故可變舊法而立新法；而中主不必有才德，故只能守法行法，而不可輕易其法。如是中主可治之說，始不致於落空破滅，此為筆者所以論定韓非所持論實為「法之先定主義」的原因所在。惟此一論析成立，則韓非之法治，其根源處，仍在於人治，亦無以自異於儒家「遵先王之法」之說。儒家以先王之法為三代聖王所立，後代人主不必有堯舜之賢聖，惟「率由舊章」，遵而行之，亦可平治天下。

吾人姑且假定韓非上君立法而中主行法之「法之先定主義」得以成立，此中難題仍未消失。蓋法既出乎君，君擁有立法之大權，前王所立之明法，今主亦不必接受，而自可另立新法。即使中主之君，不更立新法，仍循前王之舊法以為治，然行法之勢與術，又為君王所獨操獨運，君若無德則難以立法，反以其無不禁之勢與不可知之術，背法自為或廢法不為；君若無才，則不足以行法，亦無以固勢與用術，反為權臣重人擅事僭國之資。是韓非中主可治之說，雖以法之定準，與勢術之執運以救之，仍屬不可必之數。且由於君勢之無不禁，法之規範限定，惟賴君王之自制，而無必然的規約，故在君王獨治的實際發用上，「勢」必然抬頭，法之地位為之下落，遂造成法之目的性與其理想必歸落空，法之標準性與其制衡效能亦歸消失的終局。法往下降落變質，而淪為君王統治的工具。法之標準性規範性不存，勢已非人設之勢，已非受法制衡之法勢，仍是一自然之勢，可便治而亦可利亂；而術亦僅成一潛運之秘術，因任授官，循名責實之運作，亦失其法定之依據，不受法之制衡，已非行法之治術，必流為陰深險惡之機心權詐而後已。如是，韓非政治哲學之體系，必為之上下顛倒，完全改觀，今試繪一簡圖以明此中之轉變：

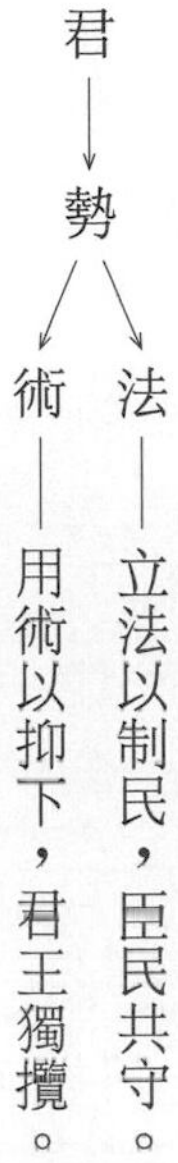

君→勢
　↘ 法——立法以制民，臣民共守。
　↘ 術——用術以抑下，君王獨攬。

君勢抬頭獨尊，成為超然之地位，君在法之上，而不在法規約之中，法不為國之治強的目標而立，僅為君王一己之私，而決其行廢；術不為行法之必要而有，僅為君王嚴密控制群臣的手段，而潛藏密用。君勢執立法與司法兩大權於一身，君勢決定法的內容，法為君勢所用，而非法之條文限制君勢之用；君勢亦決定術的運作，僅用以控御臣下，以強固君勢，而非行法之要道。如是，法為治民之法，為臣民所共守，術為御臣之術，為人主所獨運，法與術在君勢之制御下，遂成人主之大物矣。即使其術治之說，亦能因任而授官，循名而責實，然法因勢而定，術再因法而行，法既為君王之私利而立，術必為君王之私心而用；其落為權術之把弄，自屬必然。如是，其政治哲學實際發用之運作程序，轉成由君勢往下摜壓之單線發展，完全失去其三者互補不足，彼此助長之三角均衡，以及以法為中心，往下制衡，以規範勢術執運之功。其架構遂成如下之圖示：

勢→法→術

抑有進者，君勢既掌握立法與行法之大權，而君王為了一己之好惡，一者可隨時更易其法，二者亦可不因法而行；如是，則法之成文公布，根本形同虛設，君王一時之私人意願，即可發而為法令，此則不僅法之理想性標準性已消失無存，且根本上法之存在亦可為君王所取消。如是其實際政治之運用，惟成如下之圖示：

勢→術

法之標準規範，名存而實亡，法之中心地位亦完全喪失，惟有勢之暴力的迫壓直下與術之權術的私心運用。百吏治民，亦無定法可循，自可私利自為，以矇蔽主上，欺壓下民；百姓眾民失去法之定軌，自可逃離農戰之本業，而各圖己利之私，如是，在君臣異利，公私相背之下，公國之利完全浮顯不出，韓非所亟欲解決之敗政亂局，勢必長存難去。

就由於法出於君，而人君又不必賢智的此一困結，始終無以消除，遂導致在實際政治之發用上，韓非法家之理想光明面，層層剝落消失，而其獨斷之黑暗面，反而步步增長擴大，此個人以為韓非政治哲學之理論體系，雖可搭建完成，而自成一家之言；然由於其不得不築根於人君立法必以公國為重，且必能守法行法之兩大預設的基礎上；而此一基礎，由於人君不必具有才德，又顯得何其脆弱，故其陳義雖高，理想雖有，然一落於實際政治之發用，由於中人之主，材德不足，難去其私心，亦不易約束其自身，必造成勢之抬頭，與法之下落，其本有之價值理想完全淪沒，消失無存。此實為韓非政治哲學在理論架構與實際發用之間，所存有之無以消解的矛盾，與無以逃離的困局。

此一說法，張緒通先生亦論之曰：「然韓非究竟是一位開明的君主專制論者，雖然如此，韓非最大的缺點還是在這一點。專制的君王，他本身即是法律的淵源。倘若對於法律的實力再加以強調，則法律的限制必然越過越狹，人民的個性必然被君王侵吞儘盡，蓋如洛克所說：『有權必濫。』韓非在此亦顯出其極大的矛盾，即他既不相信道德對於人類具有真實強制的效力。然而他卻把一隻獅子加上一隻狐狸的君王放在一個草編的籠子——『虛靜無為的道德要求』——裡面。從此他便使自己相信完全穩妥了。」[319]此一說法，其所持理由不必與筆者相同，然韓非法之中心思想，築根於君王自我道德要求的脆弱基礎上，則所見正與筆者無異。

此中問題之癥結即在：在君主世襲之下，繼位之君難期賢聖，人主不必具有才德，其立法難免時生偏差，其行法亦難免時有錯失，更遑論如桀紂之暴君矣！此實不如儒家，雖聖君亦不可待，然必責成君王修德行仁，以天下人民為重，惟「遵先王之法」，且又以才士賢相輔成之，力求縮減或去除君權獨攬所可能有之弊害。然韓非法家既以為智士不足信，又否定學術之必要與道德之可能，遂自絕於天下才德之士，而僅憑君王一己之智，國事遂無可為矣。其「千世治而一亂」之構想，亦屬徒托空言。此中之關結仍在於其人性論之偏頗，韓非既以人性未具善質，人心亦惟挾利自為，故言民智不可用，智士更不足信，人之主體價值遂呈顯不出，僅信任外在權威之法，然立法行法，仍不得不落於人之主體，如是，法固不足據，且亦難以自

[319] 張緒通先生〈韓非的法律哲學〉。《法學叢刊》第廿八期頁一〇六。

行。其苦心孤詣所建構之哲學體系與其理想，遂告倒塌與失落。此毋寧是韓非政治哲學之致命傷，也是秦皇十五年而亡其國之悲劇的根本原因。

總之，韓非法中心思想之體系，雖以其目的性與標準性而告建立，然由於法出乎君，與君不必賢智之困結，未能解開，惟築基於君王立法必以國為重，行法又以法為其規準之自我約制的預設上。然此一預設過於脆弱，故在實際政治的運作上，終造成君勢之抬頭，與法之地位的下落，勢籠罩一切，法反為君王治國之利器。此為韓非政治哲學之理論架構，在現實政治的發用中，所形成的上下顛倒，主體失位的轉變。甚至法之地位不見，惟成勢與術的迫壓密用。其以法為中心之政治哲學體系，遂告崩頽，其目的性與標準性同歸消失，其開出之價值理想與規範效能，亦隨之破滅。此實為韓非政治哲學無可逃離之困結。

總結全章，韓非之政治哲學，法、勢、術三者鼎足而立，各踞一方，一方面各具其特有之性能與界域，另一方面亦各顯不足，無以自成，故三者之間，有其互補不足，彼此助長之功，以相合而相成，而在國之治強之重心的引力圈中，維繫三者間微妙的平衡。抑有進者，在三者之三角平衡性能之外，其體系之建立，實以法為中心，法為勢與術的價值目的，也為勢與術的制衡標準，為通貫國之治強與勢術之用的樞紐。惟於實際政治之發用運作中，由於法為君所立，而君又不必有才德，則不免造成法之中心地位的消失，勢與術轉成君王專制獨斷之利器矣。此實為韓非所始料不及，亦無以自解的矛盾所在。

第六章　韓非政治哲學之檢討與評價

依上章之解析，韓非政治哲學之價值理想，實依乎其以「法」為中心思想之體系而告全盤呈顯，在法之目的性及標準性之下，其政治哲學之價值理想，始得確立與實現；另一方面，其政治哲學的變質沉落，則在於其實際發用上，法中心地位的下落，而其法之目的性及標準性的消失，遂迫使其政治哲學的體系架構，亦隨之倒塌崩頹。此一轉變的關鍵，探討其原因，實不得不落在其人性私利自為之理論根基的偏狹上。也就是說，韓非政治哲學之價值，在於其體系架構法中心思想的樹立，使得法之目的性與標準性得以呈顯；而其沉落則在於其理論根基之人性論、價值觀、與歷史觀的偏狹自限。導致其法中心地位的下落，與君勢的相對抬頭。故本章對韓非政治哲學的檢討與評價，亦就此二端而加以探索述評，以明示韓非政治哲學之體系架構，由於其法中心地位的浮顯，而自有其獨特外發的精義銳見；也由於其理論根基的偏狹，而暴露出其體系架構所潛藏難解的困結難題。筆者以為惟有透過這兩端的同時把握，始能分別釐清其政治哲學所呈顯外發的精義與潛藏內在的困結，而給予同情的了解與較為公正的評價。以免僅據其一端，即輕下斷言，而落於一筆抹殺或全面肯定的兩偏之中。

第一節　法中心思想之體系架構的建立與其外發之精義

韓非政治哲學之體系架構，實由法勢術三者疊架而成。在此一架構中，法勢術一方面各有其特有之界域與獨具之性能；二方面三者雖各踞一方，卻非各自孤離，而是互補不足與彼此助長，形成其三角等邊之平衡性，與統合多方之政治效能；三方面在三者統合運用之中，乃以法為其中心而建立。法之中心地位，一者在其目的性，勢與術的執運，皆為實現法之目的的理想而存在，二者在其標準性，勢與術的發用，皆受法之標準的規範而展開。韓非政治哲學外發之精義，實由此一體系架構中，浮現透脫而出。今試就其法中心思想之體系架構的建立，展露其外發之精義，與獨到之銳見。

㈠治國常法之客觀化制度化，架構而成一恆常之政治體制，與客觀之政治格局，足以彌補儒墨道三家成德法天與歸道之治道的不足。

韓非政治哲學之體系架構，法勢術三者界域之分立，與效能之統合，在實際政治的運作上，實有其超乎各家所不及之精義在，其價值即在面對戰國政局之現實病痛，能提出一套針砭救治的藥方。儒墨道三家，於生命之價值理想，各擅勝場，有其極高明之闡發與建樹；然於亂世政局，卻同樣缺乏一套補偏救弊，具體可行的應變措施，可資憑藉與運用。結果，儒家顯發人性之德教，墨家以天志為法儀之兼愛，道家回歸自然之無為的政治理想，由於其理想一直未透過客觀化制度化，而架構成一恆常之政治體制與客觀之政治格局，以為其橋樑之過渡，與推動之媒介，故始終無法在現實政治中落現完成。

在儒墨道三家之中，其政治思想，足以與法家相抗衡者惟有儒家，墨家尚同天志之兼愛交利，與道家回歸自然之素樸無為之說，對於政治只有遮撥與提升的作用，以去君王之偏狹自限，而未落實在實際政治中去建構推動。而儒家「明明德於天下」❶之八條目，與為天下國家之九經❷，雖開出其本末一貫，相涵相成之德化階梯，然在身修與天下平，成己與成物之內聖與外王之間，均僅限於德性主體之作用表現，而未開出知性客體之架構表現。外王是內聖的直接延長，在內聖之德的作用表現中當下完成，或直接呈現，而未透過一個媒介，一道橋樑，去接合溝通，由內在之德的直接作用表現，轉化而成外在客觀之架構表現❸。這一「仁者在位」之聖君賢相的治道，由於僅停留於主觀修為向外照臨之意態中，即使「君子之德風，小人之德草，草上之風必偃」❹之預設效用得以成立，仍不得不落於「其人存，則其政舉；其人亡，則其政息」❺之有時而窮的困境。

❶《大學》經一章。《集註》頁三。

❷《中庸》第二十章。《集註》頁二八。

❸牟宗三先生《政道與治道》頁五五。依筆者之了解，作用表現乃即性體以顯智用之意，智用不能離乎性體，屬於德性層，體用之間為上下隸屬之關係；架構表現乃智用離乎性體，而獨立發用，屬於知性層，體用之間為平面相對之關係，參見該書頁四六及五二，廣文書局，五十年二月出版。

❹《論語・顏淵》篇。《集註》頁一一三。

韓非以法為中心以制衡勢術發用之治道，正足以彌補儒家德教治道之不足。故牟宗三先生論之曰：

「法家順大勢所趨，能為政以法，這在治道上，本可容易看出它直接涵有『政治的意義』。如果儒家道家所見比較更高一點，更根本一點，而至於超政治的境界，則法家卻直接涵有政治意義，於政治上為較切。」❻

蓋儒家雖曰：「誠者非自誠己而已也，所以成物也，成己仁也，成物知也。性之德也，合外內之道也，故時措之宜也。」❼朱子註之曰：「誠者所以成己，然既有以自成，則自然及物，而道亦行於彼矣。仁者體之存，知者用之發，是皆吾性之固有，而無內外之殊，既得於己，則見於事者，以時措之，而皆得其宜也。」❽此

---

❺《中庸》第二十章。《集註》頁二七。

❻《政道與治道》頁三八。

❼《中庸》第二十五章。《集註》頁三二至三三。

❽同註七。

言無內外之殊，又曰自然及物，足見仍為道德主體的作用表現，以自我的人格之光，以求照臨於外，而未轉出一客體政治的架構表現，使君臣眾民得以上下共循，百世相傳者，此儒家言智，並未能獨立於仁性之外，僅為自誠而有之直接之明照，盡心亦所以知性知天，如是其心之智用，即必然收攝於德性之內而僅成一種德慧，仍是一主體之作用表現，不足以成立政治法律之架構表現❾。雖孔子在「道之以德」之外，亦言「齊之以禮」，孟子不忍人之心而發為不忍人之政，亦主「率由舊章」「遵先王之法」，然禮在尊尊，而親親之根基已不存，先王之舊章又不可考，即使「法先王」成為可能，亦失其因時制宜之功，已無以適應戰國亂局之時代需求。且禮由仁顯，政由心生，仍是「無內外之殊」與「自然及物」的德教明照。荀子主「法後王，而一制度。」❿人心又獨立於性之外，聖人制禮法以定分止爭，其治道似已外立而為客觀化之制度，然又主「有治人，無治法。」⓫人在法上，法之權威性不能建立，仍是人治而非法治。且禮在「別同異」之外，又言「明貴賤」，大失法家上下平等之

❾ 牟宗三《政道與治道》頁五〇至五一。

❿〈儒效〉篇。《約注》頁九二。

⓫〈君道〉篇。《約注》頁一五八。

公正精神。傳統之體制「禮不下庶人，刑不上大夫」，大夫與庶人，一者治之以禮，一者繩之以法，治國之道而有上下分行的兩套標準，是為不平等不公正。惟孔子言禮，乃由上而下求其平等如一，由本屬規範大夫之禮，使下及於平民，以求上下一體俱歸於禮之規範中；法家言刑，乃由下而上求其齊等畫一，由本屬繩治庶人之刑，使上達於大夫，以求上下一體俱納入法之繩治中，此說吳師經熊曾論之曰：

「從一種角度看，儒家及法家是齊頭並進的運動，但他們卻是相反的方向，從封建制度之全盛期即存有一句格言：『禮不下庶人，刑不上大夫。』此時儒家及法家，都同意於此種雙邊的標準，已不再能適用支撐下去，但他們的協議僅止於此，儒家要去擴充禮儀之教化，到普通人民身上；而法家卻要擴展刑罰之制約，到貴族大夫身上。」[12]

韓非曰：「法所以為國也。」[13]法之成文公布，以為一國上下共有之行為基準，令君勢之統治權力與君術之統治方法的執運，有其定法可循，如是吏治固不失其定準，民行亦不離其常軌。此一客觀普遍之法制，正顯示其公正平等之精神，故曰：

---

[12]《中國法學之歷史概觀》，《中國文化季刊》一卷四期，頁二三。

[13]〈安危〉篇。《校釋》頁八〇九。

「聖人之為法也，所以平不夷，矯不直也。」⓮韓非固知「父兄犯法，則政亂於內」⓯，故主「法不阿貴」⓰，「刑過不避大臣」⓱，「誠有過，則雖近愛必誅」⓲，雖近愛如王親，尊貴如大臣，亦不得悖法亂政。此一上下同軌平等齊一之治道，自是韓非政治哲學之精義所在。而儒家孔子之禮治的平等觀，下及孟荀則逐步消失。孟子曰：

「上無道揆也，下無法守也，朝不信道，工不信度，君子犯義，小人犯刑，國之所存者幸也。」⓳

⓮〈外儲右下〉篇。《校釋》頁六〇八。
⓯〈內儲上〉篇。《校釋》頁四〇五。
⓰〈有度〉篇。《校釋》頁二六二。
⓱同註一六。
⓲〈主道〉篇。《校釋》頁六九四。
⓳〈離婁上〉篇。《集注》頁二三〇。

荀子亦曰：

「由士以上，則必以禮樂節之；眾庶百姓，則必以法數制之。」⑳

孟荀二家仍在上之君子與下之小人，畫一界線，區分為二，大夫節以禮義，眾民則制以法刑，孔子言禮，惟有「親親之殺」由親而疏的差等，求有以扭轉封建制之層階性者；荀子卻轉為「貴賤有等」㉑，由貴而賤，反而逼回封建禮制之舊，已失孔子上下一體皆歸於禮治之本有精神㉒，亦遠不如韓非「法不阿貴」之貴賤同等的公正齊一。

⑳〈富國〉篇。《約注》頁一二一。

㉑〈富國〉篇。《約注》頁一二〇。

㉒梁啟超先生《先秦政治思想史》頁九六，云：「孔子注重『親親之殺』，即同情心隨其環距之遠近而有濃淡強弱，此為不爭之事實。故孔子因而利導之，若夫身分上之差等，此為封建制度下相沿之舊。孔子雖未嘗竭力排斥，然固非以之為重。孔門中子夏一派，始專從此方面言差等，而荀子更揚其波。……要之荀子一派所謂禮，與孔子蓋有間矣。」

《大戴禮記》云：「禮者禁於將然之前，而法者禁於已然之後。」[23]此言禮為道德之教化，有其自制之約束力，可禁惡於未發之先，法為政治之律則，有其強制之約束力，僅足以治罪於已犯之後。事實上，韓非重一姦之罪，而止境內之邪，此以刑去刑之說，亦深具教育之功能，亦足以嚇阻犯罪，防範於未然。

此一儒法之爭，吳師經熊曾深致其憾，曰：

「假使這兩種運動，有一共通之了解，由此畫分兩者之界線，每種運動皆在它適當的範圍內盡力，一者負教育之責，一者負統治之責，那麼整個中國之歷史文化，就會完全不同於現有的情況。但每一派卻力求爭有整個領域。無論如何，儒家在這傾向上，比法家少些極端。儒家指出把刑罰當為惟一統治之工具，是不適當的，同時主張道德應優先於法律；而法家卻主張法律應優先於道德。但事實上法家禁止了所有的道德教育，並認為倫理道德是對國家公共秩序之破壞。」[24]

[23] 《大戴禮記・禮察》篇。《四部叢刊》初編經部冊十二頁七，上海商務印書館縮印宋刊本。

[24] 〈中國法學之歷史概觀〉，《中國文化季刊》一卷四期頁二三至二四。

依筆者之見，儒墨道三家僅陳述了政治的理想，而未向外架構出政治體制的客觀格局，故三家之說可以說是理想政治，是超乎政治之上的道德原則與價值歸趨，法家之說可以說是實際政治，是政治本身之恆常體制與客觀格局。二者之間，本不必相互衝突與彼此對抗的。牟宗三先生論之曰：「道化的治道，與德化的治道，實不是普通所謂政治的意義，而是超政治的教化意義，若說是政治，亦是高級的政治。……但我們也認為政治的意義與教化的意義並不衝突對立，因此我們不能因為要轉出政治的意義，必抹殺或否定教化一層的意義。」㉕奈何韓非見不及此，竟以政治的意義，反對道德教化，遂使其實際政治，轉成現實政治而失去其應有之道德精神與價值理想。蓋政治理想必透過實際政治的推動，始能一一下落實現；而實際政治也只有在政治理想的導引之下，始能步步邁向正軌。只要把理想政治的道德原則與價值歸趨，吸收消融於法律的條文之內，則治國以法，決不是反道德，亦不是非道德，而正顯現著絕高之道德精神的完成。故儒墨道三家之理想政治，與韓非法家之實際政治，實應並行而不悖，相輔而相成，此說方東美先生曾論之曰：

㉕《政道與治道》頁三七。

「哲王治國，善行仁政，並不需要有什麼法律，然而在廣土眾民的國家裡，政情複雜，癥結繁多，只由良醫一人親自臨床診斷，勢將應接不暇，同理，哲王如長在人間世，法律將無所用之；但哲王之興起，往往須遭逢時會，不能旦暮遇之。坐是之故，因時制宜的法律，便極不可少。從此可知行法治以救德治禮治之不及，亦正未可厚非。」㉖

又曰：

「在中國政治思想史上，一般人都認為德治，禮治和法治是絕不能調和的相反趨勢。道儒墨三家往往連在一起，攻擊法家之殘覈寡恩，害政以害事；而法家又反駁前者之政無常儀，賢智不足慕。這種紛爭的公案，直到現在仍未有圓滿的解決；但我以為法治主義的價值確實不可否認，只消我們把衡情度理之法，與人君密用之術，劃分開來，便知法治仍是一種理想政治，舉以與實際政治的術治或力治相較，大有區別，殊不能混為一談而鄙夷之。」㉗

㉖ 〈中國政治理想要略〉，輔仁大學《哲學論集》第三期頁五〇，六十二年十二月出版。

韓非「舉公法，廢私術」，與「抱法處勢則治」，在法之標準及制衡下，雖言術而非人君密用之術治，雖言勢而非君權迫壓之勢治，故仍是一法治。故方先生又云：

「這樣平情如水準，稱理若懸衡的鐵的紀律，何嘗違背德治，禮治的真精神？道家之法自然與道，去私存公，常德不忒；荀子以禮為法之大分，墨子之所若而然，壹同天下之義，豈不是要寓法治於德治麼？」㉘

方東美先生此論甚為透闢，較能避開一家狹窄之立場，而有其公正允當之評價。

由上述可知，韓非法中心思想之體系，有其客觀之格局與恆常之體制的架構表現，足以彌補儒家僅有德化之直接作用表現，與墨道法天歸道之只具遮撥與提升作用的不足，且比諸儒家之禮法分軌之治道亦較具公正平等之精神。此一客觀恆常之架構表現，與公正平等之精神，正是其政治哲學首要之精義。

㉗ 前書頁四九。

㉘ 同註二四。

㈡在法之標準制衡下，勢之為統治權力的自覺，與術之為統治方法的講求，把政治獨立於道德教化的領域之外，而以其無不禁之權威，與用人責功之治術，推動一國之政事，以獲致國之治強的必然實效。

韓非之政治哲學，以法為其中心思想，然實以強固君勢為先。在廣土眾民，國事萬端之中，若君勢不強固，無一統治權力的領導中心，以為其推動政事之後盾，則法之標準固不立，術之治道亦難行，故強固君勢實為其政治哲學首要之前提。惟韓非言勢，並非專為君王一身，而是「勢足以行法」[29]，且君勢亦在國法的制衡之下。以為君王如果專任勢而不抱法，必亂多而治少；故主張人主以勢行法，抱法以處勢，不可專用勢而不任法[30]。

韓非法家思想，與儒、道兩家之治道大異者，端在君王權勢的固結強化。儒之德教，惟「其身正，不令而行」[31]；道之歸樸，惟「為無為，則無不治」[32]：皆旨

---

[29] 〈八經〉篇。《校釋》頁一七四。

[30] 陶希聖先生《中國政治思想史》第一冊頁二一六至二一七，食貨出版社，六十一年四月重印。

在取消君王之威權，而歸之於修德體仁與素樸無為。墨家雖言「壹同天下之義」[33]，然又言「尚同於天」[34]，荀子雖言「立君上之勢以臨之」，然仍歸於「明禮義以化之」[35]，二者雖推崇天子君上之權威，然亦以聖王禮義之德化與天子法天之兼愛，為其根柢，均未如韓非以君王權勢之往下直落，以為「勝眾之資」[36]。蓋韓非以為政治之樞紐在權力而不在道德，國之治亂亦恆由統治權力而定，而非道德教化所能為功，故把政治獨立於道德的領域之外[37]。儒家之政治思想，志在透過人文教化的

---

[31] 《論語・子路》篇。《集註》頁一一七。

[32] 《老子》第三章。《王弼注本》頁二之一。

[33] 〈尚同上〉篇。《閒詁》頁四五。

[34] 〈尚同下〉篇。《閒詁》頁五九。

[35] 〈性惡〉篇。《約注》頁三三一。

[36] 〈八經〉篇。《校釋》頁一五〇。

[37] 《韓非子・難三》篇，云：「今有功者必賞，賞者不德君，力之所致也；有罪者必誅，誅者不怨上，罪之所生也。」此言治國之道，在依功罪而行賞誅，與君王之仁恩無涉，故不德君，亦不怨上。
另〈六反〉篇亦云：「人臣挾大利以從事，故行危至死，其力盡而不望。此謂君不仁，

薰陶，將群體社會納入人心一體之仁的「道德秩序」之中；墨家之政治思想，志在透過壹同天下之義，將不相愛的個人，引入天志一體之愛的「義道秩序」之中；道家之政治思想，則志在消解政治的建構，而將每一存在的個體納入宇宙整體之道的「自然秩序」之中；而韓非法家的政治思想，則志在固結君王的統治權力，將挾利自為的個人，引入君國一體之法的「政治秩序」之中。也就是說，韓非所求以建立的，不是儒家的「道德秩序」與墨家的「義道秩序」，也不是道家的「自然秩序」，而是「政治秩序」，此一自覺亦韓非法家思想之一大特色。當然，政治不僅不能是反道德的，且直須接受道德的導引，與價值的規範，但就政治之本身而言，可以是非道德的，以免政治與道德不分，反而不易釐清政治本身的基本問題。此一道德價值，可以超乎政治之上，做為原則之導引與理想之歸趨，然不可混雜不分，以免泛道德主義的迷霧，瀰漫其中，而顯不出屬於政治範疇之結構與運作等問題。也就是說，

臣不忠，則可以霸王矣。」人臣在國法高懸之下，挾利以從事，君不必曰仁，臣亦不必言忠，亦可成就霸王之業，凡此可知韓非不言仁恩而出以利害原則，將政治獨立於道德之外。

以上二段所引，見《校釋》頁三五三與九三。

儒墨道三家所言者，乃一理想政治之理念，屬於應然之探討；韓非法家所立者，乃為實際政治之架構，屬於實然之規畫。實然架構之規畫，與應然理念之探討，自可分屬於上下不同之界域。也就是說實際政治可以是非道德的，獨立在道德的領域之外，去規畫設計政治的體制與行政的程序，如此較能認清與把握存在於政治本身之重重問題，而一一去求其排解之道，此已「建立含有近代意味純政治之政治哲學」㊳。

故韓非之言勢，在樹立無不禁之統治權力，此與近代政治學所言構成國家四大要素之政府與主權，有其相近之作用，吉鐵爾 (R. G. Gettell) 曰：「國家真正重要的要素，實為主權。由對內方面來觀察，這就是說，一個國家對一切個人與個人所組成之團體，具有法律上完全的權力。由對外方面來看，這等於說，一個國家依法不受其他國家的控制。……因為國家有了組織，遂有一個政府，由此行使對所屬一切

㊳ 蕭公權先生《中國政治思想史》頁二三二，云：「韓非論勢，乃劃道德於政治領域之外，而建立其含有近代意味純政治之政治哲學。」頁二三八又云：「政治之直接效用為維持秩序，而非推進道德。政治生活，固得有善惡之區別，然而其標準當以法律而不當以道德為根據。」

個人的權力，保持其對其他國家之獨立。」[39]此言對內之最高統治權，即韓非「民固服於勢，寡能懷於義」之勢，其對外之絕對獨立權，即韓非「力多則人朝，力寡則朝於人」之力，二者之主權，均依法而有，此即韓非「抱法處勢」之法勢。故韓非之勢，乃實際政治得以成立之首要條件，以為其治理臣民之憑藉。故曰：「明君操權而上重，一政而國治」[40]，在信賞必罰之下，以嚴行一國之常法，而獲致國之治強的必然實效。

且韓非之政治哲學，乃順應戰國現實之政情而生，在貴族世卿之篡奪，與重人近習之擅權之下，國已不國，政亦不政，惟有強固君王之權力，始足以擺脫貴族世卿之掣肘束縛與重人近習之包圍壟斷，故固立君勢，實為彼時穩定政局之迫切需求。故章太炎先生曰：「在貴族用事之世，唯恐國君之不能專制耳。國君苟能專制，其必有愈於世卿專政之局。」[41]由是可知，由封建分治而至於君主專治，乃相應於時代變局的一大進展。而非如大史家司馬遷所云：

---

[39] R. G. Gettell 著，石衍長譯《政治學》頁二五，新陸書局，五十一年十月臺二版。

[40] 〈心度〉篇。《校釋》頁八一三。

[41] 《國學略說》頁一六一。

> 「韓子引繩墨，切事情，明是非，其極慘礉少恩，皆原於道德之意，而老子深遠矣。」㊷

太史公此一說法，不免自相矛盾，既已「引繩墨」之法，又能「切事情」之責實，與「明是非」之當名，何以謂「慘礉少恩」？事實上，「少恩」正是其賞罰信必，執法嚴明之最佳寫照，至於「慘礉」，則不免仍出以超政治的價值觀點而有之評斷。韓非曰：

> 「今晏子不察其當否而以太多為說，不亦妄乎？夫惜草茅者耗禾穗，惠盜賊者傷良民。今緩刑罰，行寬惠，是利姦邪而害善人也。此非所以治也。」㊸

法之厚賞重罰，旨在勸善而禁暴，故勢之信賞必罰，嚴明得當，又於善人何害？故曰：「度量信，則伯夷不失是，而盜跖不得非。」㊹若行寬惠，緩刑罰，反而利

㊷《史記・老莊申韓列傳》篇。《廣文本》頁八六三。

㊸〈難二〉篇。《校釋》頁三三一至三三二。

姦邪而傷良民，如是盜跖固得非，伯夷亦受害，故勢之「慘礉少恩」，正是主持人間正義之人道主義的充分表現，太史公如是之評斷，實未抓住其弱點，故非平允之論。

另一方面，韓非之術，乃人主任用群臣，督核百官，以推動一國政事之程序步驟，在法之規準下，君王先為不可知，不為臣下所因乘，以求知下能明，用人得當；其次「因任而授官」，即在用人惟材，以求職能相當，且在「一人不兼官，一官不兼事」❹❺之規畫下，使其職責分明；再「循名而責實」，依其職責之名而責其事功之實。凡此皆為人主「治吏不治民」❹❻所不得不有之手段，屬於人事行政的範圍。左潞生先生曰：

「人事行政，實包含下列各要素：㈠科學方法，即以一定的客觀標準，拔取人才，不得有情感好惡存於其間；㈡人才主義，即用人唯能，不得以私人關係而定去取；㈢合理制度，即一切措施須合於人事行政的原理原則，不得由長官任意處置；

---

❹❹〈難一〉篇。《校釋》頁三二〇。

❹❺〈守道〉篇。《校釋》頁七九八。

❹❻〈外儲右下〉篇。《校釋》頁六〇六。

(四)調適原理，包括1.人與事之調適，即公務員應與其所任之事相適合；2.人與人之調適，即公務員彼此間應和諧合作；3.人與物之調適，即公務員應與其機關及其所應用之工具相配合；(五)效率主義，即人事行政以效率為前提，公務員須盡量發揮其能力，行政機關須順利完成其使命，而使行政獲得最大的效果。」[47]

上述所言，一切措施依乎制度，不得由長官任意處置，此即韓非人主不可知之無為術；其拔取人才，不得有私人好惡，用人唯能，不得出以私人關係，及用人應與其所任之事相適合，此即韓非「因任而授官」「程能而授事」之參驗用人術；其重視效率，盡量發揮其能力，以獲致最大之效果，此即韓非「循名而責實」之督責求功術。此之治術不僅未有不良之趨向，且旨在期求君王守法責成，不出以私人之心意而悖法自為，正涵蘊限定君權而借重天下才士之一義於其中，而非熊十力先生所謂之執藏密用之陰深險忍。

此一治術之方法的講求，乃韓非政治哲學的卓識。儒家《大學》之八條目，與《中庸》之九經，亦已著重本末終始，成己成物之先後之道。《莊子・天下》篇，最

---

47 左潞生《行政學概要》頁五五至五六，三民書局，五十二年十月初版。

可注意者乃道術兼言[48]。神之降、明之出固依乎道；而聖之生，王之成則有待於求道之術。始能由上之神，降而為下之聖，由上之明，出而為下之王；由內之神，照顯而為外之明，由內之聖，露現而為外之王。前者為上下直貫，後者為內外橫通，由求道之術的接引過渡，而為其貫通上下內外的橋樑[49]。此「明於本數」之道，必「係於末度」之術[50]，以免「內聖外王之道」，神闇於上而不明照於下，聖充鬱於內而王不顯發於外[51]。由天人至人神人之「不離」，而為聖人之「兆于變化」，乃由上而下之神降明出；由君子之仁恩禮行，而為百官之「民事為常」，乃由內而外之聖生王成。由天人至人神人之「配神明，醇天地」，透過聖人君子之「育萬物，和天下」，而至百官「以法為分，以名為表」之澤及百姓，養民衣食，這一由上而下的神降明出，與由內而外的聖生王成，正是道術「其運無乎不在」的整體大貫串，大肯定[52]。

[48] 〈天下〉篇，云：「古之所謂道術者，果惡乎在？曰：無乎不在。」《正義》雜篇頁六二一。

[49] 〈天下〉篇，云：「神何由降，明何由出？聖有所生，王有所成，皆原於一。」陳壽昌輯注：「一者，道之根也。」《正義》雜篇頁六二一。

[50] 《正義・雜》篇頁六二之一。

[51] 〈天下〉篇，云：「是故內聖外王之道，闇而不明，鬱而不發。」《正義》雜篇頁六二三。

而此下百家之學，未得道術之整全，惟得其一偏，或執下之用而失其上之體，或逐外之末而失其內之本，遂上下斷裂不通，內外割離有隔，故曰：「道術將為天下裂。」[53]此不空言道，而道術兼言，乃深知無術之求而道終不自顯。此一方法上的講求，以為儒道兩家思想晚期發展的共同傾向，儒有《學》、《庸》之本末先後之道，道有〈天下〉篇上下內外直貫橫通之道。故韓非言術，亦是依法用勢以求一政國治的方法程序，與《學》、《庸》、〈天下〉篇言先後、言道術之所重者，其精神實未有以異。惟《學》、《庸》與〈天下〉篇，乃由自我之道德修養與精神人格的提升，以至平治天下的上下階梯與內外通道，而韓非之術則為純政治意義的，為君王統御群臣，推動一國政事，循法之名以求其功之實的施行步驟。

韓非之術，志在將用人責功之手段，與國之治強的目的，兩相銜接。透過現實政治的作業，與有效的運作方法，而達成其「惟法為治」的政治理想。他看出手段與目的的必然聯貫性，以為在理想與現實之間，只有在國法定制之規準下，開出一條途徑，建構一套人事行政的推動步驟與職責考核的管理方法，即可以加以接合溝

[52] 同註四四。

[53] 《正義・雜》篇頁六三之一。

通，而獲致其必然之實效。至於其潛藏不欲見之術，僅有其消極之作用，以斷絕臣下因君王之好惡，得以匿端飾能以自進，與順人主之心，得以取信幸之勢的倖進之路，由是始能進一步展開「因任而授官」，「循名而責實」依法以治的治術。

故韓非之術治，實不同於西方馬基維利 (Niccolo Machiavelli, 1469–1527) 之說。近代學人好以韓非比附於馬基維利之政治思想[54]，此實低估了韓非，也誤解了韓非。韓非之術，在法之制衡下展開，只可謂行法之術，韓非曰：「人臣多立其私智，以法為非者。以邪為智，如是者禁，主之道也。」[55]韓非既以禁臣下私智之邪，而以法為不可非者，為人主之治道，足見其所謂之治術，必與馬基維利「但論目的，不擇手段」[56]根本否定原則之權謀詐術，實大為不同。此梁啟超先生云：「其書言內

---

[54] 鄒文海《西洋政治思想史稿》頁二三五，云：「馬基維尼在《霸術》（筆者按：The Prince 何欣譯名為《君王論》）一書中統治術的大要，與我國法家的精神極為相似。他所探討者為霸業的成功之道，而非政治的原則。」依筆者之見，韓非所探討者固為成就霸業之道，與馬氏等同，然韓非卻堅持政治的原則，此則二者大異。鄒文海先生獎學基金會，六十一年十月初版。

[55] 〈飾邪〉篇。《校釋》頁二〇九。

治外交，皆須用權術。」57韓非內政以法為治，勢與術皆在法的規範之中；而其外交則反對合縱連橫之權術，以為必待明其法禁之內政，而以國之治強的實力為其後盾。才是存國成霸之道58。且韓非言法，在變古以治今，馬基維利則是古以非今，

56 何欣譯《君王論》頁八一云：「君王的行動中，目的可使手段成為合理合法的。……一位君王的目的是征服和維持一個國家，每個人都會尊重和稱讚他採用的手段。」此目的可使手段合理之說，已取消手段本身應堅守原則的必要性。故鄒文海先生云：「馬基維尼曾為《霸術》作畫龍點睛的結論：『但論目的，不擇手段。』」見《西洋政治思想史稿》頁二三八。

57 《先秦政治思想史》頁一三七。

58 〈五蠹〉篇，云：「事大為衡，未見其利也，而亡地亂政矣。……救小為從，未見其利，而亡地敗軍矣。……治強不可責於外，內政之有也。今不行法術於內，而事智於外，則不至於治強矣。……故治強易為謀弱亂難為計。……緩其從衡之計，而嚴其境內之治。」此言外交之合從連橫，或救小或事大，均不利於國，惟有強固內政，而不事智於外，治以法術，而非運以權術，則國趨治強，強者能攻人，治者不可攻，以實力為後盾，談外交則易為謀，否則必難為計，故反對權術從衡之計，而嚴其境內法術之治。《校釋》頁五三至五四。

以為「人性不變，所以歷史也是不變」[59]，惟以羅馬帝國之成敗之歷史教訓，為君王決斷政事的準繩。也就是說，馬基維利惟任勢與術，要君王有如獅子一般的威猛，與狐狸一般的狡智[60]，而無一在上之定法常軌以為其準則。韓非亦云：「夫虎之所以服狗者，爪牙也；使虎釋其爪牙而使狗用之，則虎反服於狗矣。人主者，以刑德制臣者也；今君人者釋其刑德而使臣用之，則君反制於臣矣。」[61]此雖言虎不可釋其爪牙之威，始足以服狗。故以刑德行法之威勢，亦當由人主執持，始能制御群臣；然其大原則仍在依法以信賞必罰。故韓非之政治哲學，其精神實與馬基維利大異，此吾人治韓非之學者，不可不加以深辨釐清。

由上述可知，在客觀之法制下，韓非又以勢為其統治之權力，以術為其統治之方法，把政治獨立於道德的領域之外，透過君勢的固立，與治術的講求，求法之必行嚴明，而獲致其國趨治強的實效之功。此亦為韓非政治哲學之體系架構所呈顯之

---

[59] 鄒文海《西洋政治思想史稿》頁二三五。

[60] 何欣譯《君王論》頁七九，云：「一位君王必須熟知如何像野獸般行動，他必須模仿狐狸和獅子，因為獅子不會躲過陷阱，保護自己；狐狸則不能逃避豺狼的捕捉。」

[61] 〈二柄〉篇。《校釋》頁一七九。

另一精義。

總之，韓非政治哲學由於其法中心思想之體系架構的建立，而有其外發之精義，為其他各家之政治思想所不及。一者法之客觀化制度化之架構表現，而開出其恆常體制與客觀格局，故實際政治得以成立推動。正可彌補儒墨道三家理想政治之僅為主觀之直接作用表現的不足，且一民於法之治道，亦較富公正平等之精神。二者勢之為統治權力的自覺，與術之為統治方法的講求，前者近於現代之國家主權說，後者近於現代之人事行政學，均在國之常法的制衡限定下執持運用，勢之執持以求法行之嚴必，術之運用以求賞罰之當明，由是而直趨其國之治強的必然實效。此外發精義皆由其法中心思想之體系架構，呈顯透脫而出。依筆者之見，這兩方面乃是韓非政治哲學最具卓識，最具價值之精義所在。

第二節 人性挾利自為之理論根基的偏狹與其潛存之困結

韓非政治哲學的理論根基有三：一為挾利自為之人性論，二為以君國為主體之價值觀，三為時移世異，因事備變之歷史觀。而三者之中，又以人性論為其根柢。其講求實效之功利價值觀與物質條件決定人類行為之唯物歷史觀，均由人心唯計量利害之人性論所衍發出來。韓非政治哲學之體系架構，即由此三大理論根基推衍而得。也就是說，此三大理論根基，乃推得其體系架構之結論所由來的大前提，而其體系架構，則是根據此理論根基之大前提所推演而出的結論。就演繹三段論式而言，其結論之真確性，實由大前提所決定。前提真，則結論未必真，前提假，則結論必假[62]。故吾人欲求判定其體系架構之結論，是否真確，與能否成立，必先考察其理論根基之前提的真假。

本節即就此三大理論根基，加以檢討分析，以明其政治哲學之不免沉落，而歸於倒塌，實由於其理論根基的偏狹，有其潛存之困結而來。

(一)人性論的偏頗及人之主體性的失落

韓非之人性論，非如孔孟來自內在仁心善端之當下呈顯而言性善，並由我心之

---

[62] 謝師幼偉《現代哲學名著述評》頁九六，云：「演繹如前提真，則結論必真；而歸納則雖前提真，而結論未必真。」

仁，推得天下人心皆具此心一體之仁；而是循荀子以人之情欲來觀察人性的路子。荀子之言人性，適與孟子兩相對反。孟子心性相合，故曰：「仁義禮智根於心。」63故由性之善，一路直下，而言心之善，情之善，故曰：「乃若其情，則可以為善矣。」64此言「其情」，乃指仁心仁性所發動之情。故順此情之動，即可以為善。甚至欲亦可為善，故曰：「可欲之謂善。」65此欲之可不可的判斷，來自仁性良知之主體，故仁心善端一呈顯，欲之發亦可為善，此乃由上而下之肯定。荀子反之，曰：「人生而有欲，欲而不得，則不能無求，求而無度量分界，則不能無爭。爭則亂，亂則窮。先王惡其亂也，故制禮義以分之，以養人之欲，給人之求。」66此乃由群體社會之爭亂困窮，恆來自人之欲求，故欲為惡，而「情者，性之質也；欲者，情之動也。」67再由欲之惡一路直上，而言情之惡，性之惡，此乃由下往上之否定。

---

63 〈盡心上〉篇。《集註》頁三〇〇。

64 〈告子上〉篇。《集註》頁二七六。

65 〈盡心下〉篇。《集註》頁三二二至三二三。

66 〈禮論〉篇。《約注》頁二五三。

67 〈正名〉篇。《約注》頁三二二。

故荀子之性惡論實未就人性之本身言，而是基於爭亂之起於欲求而言；且欲求亦非惡，惡實來自欲求之「無定量分界」。就因為欲求非惡，故制禮旨在「養人之欲，給人之求」；也因為惡在欲求之「無定量分界」，而「辨莫大於分，分莫大於禮」68，故以禮之定分，即足以止爭息亂。由是可知，荀子之人性非惡，故化性成為可能。且荀子將人心獨立於人性之外，以其「虛壹而靜」，故心可知道，而生禮義，聖人之起偽，與人民之師法，亦由此心之有辨能明，始成為可能。故荀子雖言：「隆禮至法，則國有常。」69然其哲學，仍以人為其主體，性可化而偽可起，人之價值性並未喪失。故曰：「有治人，無治法。……故法不能獨立，類不能自行，得其人則存，失其人則亡。法者治之端也。君子者，法之原也。故有君子，則法雖省，足以遍矣；無君子，則法雖具，失先後之施，不能應事之變，足以亂矣。」70此一人性論，正是其「聖人明禮義以化之」71之成為必要與可能的理論基礎。韓非之人性論，循其

68〈非相〉篇。《約注》頁五二。

69〈君道〉篇。《約注》頁一六六。

70〈君道〉篇。《約注》頁一五八。

71〈性惡〉篇。《約注》頁三三一。

師承之舊路，由人之情欲來觀察人性，惟形近而實異。韓非以人性皆挾利相為，極端自私；且又與心智相結，性之好利，而心為之計量。是韓非直就人性之本身而言其性惡，且心又未能獨立於人性之外，僅依乎性而發，為利害計數之自為心，由是，人之根性既惡，性遂不可化，心又只計一己之私，偽亦無由起，荀子化性起偽之功，至此而斷落。荀子尚有一虛靜之心，可藉以起偽師法，韓非則並此心亦不存，人之內在主體性，到了韓非的身上，遂告消失不存。這一人性觀點，實決定了韓非政治哲學的整體架構，也是其理論體系無以逃離的困結所在。

韓非觀察人性，雖說引證有據，卻不免以偏概全。其所言疾耕之傭，吮傷之醫，成輿之輿，與成棺之匠，莫不各自挾自為心，誠屬事實。至謂父子之親，亦挾利以相為，養薄則相怨怒，甚至「產男則相賀，產女則殺之」[72]；又謂「君臣之交計」[73]惟以利相接相合，而有「臣利立而主利滅」[74]之尖銳對立，甚至后妃太子皆欲其君之早死：凡此僅為少數極端特例，實不足以盡人性之全。人情之好利惡害，就安利

---

[72] 〈六反〉篇。《校釋》頁九一一。

[73] 〈飾邪〉篇。《校釋》頁三一二。

[74] 〈內儲說下〉篇。《校釋》頁四二八。

而避危窮，此自是無庸諱言；然人心並非僅計數及此而已。韓非固亦深知「民之重名，與其重利也均。」75且「民之急名也，甚其求利也如此。」76此名即是人之道義操守，所求以成就人之價值生命者。此一生命價值之自覺與尋求，在人心之分量，比諸私利之自為攫取，只有過之而無不及，足見人心非只計數一己之私，且亦有發為慷慨悲歌，以成仁取義，成就此人我之大公者。韓非既有見於此，奈何又謂父子僅挾利以相為，君臣僅利計以相合，豈非自陷矛盾而無以自解？即使人各挾自為之心，亦不必損人以利己，因私而害公，人我公私之間，本相涵相長，成己成物，修己安人，亦可一貫相成，而不有衝突，又何至於「私行立而公利滅」77，而有「君之直臣，父之暴子」，與「父之孝子，君之背臣」78公私之兩不相容？且韓非亦謂世有法術忠貞之士，為重人近習所阻隔而不得盡忠效命於君王，其本身所深致其孤憤以自表者，奈何竟謂「臣利立，而主利滅」之以利相市，是韓非對人性之觀察，實

75 〈八經〉篇。《校釋》頁一七四。
76 〈詭使〉篇。《校釋》頁一〇五。
77 〈五蠹〉篇。《校釋》頁四二。
78 〈五蠹〉篇。《校釋》頁四四。

至為偏頗。

就由於韓非以人性皆挾利自為，人心又刻意交計，遂推出其民智如嬰兒，士智更不足信的絕望之論。雖亦承認世有仲尼曾史之德修材美者，然為政之道，端在用眾而舍寡，舍適然之善，而求必然之功，由是此人間美善之行，在其國法之畫一下，俱歸不見，呈顯而出的僅是利害之計較，與人我之對抗。遂由其心性觀的偏頗，而導致其政治哲學的沉落。此中之逆轉有二，一為其反仁義道德，反學術文化；二為其立法無意養善，而僅在止姦。今分別論述之：

其一為人之內在主體性的失落及其否定道德否定學術之窒息人心，封閉人性的沉陷。

中國哲學向以心性之學而展開，儒之天命之性，道之道常之德，孔孟之德性心，老莊之虛靜心，皆有以立其人之所以為人之內在主體之性德，與體現顯發此人我一體之仁之德性心，與返照歸明此物我一體之道之虛靜心；墨子未立人內在心性之本體，然轉以天志之法儀，以建立其大本大源之義；荀子雖失其天命之性之善根，亦有虛靜之認知心，以為其生禮義而師法知道之內在源頭。而慎子失其形上之道與內在之德，又消解其有知有己之心，遂心性兩失，惟有棄知去己，緣外在物勢之不得已；

下至韓非，性根為惡，心知又僅計及一己之私利，亦心性俱墨，其內在遂漆黑一片，惟任外在國法之不可移，與君勢之無不禁，內在僅存一潛運之術府，以抗外自全。先秦儒道兩家以心性為根基之哲學慧命，至慎子韓非之身，遂告斷落衰亡。此牟宗三先生論之曰：

「如是人性只成一個黑暗的、無光無熱的、乾枯的理智，由此進而言君術。……術府中並無光明，所以法所傳達的只是黑暗。而反德反賢，反性善、反民智，則人間光明之根，已被抹煞。如是整齊劃一之法由術府中壓下來而昏暗了一切，亦即物化了一切。」[79]

性既自為無善，道德遂失其流現之本，心既計利無明，學術亦失其開啟之源，心性兩路皆斷，是以反道德，反學術，而曰：「故有道之主，遠仁義，去智能，而服之以法。」[80]又曰：「去偃王之仁，息子貢之智，循徐魯之力。」[81]僅餘利害之

[79]《政道與治道》頁四一。

[80]〈說疑〉篇。《校釋》頁二三二。

計數，權勢之威迫，而曰：「人情有好惡，故賞罰可用。」[82]又曰：「不養恩愛之心，而增威嚴之勢。」[83]如是，物利之多寡，勢力之強弱，遂取代一切，決定一切，也就是物化了一切。

其法勢術之體系架構，雖有其客觀化制度化之架構表現，也足以建立其標準齊一之治道，而獲致其國之治強的實效，然人之內在主體性消失不存，外在之法與君上之勢，遂窒息了人心，也封閉了人性，政治僅為了君王一人，人民成為君國的工具。如是，人間已僵化為機械死板之世界，人生已凝固為乾枯空殼之生命，國之治強，又有何意義？人失去其內在之自由與外發之活力，法之公正平等，亦一死寂斷滅之沉落而已！

抑有進者，反道德而德不必修，反學術而智未能明，如是，眾民之盡力於農戰，百官之盡能於吏治，君王法之立法，勢之行法，與術之治術，具失去其內在賢智之本。雖君勢足以禁眾之暴，君術亦足以止臣之姦，然天下臣民無賢德，無智能，國

[81]〈五蠹〉篇。《校釋》頁三三。
[82]〈八經〉篇。《校釋》頁一五〇。
[83]〈六反〉篇。《校釋》頁九四。

或可平治，實不足以言富強；且君王之立法，以其不必德，亦不免有其一己之私心自為，又何以成一國之公利？此即荀子所謂「君子者，法之原也。」而行法之勢，又為君王所獨操，君不必德，又何足以賞罰無私，當乎功罪？此即荀子所謂「法不能獨立，類不能自行，得其人則存，失其人則亡。」且御臣之術，亦為君主所獨運，君不必智，又何足以知人有明，用人當能，循其職名而責其功實？此即荀子所謂「則法雖具，失先後之施，不能應事之變，足以亂矣。」足見中主之君，不具高材美德，其立法行法，以及治吏用人，均無以推動展現，而勢必成為一空架子而未有其實質之意義。如是，法既不足以成一國之公利，勢不足以勸善禁暴，術亦不足以止姦責功，其法勢術疊架而成之體系結構，必歸於崩頹倒塌。

韓非既以人性皆惡，心智又不足信，而又不思以立化解養善使其可信可善之道，反而順此心性之惡，直趨而下，而恃其勢術之執運嚴明而有功，故曰：「今人主處制人之勢，有一國之厚，重賞嚴誅，得操其柄，以修明術之所燭，雖有田常子罕之臣，不敢欺也。」[84]又曰：「群臣孰非陽虎也，……知微之謂明，無赦之謂嚴。……君明則知誅陽虎之可以濟亂也。……君嚴，則陽虎之罪不可失，此無赦之實也。則

[84] 〈五蠹〉篇。《校釋》頁四八。

誅陽虎，所以使群臣忠也。」[85]就由於韓非反道德之修善，與反學術之知能，才會有「智士者未必信也」、「修士者未必智也。」[86]用之則君見欺，或國事必亂的兩難之患；也由於其「無書簡之文」、「無先生之語」[87]才會有「是求人主之必及仲尼，而以世之凡民皆如列徒，此必不得之數也。」[88]的自棄絕望之說。不知若透過道德之轉化，與智能之培育，代代相傳之君，亦可求其及仲尼之仁且智，何必謂堯舜千世而一出，而僅求不必賢不必智之中主之治以自限？天下才士，智能者亦可有其「廉貞之行」，德修者亦可有其「賢能之行」[89]，何必謂智士不足信，而僅以「不求清潔之吏」為已足[90]？世之凡民亦可求其如曾史之行，子貢之智，何必謂民智如嬰兒，而僅以「不恃人之以愛為我」[91]自困於孤立之境？如是，上主人君，自可立法無私，

---

[85]〈難四〉篇。《校釋》頁三六八。

[86]〈八說〉篇。《校釋》頁一三四。

[87]〈五蠹〉篇。《校釋》頁五〇。

[88]〈五蠹〉篇。《校釋》頁三七。

[89]〈五蠹〉篇。《校釋》頁四二。

[90]〈八說〉篇。《校釋》頁一三九。

行法嚴明，用人得當；有德之士智自可信，有知之民智自可用。否則君王以一人之身，對抗天下臣民之私為，正禁暴止姦之不暇，何能心在國事，有其積極之建樹？豈非自絕於天下，以天下臣民為芻狗，而僅成其獨夫之治？奈何韓非不此之圖，而自陷絕望之論，以致其實際政治，失去其道德學術之根力，而沉落為現實主義、物質主義之現實政治，窒息了人心，封閉了人性，其理想政治遂無由開出。此實為韓非政治哲學無以自救之致命傷。

其二為立法無意養善，而僅在止姦之實證法的不足，及其政治理想的崩落。

韓非言立法必因乎人情，似有自然法的意味，然其所謂之人情，並非如孟子統之於心性之下，可以為善之情，而是落於荀子為爭亂之源的欲求，此荀子所求以節制化解而導之於禮義之道德秩序者，韓非卻順著這一人情之好惡，利用此一好利之心的人性弱點，以為君王驅民於農戰，使「民盡死力」❾❷，誘人臣以立功伐，使「行危至死」❾❸之成為可能的憑藉。故曰：「法重者得人情，禁輕者失事實。且夫死力

❾❶ 〈姦劫弒臣〉篇。《校釋》頁二一六。

❾❷ 〈五蠹〉篇。《校釋》頁五〇。

❾❸ 〈六反〉篇。《校釋》頁九二。

者，民之所有者也，人情莫不出其死力以致其所欲；而好惡者，上之所制也，民者好利祿而惡刑罰，上掌好惡以御民力，事實不宜失矣。」[94]故韓非之法，非出乎人內在道德之自發，非出乎人間正義的維護，而僅為個人利害的趨避，有其制約行為的必然實效。此吳師經熊論之曰：

「……法治思想大有功利主義的色彩，把人類當作一部計算的機器。可是人的心理是複雜萬分的，不是單純性的，比方計算之心固然有的，然而同情心也未始沒有，法律不是特種心理底特產，卻是各種心理調和的結果，法律正是『公道』和『治安』底公僕！法律那裡是功利底結果？法律那裡是計較利害底算盤？司馬談批評法家，說他們『嚴而少恩』，卻是不差。……」[95]

此一功利實效的法理，實由於韓非人性論的偏頗而有，以為人性好利，人心唯

[94]〈制分〉篇。《校釋》頁八三一。

[95]《法律哲學研究》，楊鴻烈《中國法律思想史》頁一四一至一四二，商務印書館，五十九年三月臺二版。

有利害之計量，故誘之以利，即足以規制萬民。不知人心並非如是單純，而仍有其同情心，有其生命價值的自覺與評估。否則，韓非又何必禁抑儒俠，亟以國法之賞罰統一世俗之毀譽？是以其立法陷入極大的偏差。韓非曰：

「立法非所以備曾史也，所以使庸主能止盜跖也。」[96]

「故立法度量。度量信，則伯夷不失是，盜跖不得非。」[97]

立度量之法，無意養伯夷之是，曾史之善，而有如設柙以服虎，僅在止盜跖之暴行。故其治國之法，實少有積極創發之功能，與理想價值的意涵，唯重現實功利的講求。立法不言如何提高生命的品質，如何確立生命的尊嚴，如何安頓天下人民的情性，如何保障人民身心的安全與自由；韓非所關切著意者，僅在法之必然的實效，在政治秩序的完成，根本無視於人之所以為人的一分尊嚴，與幾許自由的自然要求。如是其法之內容，惟在「夫婦所明知者」，而去其「上智之論」[98]，如是之平

[96] 〈守道〉篇。《校釋》頁七九九。

[97] 〈守道〉篇。《校釋》頁七九八。

等，乃向下之求其平等，而非向上之平等。使上智上德之行，俱在愚夫愚婦之平準下，整齊畫一，而同歸於卑弱，故章太炎先生云：「政之弊，在以眾暴寡，誅巖穴之士；法之弊，以愚割智。」[99]如是之公正，亦是往下沉落的求其公正，而非往上提升的公正，僅在政治權威的束縛下，使賢者志士的生命才性，在為世之陽虎盜跖所設之柙的禁制下，無以顯發，而同歸於沉寂。此韓非之法理，雖能本末一貫，自圓其說，在根本上仍有其不可彌補之大缺陷在。

方東美先生論理想政治之標準曰：

「綜上以觀，中國哲學家所蘄求的國家，除卻政體法制經濟武備之外，更應具道德的教育和文化的優點，方能產生理想政治。所謂理想政治之標準，即在完美生命之具體的實現，一切政策政綱都應由道德力推進之，教育大計普及之，文化精神固守之，赤裸裸的暴力政治，或藉虛偽思想的糖衣，作為掩飾的實際政治（筆者按：此可解為現實政治之義），絕難幸免於毀滅。這個真理可借莊子巧妙的寓言表達之。

[98]〈五蠹〉篇。《校釋》頁四八。

[99]〈原道下〉篇。《國故論衡》，頁一七二，廣文書局，六十年四月再版。

『藏舟於壑，藏山於澤，謂之固矣，然而夜半有力者負之而走，昧者不知也。』（筆者按：出乎〈內篇大宗師〉）莊子這段話，具有極深奧的哲理，其用意當然不僅在解釋政治，然而操持政事者，假如拋棄了道德標準，教育力量，及文化精神，只求於現實政治的措施保存國家，未有不為有力者負之而走者。」100

這一段話，用以批評韓非反道德、反學術、反文化之現實主義、功利主義的法理與治道，可謂最為犀利深刻。當然，韓非政治哲學之體系，有其以法為中心而制衡君勢與限定君術之理想在，問題在以人之心性俱惡，又反仁義道德、反學術文化，惟繩之以法；而立法又無意養善，僅在止姦，是以其法中心之理想，遂由此崩落，而成為徹底的現實主義。

吳師經熊亦評之曰：

「假使法家之人多些溫和，及少些對其他學派的不容忍，他們也許就會在建立一穩定的法治 (Rule of Law) 上有所成功，此法治可與英美法的成就相比，但是它實

---

100 〈中國政治理想要略〉，輔仁大學《哲學論集》第三期頁三九。

在太可惜了，他們銳利的思路，卻固執在激進的實證及物質主義的觀點上。他們不僅排斥任何高級法律的存在，而且明顯的禁止任何實證法律的倫理價值，並認為它是反對國家的極大罪行，Rheinstein 教授在他的『公正之標準』(Standards of Justice) 的論文中，認為實證主義是實際的意義，而不是純粹正式 (formal) 的意義：『它不只是法律術語的定義，它是政治的信條，此信條認為統治者的命令在他們身上來說，是無上的價值。此信條在任何其他標準之下，都是超越出任何價值之上的。此信條沒有任何人有足夠勇氣，從道德宗教或其他可想像的標準觀點去批評，它也許會被懷疑是否實際的實證主義曾經以如此激進的形式被提倡過。』我認為中國的法家學派，確曾以如此的激進實證主義被擁護。Duyrendak 教授雖是法家的崇拜者，然也指出法家的主要錯誤。曰：『這些法家學者，想要制定法律，而不觸及人類對與錯的判斷，並進到死板的機械作用，此一作用自動的工作著，像圓規或度量器一樣。他們全然不考慮到法律的來源，它是孕育生命本身的發展。荀子已很專心地注意到此錯誤。他說：「法而不議，則法之所不至者必廢。」(筆者按：出乎荀子王制篇) 法律永不會是完全的，同時應該由存在於人們心中的標準來增補。……。』[101]

[101] 《中國法學之歷史概觀》，《中國文化季刊》第一卷第四期頁二九。

是韓非之法，雖曰因人情，然僅固守於現實之效用，拒斥人們內在良知之自覺，並排擠其應有的倫理價值，故非自然法，而是激進的實證法。依西方中古士林哲學之大家，聖多瑪斯 (Thomas Aguinas, 1225–1274) 之觀點，以為最高之法律乃來自上帝之道的永久法，宇宙及宇宙中的人類，皆不能在永久法之外；其次為來自人類普遍理性之自然法，人類有理性，能分辨是非善惡，能自動遵守永久法，故雖受制，而實自制；複次為神法，乃《新約》與《舊約》中啓示的真理，足為人類道德的指導原則；最後是人為法，可分為萬民法與民法，前者由自然法而來，適合人類共遵共守和平相處的法律，後者為國家所建立而適應本國環境者，為今日所稱之實體法，是立法者之理性與意志的表示[102]。依上述之分畫，吾國道家崇尚形上自然之道，而否定聖智法令之人為法的必要[103]，是為永恆法；儒家著重在率性顯仁之德教，是為自然法；韓非之法則出乎統治者之意志，講求外在的實效，是為人為法、實證法。依儒家「天命之謂性，率性之謂道，修道之謂教」而言，天命之永恆法、率性之自

[102] 鄒文海《西洋政治思想史稿》頁一八九至一九〇。

[103] 《老子》十九章，云：「絕聖棄智，民利百倍。」又五十七章云：「法令滋章，盜賊多有。」《王弼注本》上篇頁一〇，下篇頁一三。

然法，與修道之人為法，是可以上下貫串為一，而不必割裂斷隔，也就是說，人為之實證法，本與道德同源，自應由永恆法、自然法之源頭流下，將自然法之道德律，導入其實證法的條文之中，雖出乎立法者之意志，亦出乎立法者之理性，吸收倫理道德的成分，作一妥善的結合；否則，法律不包容道德價值於其中，是為孤立之法。此孤立之法，不足以顯發人心，開展人性，引不起天下人民普遍的回應，自不足以為治理一國之政的常法。

誠然，道家之道法自然之永恆法，儒家泛道德主義之自然法，尚停留在絕對道德律，與普遍原則之主觀的作用表現上，而尚未具體化，建構相對的道德標準，而為客觀的架構表現。就政治而言，仍是一理想政治，而非實際政治；就法律而言，仍為內在於人性的自然法，而非外發為條文的人為法；然韓非法萬能主義之實證法，排斥道德律，也失去其政治理想，而轉為現實政治，亦暴露出無以自救之弊端。事實上，法律並非萬能，《伊索寓言》中，有一則言老鼠集會，共商防範貓襲之計，後得一妙策，咸以為掛鈴於貓頸，即可及時逃避，而永除大患；問題在誰掛？韓非立法以定一個共守之常道，行法以禁臣下眾民之姦私，問題在孰立？孰行？法立乎不必賢智之中主，而行於未足信之百吏，立法者與行法者皆非天使，標準大公之法何由而立？賞罰嚴明之法又何由而行？

且韓非「行刑重其輕者」之「以刑去刑」104的威嚇政策，也是不合情理，有時而窮的。姑不論犯輕罪而處重刑，已大為違背其賞罰當乎功罪的公正精神，且其「上設重刑而姦盡止」105之說，亦難期有必然之效。此邱漢平先生論之曰：

「韓非只從片面著想，所以陷入了極大錯誤，人的病症有輕重，所以醫生開藥方有強弱，社會的病症也是如此。惡人有幾等，我們自不能一律看待，偷竊之盜當然與殺人放火者有重大區別。現在照韓非的刑事政策，偷竊之盜一定要受重刑，纔可警戒後來者。如果人類只有懼怕心理，那末韓非的重刑主義，也許可以防奸止犯，無如人類的心理不只是懼怕，所以警戒主義終不能貫徹實現。我想老子說的『民不畏死，奈何以死懼之』（筆者按：《老子》七十四章），便是警戒這般嚴苛的法家，不知社會的病理。我們設死刑，在初是利用人民怕死的心理，等到死生置之度外，死刑就無濟於事，而且在自殺風氣時候，死刑更是火上加油，鼓勵犯法。刑法至此

104 〈飭令〉篇。《校釋》頁八三〇。

105 〈六反〉篇。《校釋》頁九六。

地步，可以說是窮了。」[106]

韓非以為天下人民在重刑恐嚇之下，自會服於重罰之勢，不知物極必反，若迫壓至無以為生之時，反而會逼上梁山，揭竿而起，此正是荀子所謂「君者，舟也；庶人者，水也。水則載舟，水則覆舟」[107]之理。即使此一威嚇政策，能如其預期，以刑而去刑；然強迫道德的本身，即等於不道德。故西方哲學家康德在其《實踐理性批判》之中，言道德之成立，不得不有超越於經驗界之內在意志自由的設定[108]；否則，人類的行為已為外界之自然律、因果律所決定，乃必為，而非能為，自不能為自己的行為負責，如是責道德之善，豈非強不能以為能？韓非既以人性皆惡，又欲以法律迫之使善，豈非自陷矛盾之中？故不論道德法律，皆不能出以強迫的手段。此吳師經熊曾論之曰：「所貴乎道德者，莫非因為道德是自由意志的產品。假使把政治和道德混在一起，其結果是『強迫的道德』，『麻煩的政府』。在『強迫的道德』

---

[106] 楊鴻烈〈先秦法律思想〉，《中國法律思想史》頁一三八至一三九。

[107] 〈哀公〉篇。《約注》頁四〇三。

[108] 謝師幼偉六十年輔仁大學哲學研究所《中國倫理學》，講堂上筆記。

和『麻煩的政府』之下，人民的人格永不會有發展底機會了。奴隸性質的道德，不如自由意志的不道德，我不說自由意志就是道德，但自由意志是一切道德，一切人格底生死和必備條件。」[109]韓非之人為法實證法，既非由上之永恆法與內在之自然法而來，已失其人性本根之活水源頭，反而欲以此一孤立之實證法，壓迫人們內在之良心，則是其立法精神的全面沉落。

事實上，外在之法，必歸本於內在良心的自覺，始足以實現。如證人出庭作證，必依乎良心之自覺偽證是惡，與冤枉好人是惡，而自我約束，始能如實作證，而維護人間正義；否則，如有不實之證言，亦不能訴之於外在的證明，法律若何嚴苛，亦踏不進人人此一內在方寸之地。韓非不相信人心，以為人心皆惡，視天下臣民皆如罪人，故未有儒家之慎獨，修慝之工夫[110]，在喜怒哀樂將發而未發之時，先得其和，在心之根處，去除其潛藏之惡念。而對於犯罪行為，也根本不探索其動機，以為動機皆惡，故法有伸縮性，不許有例外之判定。如此法僅成一僵死之物，機械之

[109] 楊鴻烈《中國法律思想史》頁四九至五〇。

[110] 《中庸》首章，云：「莫見乎隱，莫顯乎微，故君子慎其獨也。」《集註》頁一七。《論語・顏淵》篇云：「攻其惡，無攻人之惡，非修慝與?」《集註》頁一一四。

法，反而束縛有情知理之人心矣。此未有儒家「嫂溺則援之以手」之「權」[111]，不辨明同類行為之不同動機，即不容許執法者衡度情理之斟酌增補，則情理法三者實難以維持平衡。故荀子曰：「法而不議，則法之所不至者必廢。」[112]法之明文規定，雖力求其精詳，仍是死板的，實不足以解釋複雜多變的人類行為，故惟有依賴人心之衡情度理，加以補足。故若「父攘其羊」，孔子容許「父為子隱，子為父隱」，而肯定「直在其中」[113]；設為「瞽瞍殺人」，孟子亦容許「舜竊負而逃」，而肯定「視棄天下如棄敝屣」之得宜[114]：正是容許人心在國法中之自求其所安，以求得情理與法之兼全。法律儘管不准許偽證，然應容許不作證，不應強迫父子之間互相密告，

---

[111] 《孟子・離婁上》篇。《集註》頁二三七。韓非亦有通權之說，然為利害之權衡。〈八說〉篇，云：「法立而有難，權其難而事成，則立之。事成而有害，權其害而功多，則為之。無難之法，無害之功，天下無有也。」以為「出其小害，而計其大利」，此乃利害之通權，非情理法之通權。《校釋》頁一三九。

[112] 〈王制〉篇。《約注》頁一〇一。

[113] 《論語・子路》篇。《集註》頁一一九。

[114] 《孟子・盡心上》篇。《集註》頁三〇四。

或彼此出賣。否則，骨肉親情既已不存，法惟刻薄寡恩而已！

由上觀之，韓非政治哲學由於其理論根基人性論的偏頗，以為心性俱惡，遂導致人之內在主體性的失落，由是而有反道德、反學術之窒息人心，封閉人性的沉陷，與立法無意養善，而僅在止姦之政治理想的崩落，其法勢術疊架而成之實際政治的架構表現，亦僅成現實主義、物質主義之現實政治，此是韓非政治哲學最大之困局，最大之沉落。

(二)現實主義之價值觀，與物質主義之歷史觀，及其哲學慧命的斷滅。

韓非既以人性為惡，人心又僅計數一己之私，人間之善已失去其內在於心性的超越根據，個人生命價值的完成，遂失去其可能的根源，以致呈顯不出，而為君國之功利價值所取代，故曰：「大臣有行則尊君，百姓有功則利上。」[115]人類之行為規範由內在之根源流不出來，轉而求之於外在的法；而法所能實現的價值，亦僅在君國之富強。故此一價值觀，一者僅落於君國群體，而未及個人；二者僅見當前實效之利，而未計長遠無形之功：實至為狹窄，天下臣民遂由是而轉成君國富強之

[115]〈八經〉篇。《校釋》頁一七六。

工具。君國之利在富強，富強之本則在農戰，故凡遠離農戰本業者，皆在禁止驅除之列。故曰：

「博習辯智如孔墨，孔墨不耕耨，則國何得焉？修孝寡欲如曾史，曾史不攻戰，則國何利焉？」116

「古有伯夷、叔齊者，武王讓以天下而弗受，二人餓死首陽之陵。若此臣者，不畏重誅，不利重賞，不可以罰禁也，不可以賞使也。此之謂無益之臣，吾所少而去也，而世主之所多而求也。」117

韓非之政治哲學，把價值僅拘限在農戰之實效功利上，故以不畏重誅，不利重賞，不可以罰禁、不可以賞使之清高自守之士，如伯夷、叔齊者，皆在貶抑或驅除之列；而辯智博習如孔墨，修孝寡欲如曾史，若不耕耨、不攻戰，則國何得何利？

116 〈八說〉篇。《校釋》頁一三六。

117 〈姦劫弒臣〉篇。《校釋》頁二二五。

凡此清廉仁智之行，無益於富強之功，具畫入其有私便而非公利之五蠹之中，視之為愚誣之學，與雜反之行。故曰：「不道仁義者故，不聽學者之言。」[118]此熊十力先生曰：「韓非毀德、反智，而一以尚力為主。所謂去偃王之仁，息子貫之智，循徐魯之力，此三語者是韓非思想之根荄。」[119]韓非實由此一以君國為主體之實效價值觀，否定慈惠之行與兼愛之說，而反道德倫理與學術文化。也就是說，整個法家的政治，僅朝著富國強兵的單一目標直趨奔進，近乎盲目的狂熱，而對於其他應該有也可能有的更崇高、更深遠的價值，不惜加以全盤否定，一概抹煞。殊不知道德與學術之於農戰，雖未有直接增益之功，卻是以法治國，與國趨治強之成為可能的根本。韓非未見道德化育萬民於無形之功，與學術源遠流長之利。是韓非僅見有形現前之利，而未見無形長遠之功。農戰之實效功利，有形而易見；學術道德之價值，長遠而無形。此一急功近利，有如無源之水，必乾涸立待；未如原泉之水，滾滾而來。故孟子曰：「原泉混混，不舍晝夜，盈科而後進，放乎四海，有本者若是，是之取爾。苟為無本，七八月之間雨集，溝澮皆盈，其涸也，可立而待也。」[120]一國

[118] 〈顯學〉篇。《校釋》頁二〇。
[119] 《韓非子評論》，《學原》第三卷第一期頁五。

之政事若無道德與學術為其源頭活水，則獎勵農戰之富強，有如雨集溝澮，雖盈而立涸，法勢術之政治架構，亦一乾枯之空架，不足以流出放乎四海，長治久安之局。韓非僅恃農戰富強，以致其霸王之功，必如老子所云：「飄風不終朝，驟雨不終日。」[121]驟雨飄風，捲襲而下，其勢密集，足以顯赫一時，然不終朝、不竟日必遽歸停息。秦王朝挾其富強之威勢，一統天下，「辯黑白而定一尊」、「收去詩書百家之語，以愚百姓」[122]，而有焚書坑儒之舉，自斷其道德學術之命脈，卒十五年而亡其國，正是此一狹窄價值觀之始自限，而終必窮的具體說明。且在此一現實功利中，個人之存在，具為群體之價值所吞沒[123]。

此章太炎先生亦論之曰：

[120] 〈離婁下〉篇。《集註》頁二四四。

[121] 《老子》二十三章。《王弼注本》上篇頁一三。

[122] 《史記・李斯列傳》篇。《廣文本》頁一〇二九。

[123] 梁啟超先生《先秦政治思想史》頁一八四，云：「墨法兩家之主張以機械的整齊箇人使同治一爐，同鑄一型，結果箇性被社會性所吞沒，此吾儕所斷不能贊同者也。」

「今無慈惠兼愛，則民為虎狼也；無文學，則士為牛馬也。有虎狼之民，牛馬之士，國雖治，政雖理，其民不人。世之有人也，固先於國，且建國以為人乎！將人者為國之虛名役也。韓非有見於國，無見於人，有見於群，無見於孑。」[124]

無道德而民如虎狼，無文學而士如牛馬。由是言國富兵強，欲以成霸王之業，姑不必論其可能與否；若可能亦是一大錯失與倒退。且國家之起，其目的本在維護個人生命之安全與心志之自由，而非削除其個性，視之如工具，加以驅迫奴使，以謀求國家之強霸者。法家之政治思想，有見於國，無見於人，實為其本末顛倒之大病痛所在。此熊十力先生亦曰：「韓非偏重國家，而輕人民，故亦偏重群體，而輕個人，商管之法，韓非所祖述也。今為商管之學者，如不被甲、執耒，即當刑其人，毀其學。甚至孔墨之聖、曾史之賢，如敢疑法即為韓非所不容許。如是則個人自由，剝奪盡淨。夫群體者，個人之集也。……今使群體組織，過求嚴密，務將個人自由毀盡。則個人失其性，而群體能健全乎？」[125]

[124] 〈原道下〉，《國故論衡》，頁一七〇。

[125] 〈韓非子評論〉，《學原》第三卷第一期頁三二。

另一方面，由於其心性說漆黑一片，開不出光明，故歷史的演化，與治道的變革，亦不能由內在之心性，去做「體常而盡變」[126]之權衡，唯有順著外在客觀環境與物質條件的遷移而亦步亦趨。民情之厚薄固隨物之多寡而有異，治國之道亦緊追此一民情之厚薄而變革。由是而曰：「古人亟於德，中世逐於智，當今爭於力。」[127]治國之以德，以智與以力之分，恆視自然情境物之多寡以為定，物多而民情輕利，人少而民相親，故揖讓之德可治；當今物少而民情重利，人多而民相爭，故德智均無以為治，惟有以權勢威迫制之矣。

此實不同於荀子之說。荀子雖以為「欲雖不可去」，然猶「求可節也。」[128]禮固在養人之欲，給人之求，然此一給養之道，則在「財非其類，以養其類，夫是之謂天養。順其類者謂之福，逆其類者謂之禍，夫是之謂天政。」[129]以裁制非其類之物，以養其類之人，由是人我得以相全是為福，若不知向外在自然取得生存之資源，而

---

[126]《荀子・解蔽》篇。《約注》頁二九一。

[127]〈八說〉篇。《校釋》頁一三八。

[128]〈正名〉篇。《約注》頁三一三。

[129]〈天論〉篇。《約注》頁二一三。

僅在人我之小圈子中相殘則謂之禍。故一國之政，當向外在自然覓取給養人欲之物，而非在人我之間長相鬥爭，以力對抗。故曰：「天有其時，地有其財，人有其治，夫是之謂能參。」[130]天地生萬物，此為自然之天職；人治則「制天命而用之」[131]，以為人所用，此則人參天地之功，是人主宰物，而非物決定人。韓非亦深知「君人者，雖足民，不能足使為天子。」[132]然既不加以節制，又不知制物以養人，僅言人我之爭於力，恆以外在之物，做為治道的依據，是以物限定人，而非以人主宰物矣。是以荀子言「有治人，無治法」，韓非則「一法而不求智」，二者之不同，在前者以人制物，後者則以物制人。

是韓非之歷史觀，已淪為唯物之論，人的行為為外物所決定，歷史的動向亦順此物質條件而趨，人在整個歷史的大舞臺上，惟扮演一不由自主而被外界所塑造，被物質所決定的角色。雖言「世異則事異」，「事異則備變」，似以人為主而備應變之道，實則仍歸之於世異事異之客體情境，人不得不因之而應，隨之而變，仍屬外物

[130] 〈天論〉篇。《約注》頁二二二。

[131] 〈天論〉篇。《約注》頁二二八。

[132] 〈六反〉篇。《校釋》頁九九。

決定人為之局。遂致人在歷史之長流中，失去其砥柱中流之地位，惟隨波逐浪，在現實勢力之消長中，浮落無定，飄泊無依。此固其內在心性無善無明所推出的必然結論。

韓非之政治哲學由價值觀而言，是為現實主義者，由歷史觀而言，是為物質主義者，只計當今現前，可見有形之近利，而不見千古未來，無形長久之大功；只見外在物質條件對內在心性之可能構成的誘引迫壓，而未見內在心性之知明德修，亦足以從外在物質之誘引中解放，足以從客觀情境之迫壓中超離。由是，人之主體性不見不顯，建構實際政治之格局，遂落於現實主義，物質主義，政治理想因之而完全開不出來，僅成價值封閉之現實政治。人類之心智理性，乃用以反抗現實，改變現實，以提升現實，超離現實者；今惟順現實而趨，為現實所囿。先秦各家形上之價值智慧，與內在之心性主體，至韓非之身，俱消失斷落，惟由上往下沉落，由內往外推出，是為哲學慧命的衰亡。

由上觀之，韓非政治哲學之理論根基，人性論失之於偏，價值觀囿之於狹，歷史觀落之於物。由是其體系架構亦為之變質沉落，外在之法，不在養善，而僅在止姦；政治權力之固結，與行政治術之操作，遂反而封閉人性，窒息人心，人間世界固有如機械運轉之定常，而生命主體亦隨之僵化為物，而歸於死寂。抑有進者，人性為惡，心又惟利之計量，立法與行法，兩皆失根；且又反仁義道德，反學術文化，是價值的顛倒失落，與生命的乾枯貧乏，如是則政治固陷於絕望之淵，人生亦將滯於卑弱之境，人之心性主體遂永無超拔開放，顯揚提升之時。是為人之內在主體性的汨沒，是為哲學慧命的斷滅。

總結全章，韓非政治哲學由於其法中心思想之體系架構的建立，而有其外發之精義，其精義有二：一為客觀化制度化之架構表現，已開出實際政治之型態格局，足以彌補儒墨道三家理想政治之主體作用表現的不足；二為在其法標準性之制衡下，而有勢之統治權力的自覺，術之統治方法的講求，由是而推至其國之治強的必然實效。也由於其人性私利自為之理論根基的偏狹，而有其潛在之困結。其困結有二：一為人性論的偏頗，導致人內在主體性的失落，而有否定道德、否定學術之封閉人性、窒息人心的沉陷，與立法無意養善，而僅在止姦之政治理想的崩落；二為價值觀的狹窄，歷史觀的拘限，其政治哲學遂一落而為現實主義與物質主義者，哲學慧命因而斷滅衰亡。也就是說，韓非政治哲學體系架構所浮顯而出之精義銳見，在其理論根基之偏狹自限上，遂有其難以消解之潛存困結。其法中心地位之理想，遽失其根，其體系架構，亦隨之倒塌。此當是韓非政治哲學有其獨創性之建構，而卒不免於傾頹的原因所在，也是吾人探究先賢哲學所當釐清而加以承接轉變者。

第七章　結論——韓非政治哲學的現代意義

吾人今日研究韓非之政治哲學，並非僅在憑弔懷古，偶發思古之幽情；而是志在搭建一道接續溝通的橋樑，將前賢之不朽智慧，引入現代之中。即以建構現代化之法治社會而言，韓非之法家思想，更是一座蘊藏豐富的礦源，值得吾人去探勘開採，以為建構現代化社會的能源。筆者以為，復興中華文化的要義，就是試圖在傳統與現代之間，架橋溝通，使幾千年的哲學思想，與文化精神，能深植於吾人的心中，並靈活的運用於現代，以為推動現代化的大根力。且文化復興，不能僅限於孔孟之儒家思想，如此豈非拋離了大宗的祖先遺產，而自囿於有限之中！今天吾人談民主，談科學，若不從傳統的本根中轉出，而僅以西方文化之移殖為已足，終究是貧弱無根的。何況所謂中西文化的碰觸合流，與思想的融會貫通，必須兩造的文化精神與哲學思想，都是健全而富有活力，處於相對而平等的均衡地位，才能相互激發，碰觸出震懾人心的火花，也才能彼此涵攝，融鑄出超越於雙方的新文化，新思想。

筆者以為吾人今天談科學，要透過荀子的哲學，談法治，則要透過韓非的哲學，才能從傳統的文化根源中，開出其源遠流長的生命力。荀子分天人與性偽為二，把天化為自然之天，與現象之天，心又獨立於性德之外，而具「虛壹而靜」之認知功能，並以此心之知去裁制自然，「制天命而用之」，此將是走向科學之可能的開端，惟荀子透過此心之能慮能擇，仍志在搭建由惡轉善的橋樑，仍歸於道德之知，而非知識之知，故吾人要從此一道德之知，轉出為面對自然現象之獨立的知性活動。此牟宗三先生論之曰：

「故西方以智為領導原則，而中國則以仁為領導原則。見道德實在，透精神實體，必以仁為首出。智隸屬於仁而為其用，攝智歸仁，仁以養智，則智之表現，及其全幅意義，必向『直覺型態』而趨（即向『神智之用』的型態而趨），乃為理之最順而必至者。至其轉為『理解』（知性），則必經一轉折而甚難。此所以自孔子後，仁一面，特別彰顯凸出，而智一面，則終隱伏於仁而未能獨立發展也。智，只潤於仁中，調適而上遂；並未暫離仁，下降凝聚，轉而為理解。故名數之學與科學，皆不能成立也。」❶

此一獨立知性之轉出，唯有自荀子始。

韓非將政治獨立於道德的領域之外，由主體之德的作用表現，轉為客體之法的架構表現，與「認法律為絕對的神聖，不許政府動軼法律範圍以外」❷之法之標準性與權威性的樹立，也是吾人今日推行法治之必要的起步。且其法勢術三者分立之說，亦類似於近代三權分立之說，法近於立法，勢近於司法，術近於行政；若以中山先生之五權憲法而言，雖由孟德斯鳩之三權分立說，加乎傳統之監察與考試兩種美善制度而來，然此中亦可有近於韓非之說，法為立法，勢為司法，術為行政，且「因任而授官」之用人術，已顯露出公開選拔人才任用人才之「考試」的精神，「循名而責實」之督責術，已涵蘊有依法考核官吏責效求功之「監察」的意味。惜乎兩

❶《歷史哲學》頁一三，人生出版社，五十一年三月出版。

❷ 梁啟超先生《先秦政治思想史》頁一四七。

千年來，未有學者將此含藏之義析出，韓非之卓識遂湮沒不彰。惟此一比照，乃就其形似而言，至其實質則韓非之法勢術分立，除依法治民之權委之百吏之外，其立法、司法、行政，或包括考試監察之大權，均集中於君王一身，是由一而分為三，非如孟德斯鳩之由三而匯為一；是由一而化為五，非如中山先生之由五而結為一。此吾人所當由君王立法之困結轉出，由以君王為政治主體之主觀之治道的不足，另建立其以人民為政治主體之客觀之政道以救之。

此梁啟超先生論之曰：

「法家最大缺點：在立法權不能正本清源，彼宗固力言君王當『置法以自治，立儀以自正』，力言人君『棄法而好行私謂之亂』，然問法何自出，誰實制之，則仍曰君主而已。夫法之立與廢，不過一事實中之兩面，立法權在何人，則廢法權即在其人。此理論上當然之結果也。」❸

又曰：

---

❸ 前書頁一四八。

「夫人主而可以自由廢法立法，則彼宗所謂『抱法以待，則千世治而一亂』者，其說固根本不能成立矣，就此結論，欲法治主義言之成理，最少亦須有如現代所謂立憲政體者以盾其後，而惜彼宗之未計及此也。」❹

法家思想由於立法權操之於君王之手，一者彼所立之法，可以只為其一己之私而非一國之公，二者有權立法者，自亦有權廢法，如是法之標準性，權威性是否成立，僅繫於君王自身之能否自制，而又言不必賢智之中主可治，足見其說實根本不能成立。設若吾人能由此轉出，輔以近世之民主體制，立法權由代表民意之機構負責，而政治領導者，又由人民投票公決，如是，法非出乎執政者片面之意志，執政者自不得廢法自為，且在民選之下，必為賢智兼備之上上之材，則韓非政治哲學潛在之困結與難題，將會隨之而消解，而其體系架構所透脫而出之精義與呈顯之理想，即足以成立而告落現。故法家雖已開出客觀之法的政治格局，然法出乎君，而非透過全民之回應而制定，仍是一主觀之法，一治道之法，而非客觀之法，政道之法。

此牟宗三先生論之曰：

---

❹ 前書頁一四九。

「中國傳統政治，只有治道，而無政道。所謂政道治道是相應孫中山先生所說的政權治權而言。在中國以往君主專制之政治形態下，政權在皇帝，這根本不合理。因為有此根本不合理，故政權之行使與取得未有一定之常軌，故治亂相循，而打天下（革命）乃政權更替之唯一方式。」❺

又曰：

「政道是一架子，即維持政權與產生治權之憲法軌道，故是一『理性之體』，而治道則是一種運用，故是一『智慧之明』。有政道之治道，是治道之客觀形態，無政道之治道，是治道之主觀形態，即聖君賢相之形態。」❻

此言不論儒道法三家，其揭示之政治理想如何完美，與建構之實際政治如何嚴密，在政道一義未立，猶未能解決政權如何轉移的客觀化問題，則俱顯不足。

❺《政道與治道》頁四八。

❻ 前書頁二四。

就由於韓非之法，僅為統治者之意志的下落，而非由人民全體之意願的上透，故牟先生又曰：

「中國以往的政治思想，無論儒家、道家、或法家……，只有人治主義，而無真正的法治主義。惟近代的民主政體之政治，始有真正之法治出現。而此法治之法是就第一義的法（憲法）說，不就第二義的法說。即，就政道的法說，不就治道的法說。」❼

當然，吾人若以近代之民主體制，與政道之法，責求韓非，實不免忽略其時代背景之限制，而有以今非古之嫌，故筆者未將此義，列之於對韓非政治哲學之批評，而列於韓非政治哲學的現代意義，以言吾人對韓非思想應有之轉接與繼承。只有在政權之轉移，置之於客觀格局的安排之中，才能消解儒家直接措道德於政治之主觀作用與以道德反抗政治之無力扭轉時勢之不足。而正本清源，使政治之權源，不在君主個人，而在此客觀格局❽。以避開韓非之法中心思想，受君王立法之限定，而

❼ 前書頁一三七。

❽ 唐君毅〈中國歷史之哲學的省察〉，《政道與治道》附錄一頁一九。

有法之沉落與勢之抬頭之變質與扭曲的發展。

吾人緬懷先哲，在儒法兩家政治思想之對峙中，當求其調和與綜合，儒家德治之理想，與法家法治之架構，應兩相結合，以得互補不足，與彼此助長之功，如何將儒家揭示之超政治意義之理想價值與道德原則，透過法家之實際政治之架構與運作，求其充分實現，並轉為現代民主之體制。也惟有由治道而開出政道，政權之轉移始能開出其常道，而不致治亂相循，永遠在逐鹿中原之型態下打轉。故吾人當由主觀道德之作用表現，轉為客觀之法的架構表現，此為第一步；且進而由治道之法，轉為政道之法，此為第二步，如是法治思想，始告完足，此即牟先生所謂的由第二義之法，進為第一義之法的用心所在，這該是吾人在傳統與現代之間，在復興文化之際，所應有的重建工作。否則，徒言師法西方，而不能由傳統文化之大源流中，轉接開出，都將是無根的，也是愧對先哲之志業的。

個人研究中國哲學，所深以為憾者，是荀子與韓非的哲學，在兩千年之中，未有進一步的轉折與推擴，由於前者主「人之性惡，其善者偽也」❾，後者反道德反學術，以致不得後代學者的同情，遂後繼無人，未能將兩位先哲失之於一偏之哲學

❾〈性惡〉篇。《約注》頁三二七。

智慧，加以轉接，而全新推出，以新的精神面貌引入一如西方之數理科學與民主法治之體制，此實為吾國學術史上一大憾事。故西方在近代始能以一枝獨秀的姿態，出現在近代的世界舞臺上，也才會引起現代學人在五四階段對傳統文化的鄙薄與否定，這也是近代史上的一大不幸。

吾人今日所處之時勢，所面對之挑戰，與韓非極為接近。然韓非選擇的是極其狹窄的「出其小害，計其大利」[10]的路子，為了富國強兵，對於儒墨道既存的學術傳統與所形成的社會價值觀，不惜加以全面否定，並意圖以政治的威權將其打消擊碎；結果，開不出文化歷史的大格局。當然，此乃就其哲學本身加以批評，至於秦皇、李斯的焚書坑儒，迫害學術的歷史大悲劇，是否與韓非哲學有其邏輯上的必然關聯？是否韓非所該負責？假如，秦皇重用韓非，而非寵信李斯，或許歷史將會大為改觀，以李斯之私心過重，法之中心地位不顯，僅恃其勢與術以宰制天下[11]，故

[10] 〈八說〉篇。《校釋》頁一三九。

[11] 《史記・李斯列傳》篇，言李斯惟恐太子扶蘇即位，重用大將軍蒙恬，而失去既有之權勢，竟與趙高密謀，矯詔迫太子自殺，而立少子胡亥，置國祚於不顧。由此一端，即可見其私心之重，而未有韓非忠於君國，以法為重之胸懷。《廣文本》頁一〇二七至一〇三一。

埋下秦王朝十五年而亡其國的禍根，此當是歷史上耐人尋思的一大懸案。反觀，鴉片戰後，吾人為了西化圖強，取擇的也是極為淺視的急功近利的路子，把幾千年的文化傳統與舊有之價值觀，加以拋離摒棄，並意圖以西化移殖來取代，如斯以往，則中國文化的慧命，必一如韓非之於先秦，終必歸乎斷滅。此或有助於一時之富強，卻斷送民族之文化傳統的千古志業。

引論至此，則可為韓非之政治哲學，下一結論：

其一韓非志在消解存在於戰國政局之亂源，故其哲學思想乃專屬於政治哲學的範疇。

其二彼之哲學問題雖有其時空背景與歷史淵源之限定，然以其睿智卓識，仍能在探討落於時空背景下之特殊性現實性之問題而外，也觸及了超乎時空之政治哲學的普遍性論題。故不僅是現實主義的哲學家，綜合性的哲學家，也是獨創性的哲學家。三者之統合，就形成了他個人的哲學特質。

其三其理論根基，人性論失之於偏，價值觀囿之於狹，歷史觀落之於物，故其治道，遂利用人性弱點，否定個人生命之價值，並以外在之勢與力，來壓迫人心，故其體系架構，遂開不出大的格局。

其四其體系架構，有其實際政治之功能，亦寓有以法限制君勢與君術之理想在；惟法立於君，君又不待賢智，故法之目的性與標準性，因而消失，君勢遂告抬頭，此為其體系架構之無可避免的終局。

其五韓非政治哲學之精義，由其體系架構顯露而出，其困結，則由其理論根基潛伏而有。法中心地位的建立，與客觀化制度化之政治格局，為各家所未有；然反學術，反道德，封閉人性，窒息人心，則為韓非哲學最大之沉落。

其六韓非之哲學，解決了戰國亂局，也開出了秦王朝霸王之業，卻斬斷先秦諸子之哲學慧命，其哲學已悶死了整個時代的精神活力，故不待秦皇之焚書坑儒，先秦之哲學已逼入死寂之窄巷，再也打不開出路。

其七吾人今日研討先哲思想，必加以綜合會通並架橋引入現代之中，韓非實際政治之架構，若能汲取儒墨道之政治理想，並轉出今日之民主體制，則其弊端將歸消失，而其浮顯之智慧與預期之理想，將有助於吾人現代法治社會的建立，自不必西化移殖，而自我放逐於傳統文化之長根大流之外。

參考書目

⑴陳啓天《增訂韓非子校釋》，商務印書館。
⑵陳奇猷《韓非子集釋》，河洛圖書出版社。
⑶王先慎《韓非子集解》，藝文印書館。
⑷朱熹《四書集註》，臺灣書局。
⑸梁啟雄《荀子約注》，世界書局。
⑹王弼《老子注》，中華書局。
⑺陳壽昌《南華真經正義》，新天地書局。
⑻憨山大師《莊子內篇注》，瑠璃經房。
⑼《墨子閒詁》，《新編諸子集成》第六冊，世界書局。
⑽《慎子》，《新編諸子集成》第五冊，世界書局。
⑾《管子》，《新編諸子集成》第五冊，世界書局。
⑿《商君書》，《新編諸子集成》第五冊，世界書局。

(13)《尹文子》，《新編諸子集成》第六冊，世界書局。

(14)《大戴禮記》，《四部叢刊》經部第十二冊，上海商務印書館。

(15)《左傳會箋》，廣文書局。

(16)《史記》，廣文書局。

(17)錢穆《國史大綱》，國立編譯館。

(18)呂思勉《中國通史》，樂天出版社。

(19)錢穆《先秦諸子繫年》，香港大學出版社。

(20)蔣伯潛《諸子通考》，正中書局。

(21)薩孟武《中國社會政治史》，作者自印發行。

(22)徐復觀《周秦漢政治社會結構之研究》，新亞研究所。

(23)胡適《中國古代哲學史》，商務印書館。

(24)馮友蘭《中國哲學史》，宜文出版社。

(25)錢穆《中國思想史》，中華文化出版事業社。

(26)張起鈞、吳怡《中國哲學史話》，新天地書局。

(27)勞思光《中國哲學史》，香港崇基書院。

(28)唐君毅《中國哲學原論》原性篇及原道篇卷一卷二，新亞研究所。

《中國哲學原論》上冊，九龍人生出版社。
(29)徐復觀《中國人性論史》，東海大學。
(30)羅素《西方哲學史》，鍾建閎譯，中華文化出版事業社。
(31)杜威《思維術》，劉伯明譯，華岡出版部。
(32)唐君毅《哲學概論》，孟氏教育基金會。
(33)蕭公權《中國政治思想史》，華岡出版部。
(34)陶希聖《中國政治思想史》，食貨出版社。
(35)薩孟武《中國政治思想史》，三民書局。
(36)梁啟超《先秦政治思想史》，中華書局。
(37)梁啟超《中國學術思想變遷之大勢》，中華書局。
(38)楊鴻烈《中國法律思想史》，商務印書館。
(39)鄒文海《西洋政治思想史稿》，鄒文海先生獎學基金會。
(40)牟宗三《歷史哲學》，九龍人生出版社。
(41)牟宗三《政道與治道》，廣文書局。
(42)牟宗三《才性與玄理》，九龍人生出版社。
(43)章太炎《國學略說》，河洛圖書出版社。

(44)章太炎《國學概論》，河洛圖書出版社。
(45)章太炎《國故論衡》，廣文書局。
(46)江瑔《讀子卮言》，泰順書局。
(47)謝幼偉《現代哲學名著述評》，新天地書局。
(48)陳大齊《淺見集》，中華書局。
(49)陳大齊《淺見續集》，中華書局。
(50)陳大齊《荀子學說》，中華文化出版事業社。
(51)Walter J. Coville, Timothy W. Costello, Fabian L. Rouke 編《變態心理學綱要》，繆國光譯，商務印書館。
(52)S. Stansfeld Sargent, Kenneth R. Stafford 著《現代心理學大綱》，席長安譯，商務印書館。
(53)鈴木大拙、佛洛姆《禪與心理分析》，孟祥森譯，志文出版社。
(54)R. G. Gettell 著《政治學》，石衍長譯，新陸書局。
(55)左潞生《行政學概要》，三民書局。
(56)吳怡《中庸誠字之研究》，華岡出版部。
(57)陳啓天《中國法家概論》，中華書局。
(58)張素貞《韓非子思想體系》，黎明文化事業公司。

(59)王讚源〈韓非與馬基維利比較研究〉，《幼獅雜誌》十卷四期。
(60)周道濟〈由韓非的人性觀說明其政治思想〉，《幼獅學報》一卷二期。
(61)馬基維利《君王論》，何欣譯，中華書局。
(62)楊日然〈韓非法思想的特色及其歷史意義〉，《臺大法學論叢》一卷二期。
(63)吳經熊〈中國法學之歷史概觀〉，《中國文化季刊》一卷四期。
(64)方東美〈中國政治理想要略〉，輔仁大學《哲學論集》第三期。
(65)熊公哲〈韓非法理之探討〉，《陳百年先生執教五十週年暨八秩大壽紀念論文集》。
(66)張金鑑〈中國法制的特質及演進〉，《陳百年先生執教五十週年暨八秩大壽紀念論文集》。
(67)李伯鳴〈韓非及其學術思想〉，香港《聯合書院學報》二卷。
(68)葛連祥〈韓非思想述評〉，南大《中文學報》三卷。
(69)張緒通〈韓非的法律哲學〉，《法學叢刊》第廿八期。
(70)熊十力〈韓非子評論〉，《學原》三卷一期。
(71)胡洪琪〈述韓非子對於法之觀念〉，《民主憲政》十二卷第五、六期。
(72)梅仲協〈非韓非子論〉，《法律評論》十七卷第六、七期。
(73)陸樹槐〈禮治與法治〉，《法律評論》廿八卷第八、九期。
(74)金耀基〈論韓非政治思想之淵源及體系〉，《幼獅》十二卷二期。

國家圖書館出版品預行編目資料

韓非子的哲學／王邦雄著.——四版一刷.——臺北市：東大，2020
面；　公分.——（哲學）

ISBN 978-957-19-3216-3（平裝）
1. 韓非子 2. 先秦哲學 3. 學術思想

121.67　　109006736

哲學

韓非子的哲學

作　　者　王邦雄
發 行 人　劉仲傑
出 版 者　東大圖書股份有限公司
地　　址　臺北市復興北路386號(復北門市)
　　　　　臺北市重慶南路一段61號(重南門市)
電　　話　(02)25006600
網　　址　三民網路書店 https://www.sanmin.com.tw

出版日期　初版一刷 1977年8月
　　　　　三版一刷 1983年9月
　　　　　四版一刷 2020年6月
書籍編號　E120310
I S B N　978-957-19-3216-3

東大圖書公司